LA PRENSA FEMENINA EN ESPAÑA
(DESDE SUS ORÍGENES A 1868)

Colección Nuestro Mundo, núm. 26   Serie: Historia

LA PRENSA FEMENINA
EN ESPAÑA
(Desde sus orígenes a 1868)

Inmaculada Jiménez Morell

EDICIONES DE LA TORRE

MADRID, 1992

Inmaculada Jiménez es licenciada en Historia y Geografía por la Universidad Complutense de Madrid. El sujeto de sus investigaciones históricas ha sido la mujer. El presente trabajo —su memoria de licenciatura— obtuvo en 1983 el Premio Nacional María Espinosa, convocado por el Ministerio de Cultura. En 1984 obtuvo un DEA d'Études Latinoamericaines por la Universidad de Toulouse-Le Mirail, con su trabajo sobre la mujer cubana del siglo XIX, bajo la dirección de Bartolomé Bennassart. En la actualidad se dedica a la traducción literaria y es directora de colecciones de una editorial madrileña.

Esta obra ha sido editada acogiéndose al amparo de la normativa del Ministerio de Cultura sobre ayudas a la edición de obras integrantes del patrimonio literario y científico español.

© Del texto: Inmaculada Jiménez Morell
© De esta edición: EDICIONES DE LA TORRE
Espronceda, 20 - 28003 Madrid
Teléfono: (91) 442 77 93
Fax: (91) 442 59 40
Primera edición: marzo 1992
ET Index: 252N-M26
ISBN: 84-7960-030-6
Depósito legal: M. 7.755-1992
Inpreso en España/*Printed in Spain*
Gráficas Mar-Cár
Ulises, 95 - 28043 Madrid

A mis padres.

«Sabemos que lo pasado responde anticipadamente del porvenir; que ningún error es perdurable; que todo abuso lleva en sí mismo el germen de su destrucción inevitable»

Gertrudis Gómez de Avellaneda

SUMARIO

LA MODA ELEGANTE ILUSTRADA
Carretas, 12
MADRID

Perfumería de lujo. Guerlain, 15, r. de la Paix, Paris.

Faja Regente B.te y Corsé Ana de Austria de M.me de Vertus, 12, r. Auber, Paris.

Nº 1688

PRESENTACIÓN

La prensa española y sus artífices ya fueron motivo de estudio y, sobre todo, de catalogación desde el siglo pasado, siglo que vio desarrollarse de forma progresiva este nuevo medio de comunicación. Pero es bien entrada la segunda mitad del siglo XX cuando la prensa se convierte en objeto de análisis. Se estudia su contenido con vistas a completar las apreciaciones sobre los grupos que componen la sociedad, que crean y consumen prensa, sobre sus posiciones políticas, su ideología... Sin embargo, la prensa femenina, que, al igual que la literaria, científica, confesional, militar, etc., nace de la diversificación progresiva de ese medio de comunicación, es ignorada en los trabajos que pretenden ofrecer una visión de conjunto. Tal es el caso de *Prensa y sociedad en España, 1820-1936* [1], publicado en 1975. Dos tercios de esta publicación están dedicados a un análisis cuantitativo de la prensa madrileña, y el tercio restante se compone de trabajos monográficos. Pues bien, ninguno de los autores menciona periódico femenino alguno, salvo Gil Novales, quien en el capítulo dedicado al estudio de la prensa en el trienio liberal [2] comenta la existencia de un periódico «de modas (pero con figurines importados de Francia)» sin aludir, no obstante, a que dicho periódico fue editado por León Amarita, el mismo que fue redactor principal del afrancesado *Censor* estudiado en dicha monografía. Ocho años más tarde, en 1983, se acomete una importante tarea de clasificación y análisis de la prensa española desde sus orígenes hasta 1936. En el segundo tomo de esta trilogía, de-

---

[1] Edición a cargo de M. Tuñón de Lara, A. Elorza y M. Pérez Ledesma, Madrid, Editorial Cuadernos para el Diálogo, 1975.

[2] NOVALES, Gil, «La prensa en el trienio liberal (1820-1823)», en *Prensa y sociedad...* págs. 201-207.

dicado al siglo XIX, a cargo de María Cruz Seoane [3], tampoco se hace alusión a este género de prensa, y ello a pesar de que ya por aquellas fechas se habían publicado varios estudios sobre prensa femenina española. Me refiero a *Mujer, prensa y sociedad en España (1800-1936)* [4], fruto de la labor conjunta de Isabel Marrades [5] y Adolfo Perinat; el catálogo de revistas españolas femeninas del siglo XIX [6], de la prolífica y siempre bien documenta María del Carmen Simón Palmer; otros más generales, como *La mujer y la prensa desde el siglo XVII a nuestros días* [7], de Mercedes Roig Castellanos; y otros de menor extensión, pero no por ello carentes de interés, como es el caso del artículo de Antonio Elorza, publicado en *Tiempo de Historia* [8], «Feminismo y socialismo», punto de referencia obligado en el análisis de la prensa femenina del siglo XIX. Bibliografía que ha ido aumentando en los años siguientes, si bien el objeto de los estudios ya no es tanto la prensa en sí misma, sino en su calidad de vehículo de expresión para las escritoras españolas del siglo pasado, excepción hecha de la memoria de licenciatura conjunta de Isabel Segura y Marta Selva, *Revistas de dones. 1846-1935* [9], publicada en catalán.

El interés por la prensa femenina no parece que pueda aislarse del gran movimiento de revisión histórica que se desarrolla paralelamente por aquellos años y cuyo objetivo era sacar a la luz la historia

---

[3] SEOANE, M.ª Cruz, *Historia del periodismo en España, II. El Siglo XIX*, Madrid, Alianza, 1983.

[4] PERINAT, Antonio, y MARRADES, Isabel, *Mujer, prensa y sociedad en España. 1800-1936*, Madrid, Centro de Investigaciones Sociológicas, 1980.

[5] Isabel Marrades, pionera de los estudios sobre prensa femenina, había editado anteriormente el artículo «Feminismo, prensa y sociedad en España», en *Papers*, núm. 9, págs. 89-134, Barcelona, 1970.

[6] SIMÓN PALMER, Carmen, *Revistas españolas femeninas en el siglo XIX*, Gran Canaria, Caja Insular de Ahorros, 1975.

[7] ROIG CASTELLANOS, Mercedes, *La mujer y la prensa desde el siglo XVII a nuestros días*, Madrid, Imprenta Tordesillas, 1977.

[8] Madrid, 1974, núm. 3.

[9] SEGURA, Isabel, y SELVA, Marta, *Revistes de dones (1846-1935)*, Barcelona, Edhasa, 1984.

ignorada de la mitad del género humano. Florecieron Seminarios de estudios de la mujer, tesis, memorias de licenciatura y toda clase de publicaciones en las que la mujer era la protagonista. En este movimiento, al principio casi subterráneo, se inscribe el presente trabajo. Gestado en las mal iluminadas pero acogedoras salas de la antigua Hemeroteca Municipal de Madrid —cómo olvidar el fluir constante del agua en la pileta de piedra del umbrío patio central—, forma parte de ese grupo de trabajos que tienen por objetivo estudiar la prensa femenina en sí misma y en su relación con la sociedad que la crea y consume, pero, a diferencia de los anteriormente citados, restringe el marco temporal (el período abarcado va desde los orígenes de la prensa femenina española —considerando prensa femenina aquella que se dice explícitamente dedicada a las mujeres [10]— hasta la gran conmoción social de 1868) ganando con ello, desde mi punto de vista, en profundidad de análisis. El carácter efímero de buena parte de la prensa periódica del siglo XIX —muchas publicaciones ni siquiera llegaban a conocer la luz, o no conseguían pasar del primer número— me aconsejó prestar también atención a los opúsculos que tenían por objeto la mujer, pues, aun cuando no se presentaran como de carácter periódico, guardaban gran similitud, no sólo temática, sino incluso tipológica, con la prensa objeto de este estudio. Ello me ha permitido incluir la presentación del que, a mi juicio, es el primer manifiesto feminista publicado en España. Se trata de *La mujer y la sociedad* [11], de Rosa Marina, apenas mencionado de pasada en el artículo de Elorza ya citado, e ignorado en los restantes estudios relacionados con la literatura femenina o el origen del feminismo en nuestro país.

Una primera redacción del presente estudio fue presentada como Memoria de licenciatura en la Universidad Complutense de Madrid y mereció la concesión del Premio María Espinosa en 1983. Los seis ejemplares de la misma que entonces hube de presentar y la orden de publicación —prevista en la convocatoria del Premio— debieron de traspapelarse en alguno de los muchos avatares y cambios por los que pasó el Instituto de la Mujer desde su creación.

---

[10] Por esta razón sólo se alude de pasada al periódico de finales del siglo XVIII, *La pensadora gaditana*, supuestamente escrito por una mujer, pero que no pertenece al género de prensa femenina.

[11] MARINA, Rosa, *La mujer y la sociedad*, Cádiz, Imprenta de la Paz, 1857.

INTRODUCCIÓN

El siglo XIX se inicia en Europa en plena resaca de la Revolución francesa. La mayor parte de las ideas que irán desarrollándose a lo largo del nuevo siglo estaban ya en germen en aquellos años cruciales de la historia de la humanidad. El desarrollo del proceso revolucionario no fue lineal ni estuvo exento de contradicciones. Precisamente la contradicción en que incurrían quienes luchaban contra la sociedad estamental del Antiguo Régimen apelando a la igualdad originaria de todos los seres humanos, pero olvidando a la mitad de ese mismo género humano, hará surgir del silencio las primeras voces feministas: Condorcet, Olympe de Gouges y muchas otras defenderán la igualdad absoluta de la mujer y el hombre, en cuanto seres humanos, y exigirán los mismos derechos para ambos, pues iguales eran sus deberes.

La consolidación del Imperio y del código napoleónico —inspirador de la mayoría de los códigos civiles europeos contemporáneos— echarán por tierra los esfuerzos del primer feminismo, creando la figura de la eterna menor de edad que será la mujer hasta bien entrado el siglo XX.

En 1848, como sucedió en 1789, las esperanzas de cambio renacen en todos los grupos víctimas del orden social imperante. De nuevo se levantan voces feministas cuyo mensaje se ha enriquecido con diversas aportaciones: ya no se reclaman únicamente los derechos políticos, sino que se reivindica también el derecho a un trabajo digno y justamente remunerado. Surgen en Francia asociaciones de carácter sindical: L'Association de Femmes à Gages, L'Association Fraternelle des Instituteurs et Institutrices Socialistes, Le Club-Association des Lingères y L'Union des Travailleuses [1]. Las feministas de 1848 no ignoran

---

[1] *Vid.* ABENSOUR, L., *Histoire générale du féminisme des origines à nos jours*, Villafranque de Rouerque, Impr. Délagrave, 1921, págs. 215-220.

las durísimas condiciones de trabajo que el desarrollo industrial ha generado y reclaman el aumento de los salarios y la reducción de la jornada laboral. Influenciadas por el socialismo emergente, suman a estas reivindicaciones otras nuevas, no estrictamente laborales, como la creación de comedores nacionales y guarderías en las fábricas, de cooperativas de producción; y otras de carácter cultural: creación de salas de conferencias, bibliotecas populares, etc.

Tampoco en 1848 se conceden los derechos reclamados. Ni tan siquiera se consigue la igualdad política. El 4 de marzo de 1848, una de las fechas destacadas en todos los manuales de historia, se establece el sufragio universal, pero... exclusivamente masculino. El 23 del mismo mes, desde las páginas de *La Voix des Femmes* se dirige una petición al Gobierno Provisional, exigiendo, con argumentos similares a los empleados por Olympe de Gouges en su *Declaration des droits de la femme et de la citoyenne*, el derecho de las mujeres a elegir y ser elegidas [2].

La crisis de junio finaliza con el restablecimiento del Imperio, lo que viene a consagrar la quiebra de todas las aspiraciones de cambio social. La alianza del altar y el trono, y el retorno, en suma, a la moral tradicional, terminan con las tentativas de emancipación femenina en Francia.

Será del otro lado del Atlántico, en el joven país formado por la Unión de Estados Americanos del Norte, donde el feminismo logrará alguna mejora práctica. Allí también las mujeres se habían percatado de la grave contradicción que suponía luchar —incluso con las armas en la mano— contra aquellos que mantenían a unas personas en la esclavitud, apelando a la igualdad de todos los seres humanos, sin distinción de raza ni color, mientras que se continuaba negando a las mujeres unos derechos que para el hombre eran irrenunciables.

---

[2] «Si la Révolution, disent les suffragistes, s'est faite pour tous... nous devons avoir part à ses biens faits. Si, comme vous dites, le peuple est souverain, le peuple étant constitué par l'union de l'homme et de la femme, vous devez établir, à côté du peuple-roi, le peuple-reine: l'Humanité c'est nous! Si, enfin, les femmes payent les impôts et obéissent aux lois de l'État, qu'elles participent aux bénéfices et aux privilèges assurés par l'État aux autres citoyens: *Pas de devoirs sans droits.*» [*Vid.* ABENSOUR, L., *op. cit.*, pág. 219.]

Las feministas se agrupan en colectivos y luchan por conseguir la igualdad de derechos civiles, políticos y sociales por medio de la acción directa. Para ello, utilizan la tribuna como oradoras; escriben en periódicos creados por ellas mismas; recogen firmas en apoyo de su causa. En 1849, tras una de estas campañas de recogida de firmas, consiguen que la Cámara legislativa revise las disposiciones vigentes sobre el derecho de propiedad de la mujer casada [3]. Su lucha se prolongará a lo largo del siglo, que verá la introducción de nuevas reivindicaciones.

En Europa, por el contrario, hasta el último tercio del siglo, el feminismo queda relegado a grupos de mujeres que no forman verdaderos colectivos con objetivos comunes. Suelen ser grupos de escasa importancia que luchan por mejorar la condición femenina, fundamentalmente desde las páginas de periódicos creados por iniciativa suya. En los países que aún en aquel período no estaban conformados como tales, como es el caso de Alemania, Polonia e Italia, el movimiento feminista estaba marcado por un fuerte tinte nacionalista. Aquellas pioneras se vincularon a los movimientos de liberación y unificación de sus países, participando en la lucha armada.

En España, como en el resto de Europa, un reducido número de mujeres se cuestionó la situación de la mujer de su tiempo y trató de buscar soluciones de cambio. Las propuestas fueron diferentes, pero tuvieron en común su ámbito estrictamente teórico.

En algunos casos, la búsqueda será individual e incidirá más directamente en la sociedad —paradigma de esta actitud fue Gertrudis Gómez de Avellaneda, quien, sin participar en grupo alguno, contribuirá con sus escritos y forma de vida al despertar de la conciencia femenina—; en otros, la llevarán a cabo pequeños grupos vinculados a revistas escritas por y para las mujeres. En la mayoría de los casos sus reivindicaciones se limitaron a la mejora de la educación femenina y a la revalorización de la figura de la madre de familia. Esta corriente, que se mueve con un respeto casi religioso por las normas sociales establecidas, sienta las bases de lo que podríamos denominar feminis-

---

[3] *Vid.* MARTÍN GAMERO, Amalia, *Antología del feminismo*, Madrid, Alianza, 1975, pág. 78.

mo conservador y católico. No obstante, también en España encontramos un pequeño núcleo de mujeres —vinculadas ideológicamente al socialismo utópico peninsular, especialmente al fourierismo— que no se limitó a abogar por la mejora de la educación y de la consideración social de la mujer, sino que, como las feministas del 1848 francés, reivindicó la igualdad total de ambos sexos en todos los órdenes, así como la mejora de las condiciones materiales de vida de las mujeres de las clases trabajadoras. Su acción, sin embargo, como en el resto de los casos, no fue más allá del ejercicio de la palabra escrita.

* * *

El siglo XIX español asistió al nacimiento y desarrollo incipiente de la prensa como nuevo medio de comunicación. Vehículo transmisor de ideas políticas —o de mensajes meramente administrativos en sus comienzos— a lo largo del siglo verá ampliado su campo temático hasta configurar lo que hoy conocemos como prensa periódica.

Si en el caso de las revistas literarias, científicas, etc., no es difícil percibir la finalidad para la que fueron escritas, en el caso de la prensa femenina la respuesta es más compleja: ¿Qué es la prensa femenina? ¿Quién la financia? ¿A quién va realmente dirigida? ¿Cuál es su temática?... Dedicaré las páginas siguientes a tratar de dar respuesta a éstas y otras preguntas.

La prensa femenina española, cuyo primer ejemplo es el *Correo de las Damas*, editado en La Habana, Cuba, en el año 1811, tiene su modelo formal, de contenido e incluso de mercado en la prensa femenina francesa que, tras la Restauración, hacía las delicias de la alta sociedad y, más adelante, de las clases medias urbanas. Su origen inmediato ha de buscarse en la llamada prensa de «modas y salones», representada paradigmáticamente por el *Journal des Dames et des Modes* (París, 1789-1839). Hasta bien entrado el siglo, no termina de configurarse su mercado, por lo que los periódicos femeninos, salvo excepciones notables, como *La Moda* (Cádiz, 1842 - Madrid, 1927) y *El Correo de la Moda* (Madrid 1851-1886), tienen una vida muy efímera: algunos no son sino títulos de publicaciones que no vieron jamás la luz del día. Su supervivencia dependía casi exclusivamente de las suscripciones: su precio y los títulos nobiliarios o profesionales de sus suscriptores nos proporcionan una información de primordial interés para dilucidar cuáles fueron los grupos sociales que posibilitaron el surgimiento de la prensa femenina en España. Si consideramos que, en 1860, el analfabetismo era una lacra que alcanzaba a más del 80 por 100 de la población femenina, y que los salarios cobrados por las trabajadoras, tanto en la incipiente industria como en el sector servicios, no sobrepasaban los cuatro reales al día, convendremos que la prensa, acogida bajo el universal título de «a las mujeres», era leída, en realidad, por una exigua minoría, perteneciente a las capas altas de la sociedad y, allá por los años del moderantismo, por las mujeres de las clases medias urbanas.

Si importante es conocer a quiénes debían su vida estas publicaciones, no lo es menos describir y analizar el discurso ideológico que transmiten, pues éste, junto con los opúsculos, sermones eclesiásticos y discursos cuyo tema de reflexión es la mujer, configurarán el modelo ideal de mujer de la sociedad del ochocientos, el cual, nacido de los estratos dominantes de la sociedad, va a ir impregnando paulatinamente todas las demás capas sociales, aun cuando ignora absolutamente la realidad de las mujeres pertenecientes a las clases trabajadoras. Tampoco es desdeñable, por otra parte, su significación sociológica, ya que serán el medio, único en algunos casos, que las mujeres españolas tengan para expresarse, ya sea para aquiescer y propagar la ideología dominante, manifestar su frustración ante una educación que no es tal, expresar su desacuerdo con la extendida creencia sobre la inferioridad de la mujer en todos los órdenes de la vida, reivindicar la igualdad social, cívica y política, o manifestar poéticamente sus sentimientos, fenómeno que llegó a convertirse en moda durante la época isabelina y que rompió con la tácita prohibición que impedía a las mujeres penetrar en el mágico mundo de la letra impresa.

A pesar de la aparente semejanza formal y temática de la prensa femenina, que navega por el siglo sin que los avatares políticos hagan mella en su discurso, siempre restringido a los mismos temas, una lectura más detenida descubre algunas variaciones.

Grosso modo, podemos distinguir dos tipos de publicaciones: aquellas que se ajustan al modelo del primer periódico femenino francés ya mencionado, cuyo contenido gravita en torno a la moda, y aquellas otras, una minoría, cuya redacción está compuesta fundamentalmente por mujeres, más parecidas morfológicamente a las revistas literarias que florecieron al calor del romanticismo.

Formosis levitas semper amica fuit.
Las bellas gustan de ligereza y variedad.

PROPERC. eleg. 13,

CORREO
De las Damas.

De la Literatura
EN LAS MUGERES.

Preguntábale una sobrina suya á Voltaire que libros deberia escoger para su lectura. Voltaire cogió un libro en blanco, en cuya primera página se leia *Libro del gasto diario* «He aqui, hija mia, »le dijo, el libro que una muger debe »consultar todos los dias.»

La célebre Madame Stael le preguntaba un dia á Napoleon ¿Quién es á los ojos de V. M. la muger mas útil á la Francia? — «La que. tiene mas hijos», respondió el grande hombre, mortificando el orgullo de la literata.

I.

Parécenos sin embargo que tanto Voltaire como Napoleon pudieron tener en este punto ideas harto severas : y con todo el respeto debido á hombres de aque temple , confesarémos que tan insufrible seria para nosotros hacer vida comun con una marisabidilla, como con muger que solo hubiese hojeado el *libro del gasto*, ó que solo supiese dar hijos á su pátria. Ahora si se trata de una muger autora, la mejor, la mas hermosa, pierde infaliblemente todo su encanto, dedicándose á la profesion de escribir. Créese generalmente que hay en esto una venganza de nuestra vanidad envidiosa, y una reaccion vulgar del amor propio del hombre. ¡Que error! Es mas bien un homenage tributado á la omnipotencia de la belleza. Ho-

20

I

LOS PRECURSORES (1811-1833)

Nos referiremos en este capítulo a aquellos periódicos que iniciaron la prensa femenina en nuestro país. Analizar sus características parece importante, ya que anuncian, de forma más o menos definida, el objetivo de la prensa femenina posterior —especialmente de aquélla cuyos artífices son hombres—: el deseo de la redacción de crear unas revistas amenas, que conjuguen «instrucción» y pasatiempos. Junto a charadas, «variedades» y modas, se publicarán artículos sobre educación, conducta moral, etc., a los que ya hemos hecho alusión. Una característica diferencial de este período es la inclusión de artículos que, desde una óptica de librecambismo económico, defienden el lujo y la moda como motores de progreso, y, en el período correspondiente al Trienio liberal y en el inmediato a la muerte de Fernando VII, otros de política «al alcance de las señoras».

EL CORREO DE LAS DAMAS

El primer periódico femenino del siglo XIX publicado en lengua castellana es *El Correo de las Damas*, editado, en 1811, en La Habana por Simón Bergaño y Villegas y Joaquín José García del que únicamente se conservan en la Hemeroteca Municipal de Madrid seis números. Entre las firmas figuran dos nombres de mujer: Ramona Poneita, que dirige una carta a la redacción del periódico, y Amira Zelasgón, que publica una poesía.

El periódico, como su nombre indica, va dirigido a las damas, y su fin es el de «instruir y agradar», intención que se explicita en un artículo del 10 de abril destinado «a los corresponsales», en el que se advierte que sus escritos se publicarán siempre y cuando «sean conformes al plan que nos hemos propuesto, reducido a instruir y agradar a las damas».

Quizá lo más interesante de los escasos números conservados sea la *Oda*, anónima, en la que se aconseja a las mujeres que conserven su virginidad hasta el matrimonio porque, en caso contrario, no lograrán que el amante dé «el cuello a la cadena»:

> Cuanto más castas seáis
> Tanto más lo inflamaréis.
> El obstáculo entretiene;
> Ceba, inflama a los amantes;
> [...] La libertad es la dicha
> Del hombre más apreciada;
> La esclavitud es mirada
> Como la mayor desdicha,
> Si se esclaviza a hymeneo
> Es para llenar su deseo;
> Más si le colma el amante
> Sin sacrificio ni pena
> Ya le será repugnante
> Dar el cuello a la cadena.
> [...] Antes pues del hymeneo
> No hagáis el apetecido
> Favor, porque conseguido
> Muere el más vivo deseo,
> Chupado el puro jazmín
> Dexarán vuestro jardín;
> Y vosotras, ya engañadas
> Quedaréis arrepentidas,
> De las gentes despreciadas;
> Y de ellos aborrecidas. [10-IV-1811.]

El autor, adelantándose con ello al Romanticismo, para el que matrimonio es sinónimo de esclavitud, presenta el matrimonio como una cadena, pero sólo para el hombre. Para la mujer, por el contrario, se trata de su máxima aspiración, por lo que le conviene saber inflamar la pasión, pero cuidándose de no hacer la menor concesión, pues, de lo contrario, se verá despreciada, no sólo por la sociedad sino por el propio amante. La doble moral sexual se plasma, sin tapujos, ya en este primer ejemplo de prensa femenina.

Se trata, no obstante, de un periódico de ideología liberal —lo que, como veremos más adelante, no significa gran cosa en cuanto al tratamiento de la temática «femenina»—, como lo demuestra el hecho de que en su último número se lamenta y protesta contra la injerencia del obispo de La Habana que, sin tener autoridad para ello, había prohibido los números 47, 48 y 63 de la publicación, y manifiesta su entera confianza en «nuestra Regencia, y en nuestras Cortes, esas Cortes augustas que no permitirán quede entre nosotros, bajo ningún pretexto, el menor rastro de despotismo que tan dichosamente hemos derrotado».

La insuficiencia de números conservados no permite hacer un análisis más detallado del contenido de este periódico que recogemos como un antecedente de nuestra prensa femenina peninsular.

EL PERIÓDICO DE LAS DAMAS

Ya en la Península, el primer periódico femenino del que tenemos noticia es *El Periódico de las Damas*, publicado en Madrid, en 1822. Su propietario, director, editor responsable (junto con Lucas Alemán y Aguado, a partir del número XIV) y, prácticamente, redactor único, fue León Amarita, del que conocemos que era un impresor madrileño, fundador de *El Censor* [1], en el que colaboraban ilustres afrancesados, como Lista, Hermosilla, etc.

En el número uno, en su «Discurso Preliminar: A las señoras», Amarita expone su punto de vista sobre cuál ha de ser la función de la mujer en la sociedad:

> En el estado social la mujer debe perfeccionarse para el hombre, y ambos para la sociedad entera [...] la dulce confianza del corazón del hombre, el alivio de sus trabajos, el objeto de su tierno amor, el

---

[1] Periódico clasificado por Gil Novales (*op. cit.*, págs. 203-204) como afrancesado e «íntegramente consagrado a la contrarrevolución, que se pretende ilustrada, burkiana, pero que será contrarrevolución brutal, a la española», con lo que coincide María Cruz Seoane *op. cit.*, pág. 101), quien opina que *El Censor* oscila entre un liberalismo tan tibio que podría tacharse de despotismo ilustrado y el absolutismo con el que coquetea y hacia el que se inclina en sus últimos años: «No hay hombre sensato que no prefiera el poder absoluto de un monarca que no sea el de Marruecos o Constantinopla a la dominación del populacho.»

descanso de los cuidados domésticos [...]; sensible, sufrida, sumisa [...] a manera de ángel sobre la tierra.

Definición de la mujer que preludia la imagen de ésta como «angel del hogar», tan presente en la prensa femenina y conservadora de los años centrales del siglo.

Y añade:

Digámoslo de una vez: el matrimonio es el estado natural de la mujer.

En otro artículo vuelve a insistir en que el fin de toda joven es la unión legítima con un hombre, fin para el que es lícito recurrir a mejorar «sus gracias» para presentarse como «objeto agradable y bien parecido» [2].

La idea de que la educación de la mujer debe limitarse a una formación que le permita cumplir la función de esposa y madre se recoge en las siguientes líneas:

De aquí que la grande obra de la educación de las mujeres consiste en darles las instrucciones necesarias para desempeñar este interesante encargo que ha de ejercer en la sociedad [3].

Idea que reaparece en el artículo «Sobre el influjo de las mujeres en la sociedad» [4], en el que, tras mostrar la posibilidad de que las mujeres lleven a cabo «negocios civiles y políticos», según se desprende de la historia de las mujeres célebres «desde la más remota antigüedad» —cuyo catálogo «iguala y aun excede al de los grandes hombres»—, concluye, tras una forzada pirueta, restringiendo su razonamiento a «ciertas almas privilegiadas»: al resto, no les queda sino ejercer su influencia en la familia, «escuela primaria de costumbres sociales y religiosas».

Con el artículo «Cartas de una madre a una hija que va a tomar estado», publicado en su sexto número, se inicia una especie de guía para la joven casada, en la que el articulista formula su idea sobre la

---

[2]   «Sobre el deseo de agradar y parecer bien de las mujeres», n.º III.

[3]   «Discurso preliminar: A las señoras», n.º I.

[4]   *El Periódico...* n.º IV.

función e influencia de la mujer en la sociedad [5]. En ella se detallan todos los conocimientos que ha menester una mujer para el buen gobierno de la casa, así como detalles sobre el mobiliario, distribución de las habitaciones, etc., enseñanza que, por desgracia, se lamenta el autor, no se dispensa en los colegios de señoritas, razón por la que son duramente criticados en el periódico.

La situación de efervescencia política que vive España en los años en que se publica *El Periódico* [6] no parece ajena al hecho de que en éste se apunten temas que en pocas ocasiones veremos desarrollados o ni tan siquiera sugeridos en los periódicos de años posteriores. Es la única publicación femenina que cuenta con una sección dedicada a noticias políticas, así como varios artículos y anuncios de idéntica temática. El talante liberal de su editor queda patente en su crítica de la religiosidad tradicional, de la «costumbre bárbara» que obligaba a las mujeres a sentarse en el suelo durante los oficios religiosos mientras los hombres permanecían acomodados en sillas, y en su defensa de la moda, motor de la industria y factor de prosperidad. En el número tres se inserta un artículo con el curioso título de «Elementos de derecho público, en prosa y verso, acomodados a las damas» cuyo contenido justifica Amarita en los siguientes términos:

> La política está al orden del día [...] pues las damas [...] hablan de despotismo, de aristocracia, de democracia, etc. Pero ¿saben todas lo que dicen? [N.º III, págs. 17-18.]

---

[5]   Idea que vuelve a ponerse de manifiesto en la versión *sui generis* que del mito de las Amazonas nos ofrece Amarita:
[*Un escita se dirige a las Amazonas*]
«Os cansáis en balde, queriendo colocaros fuera de la esfera que la naturaleza os tiene marcada, y vuestra locura será tenida por fábula en los siglos futuros: porque no está destinada la mujer para destruir al hombre, sino para hacerlo dichoso; ni su encargo es otro en el mundo que el ser esposa y madre tierna.
[...] las Amazonas cambiaron los duros campamentos por la dulce y tranquila mansión doméstica, y se persuadieron de que su destino no era hacer la guerra, sino guerreros.» El mito de las Amazonas es especialmente atractivo para los periódicos femeninos. En el *Journal des Dames,* pionero de la prensa del género, ya se publican extractos de una historia de las Amazonas.

[6]   Gil Novales (*op. cit.*, pág. 203) apunta la existencia de unos setecientos ochenta papeles periódicos publicados en el Trienio Liberal.

En el número quince, una anónima comunicante agradece a la redacción del periódico el haber publicado un artículo sobre el consejo de los galos (tema especialmente caro a la prensa femenina francesa) [7], del que formaban parte las mujeres, «cosa que a nosotras nos dio mucho contento [...] y aún más que concluyesen el artículo deseando que en España se formase un consejo semejante. ¿Saben Vds. que el pensamiento es sublime? Mucho más en el día en que tenemos nosotras también nuestro periódico y que ocurrirán casos que sólo podrán decidir las mujeres». A continuación notifica la existencia en otros países de tribunales y jurados para todo tipo de causas, formados por personas «inteligentes en el hecho que se ventila»:

> Digo todo esto para probar la necesidad que hay de establecer [...] a lo menos un *jury* de mujeres que entienda de los negocios de las mujeres [8].

Líneas después, la comunicante pone en evidencia los distintos criterios con que la sociedad sigue tratando las injurias de uno y otro sexo. Pues suponiendo que una mujer se decida a denunciar a un hombre que la ha injuriado valiéndose de la impunidad que ofrecen los papeles impresos:

> [...] estamos seguras de que un jurado compuesto por hombres dirá que eran *frivolerías* y desahogos de la libertad de imprenta [...] ¿Qué entienden los hombres de injurias femeninas cuando todavía no están de acuerdo en la calificación de las de su sexo? [9].

---

[7]   La nostalgia del derecho consuetudinario aparece con mucha frecuencia en los periódicos femeninos franceses del siglo XVIII y comienzos del XIX en forma de artículos o crónicas sobre los usos y costumbres de los galos, en los que se alaba la situación de la mujer en aquella sociedad (*vid.* SULLEROT, Evelyne, *Histoire de la presse féminine en France, des origines à 1848,* París, 1966, pág. 13).

[8]   Idea presente ya en el *Courrier de l'Hymen ou Journal des Dames* (1791). Este periódico publica la queja de una mujer por que los jurados que juzgan a las mujeres están compuestos exclusivamente por hombres, y se pregunta: «De quel droit les hommes seraient-ils seuls arbitres de nos destinées?»; y aboga porque se pongan en práctica las ideas de Condorcet sobre la admisión de las mujeres en los cuerpos legislativo y administrativo.

[9]   Clara alusión a la incertidumbre en que estaban sumidos aquellos que tenían el deber de dirimir en los delitos de prensa e imprenta, pues la ley del 22 de octubre

Y concluye dirigiéndose a los redactores del periódico:

> [...] puesto que se han declarado los protectores de nuestros derechos podrán esforzar el pensamiento con el fin de que nosotras figuremos también en el nuevo sistema de cosas.

La iniciativa de la creación de un *jury* de mujeres no se llegará a poner en práctica, pero pone de manifiesto el talante del periódico, y nos trae a la memoria las peticiones de las mujeres durante la Revolución francesa. Ya en algún número precedente, en el que se detallaba la lista de los diputados a Cortes, aparecía una nota en que se comunicaba la posibilidad de enviar quejas a la nueva legislatura, y sugería:

> La primera de éstas puede dirigirse contra la legislatura que ha expirado, a causa de la poca galantería que tuvo con las mujeres excluyéndolas de las tribunas del salón de Cortes. ¿No basta el ejemplo de otras naciones que admiten a las señoras en las tribunas de sus Congresos?

El Periódico de las Damas, contra lo que será habitual en la prensa femenina de recreo y adorno, defenderá en los últimos números la bondad del trabajo femenino. Abogará por la profesionalización y especialización de aquellas mujeres «que tienen necesidad de vivir con el trabajo de sus manos» en los oficios que no exijan ni fuerza física ni excesiva habilidad y talento, y sí, por el contrario, precisen de finura, paciencia, etc. El planteamiento, que a nuestros ojos resulta muy restrictivo, es, sin embargo, muy avanzado, si tenemos en cuenta el momento histórico en que se produce, como también lo son los argumentos esgrimidos para abogar por el trabajo femenino, que encontramos desarrollados en el artículo «Contestación a una dama» [10]. En él se critica el sistema educativo a que están sujetas las mujeres,

---

de 1822, que tipificaba tales delitos y sus correspondientes sanciones, había demostrado su ineficacia para controlarlos por lo complicado del procedimiento (la ley introducía el juicio por jurados). En febrero, un mes después de la comunicación a la que aludimos, se dictó una ley adicional que introducía un «juez de hecho», que sustituyó a los jurados.

[10] *El Periódico...*, n.º XXIV, pág. 21.

así como el que sean las españolas las mujeres que menos provecho, según el autor, dan a su nación en toda Europa:

> Ya sea por la mala costumbre [...], ya sea por una especie de tiranía que los hombres ejercen con las mujeres, ello es que las han excluido de casi todas las artes y oficios teniéndolas por inhábiles; cuando es seguro que pudieran hacer más progresos que los mismos hombres especialmente en las obras de ingenio y paciencia. [...] no influye menos en su desgracia lo raro que es el que una española sepa leer y escribir y contar medianamente bien. Este defecto, al paso que las priva de muchas ventajas, las hace aún más dependientes de los hombres, las expone a sus engaños y las obliga a depositar en sus manos toda su fortuna [11] y aun sus más ocultos pensamientos. No sucede así en otras naciones, en donde se las ve tan diestras como el hombre, más hábil en la escritura y el cálculo, llevar los libros de caja en el comercio, y ocuparse al par que los hombres en éste y otros ramos de la industria. [...] observo con dolor ver excluidas a las mujeres de los oficios de sastrería, zapatería y peluquería. [N.º XXIV, págs. 10-21.]

A pesar de sus limitaciones [12], no encontraremos una defensa más consecuente del derecho de la mujer al trabajo, si no es en el periódico

---

[11] No hay que olvidar que el Código Civil español no reconocía a las mujeres el derecho de administrar los bienes matrimoniales ni los gananciales, ni siquiera los que procedían de su dote. Sólo se le reconocía el derecho a la administración de los parafernales, pero no podía enajenar, gravar, hipotecar, comparecer o legitimar sin consentimiento del marido. (*Vid.* FERREIRO LAGO, R., *Condición política de la mujer. Estudio filosófico, histórico y del Código Civil*, Madrid, 1902.)

[12] La argumentación coincide con la que el Despotismo Ilustrado español utilizó para abrir las puertas del trabajo artesanal e industrial a las mujeres. La primera tentativa oficial la llevó a cabo Carlos III, y quedó plasmada en Real Cédula de 1779, que dice así: «Que habiendo advertido el mi consejo lo perjudicial que era al fomento de la industria y progresos en el adelantamiento de las manufacturas de las privativas o estancos, por excluir algunas Ordenanzas a las mujeres de los trabajos más propios de su sexo que al de los hombres, quienes por su fuerza y robustez parecen más conveniente se aplicasen a la agricultura, armas y marina; y teniendo presente que por el Gremio de Cordoneros, Pasamaneros y Botoneros de la ciudad de Valencia se había querido impedir que se pusiese una Escuela de Enseñanza de niñas en lo perteneciente a la industria de la cordonería, como lo había proyectado la Sociedad Económica de Amigos del País de aquella ciudad [...] [envié] órdenes

del grupo societario gaditano, *El Nuevo Pensil de Iberia*, en el que escribieron las plumas más radicales del feminismo español de la primera mitad del siglo XIX.

El análisis de este primer periódico peninsular nos revela la existencia de una notable contradicción entre aquellos artículos en los que se defiende la idea, que se quiere tradicional, de la mujer esposa y madre, educadora de sus hijos y ángel del hogar, y aquellos otros en los que se defiende la importancia y utilidad del trabajo de la mujer no sólo como bien social, sino como medio para conseguir liberarse de la tutela económica del hombre, y se aboga por su incorporación a las filas productivas, para mayor enriquecimiento de la nación.

Podemos considerar, pues, *El Periódico de las Damas*, en relación con el concepto que de la mujer manifiesta en sus páginas, como de transición entre el espíritu ilustrado del siglo XVIII y el espíritu moderado que dominará la sociedad española de los años centrales del siglo. En sus páginas se van delineando ya los rasgos de la mujer ideal del moderantismo: esposa y madre amantísima, supeditada al marido, pero reina y señora del hogar doméstico. Ideal que choca frontalmente con la realidad y las necesidades más apremiantes de subsistencia de amplias capas de la población femenina. Razón por la cual el discurso del articulista navega en un mar de confusiones. Es de destacar, sin embargo, en ese mar de confusiones apuntado, su crítica de la doble moral sexual. Valiéndose de la historia de la madre de Moisés, hace unas consideraciones sobre la presión social que obliga a algunas mujeres a deshacerse del hijo que llevan en su seno por temor a la vergüenza y al desprecio, y se pregunta: «¿Por qué la fragilidad del

---

correspondientes para que [...] se enseñase a las niñas y mujeres a hacer botones u otra cualquiera manufactura propia de su sexo y fuerzas mujeriles [...] lográndose de esta forma el no tener ociosas estas manos [...] considerando las ventajas que se conseguirían de que las mujeres y niñas estén empleadas en unas tareas propias de sus fuerzas y ende logren alguna ganancia que a unas puede servir de dote para sus matrimonios y a otras con que ayudar a mantener sus casas y obligaciones; y lo que es más libertarlas de los graves perjuicios que ocasiona la ociosidad, y que tanto número de hombres como se emplea en estas manufacturas menores, se dediquen a otras operaciones más fatigosas y a que no alcancen las fuerzas mujeriles [...].» [En el *Catálogo de mujeres célebres*. Archivo Histórico Nacional, consejo de Castilla. Sala de alcaldes de Casa y Corte. *Mujer*, trabajo de la, fol. 242-245.]

sexo débil ha de llevar eternamente el sello del deshonor, cuando los principales autores, y necesariamente cómplices, se vanaglorian de ella como de un triunfo?» [13]. Doble moral sexual que se verá entronizada durante el período isabelino, en el que la prostitución alcanzará una de sus cotas más elevadas.

Este primer ejemplo peninsular de prensa femenina finaliza su corta vida (de enero a julio de 1822) por falta de suscripciones. En el número XVI, en que aparece la lista de suscriptores [14], el editor interpela a

> [...] las grandes, las señoras particulares, y otras muchas personas acomodadas, a quienes el gasto de 3 reales a la semana nada importa. ¿Cómo es posible que no se suscriban? [...] si las señoras no acuden en apoyo de nuestro periódico habremos de abandonar la empresa y contentarnos con lo perdido.

Muerto por falta de recursos, no encontraremos otro periódico femenino hasta pasados diez años [15]. En este intervalo de tiempo, el absolutismo fernandino acabó con el Trienio liberal, y con él volvió la represión política, ideológica y cultural. El próximo intento de prensa femenina tendrá lugar cuando dicha represión comience a remitir.

EL CORREO DE LAS DAMAS (1833-1835)

Nace *El Correo de las Damas* el 3 de junio de l833 como un «periódico de modas, bellas artes, amena literatura, música, teatros, etc.»,

---

[13] *El Periódico...*, n.° III, pág. 16.

[14] Amarita aspiraba a conseguir 300 suscripciones, pero al no lograr ni la cifra de 200 que le habría permitido mantener la publicación (sólo llegó a tener 92 suscriptores en Madrid —de los cuales 35 era mujeres— y 68 en provincias — 40, mujeres—), tuvo que suspenderla. El mismo Amarita confiesa que números sueltos nunca llegó a vender más de 20 (*vid.* María Cruz Seoane, *op. cit.*, pág. 102).

[15] Durante esos años aparece en La Habana (Cuba) otro semanario femenino, *La Moda o Recreo Semanal del Bello Sexo*. Su corta vida transcurre del 7 de noviembre de 1829 al 5 de mayo de 1830. Estaba dividido en varias secciones propias del género: modas, música, poesía, novelas, anécdotas, crítica de libros, etc. Encontramos también los consabidos figurines de modas de señora y caballero.

publicado, con «real permiso», por Ángel Lavagna, desconocido para las enciclopedias y los catálogos de periodistas y editores consultados.

De pequeño formato, salía los miércoles, y la suscripción trimestral costaba 54 reales en Madrid y 4 más en provincias [16], existiendo una suscripción parcial de 24 reales. Este último tipo de suscripción no solía tener derecho a los figurines, que encarecían notablemente el producto. El Correo era un periódico muy rico en figurines de señoras y caballeros, a todo color, de prendidos y otros dibujos. Trajes regionales, vestidos de niñas y niños, libreas, carruajes, muebles, todos tenían cabida en esta arquetípica revista de modas, estrechamente vinculada a la prensa de «modas y salones» francesa. Podemos considerarlo como su genuino introductor en la Península, pues si bien El Periódico de las Damas de Amarita incluía figurines, no llegó a adquirir nunca la estructura propia de este tipo de prensa.

En el «Prospecto», la empresa editora considera los periódicos como un fiel termómetro de la prosperidad e ilustración de un pueblo y estima que El Correo es el periódico que faltaba, pues ninguno se dirige «a las bellas», «ameno, ligero y florido». Como es habitual, el «Prospecto» adelanta la temática de la publicación:

> Como periódico de modas, las extranjeras [léase francesa] y nacionales ocuparán en gran manera nuestra atención [...]. Como periódico de Bellas Artes, [...] comprenderemos en el dibujo [...] aquellas delicadas labores del bello sexo que con él tienen relación [...]. Bajo el título de Amena Literatura comprenderemos artículos ligeros y burlones de costumbres, anécdotas picantes, cuentos cortos, alguna brevísima composición poética [...] y juicios de aquellas otras que por su amenidad son más del gusto de las señoras.
> Llevarán el epígrafe de Teatros [...] artículos sobre toda clase de espectáculos públicos: toros, bailes, funciones públicas y privadas.
> Por vía de Avisos importantes [...] noticias sobre aguas donosas, aceites, etc., que suelen las señoras emplear en su adorno.

Sencillo y acabado esbozo de la que será una típica revista de modas, frívola e intrascendente, dirigida a las señoras para amenizar su crónico aburrimiento. No por ello, sin embargo, el redactor, escon-

---

[16] En el número 39 (21-X-1835) cambia de precio e introduce una pieza de música.

dido bajo las iniciales de D. M. J. de L., declina dar su opinión sobre
las mujeres en relación con la profesión o vocación literaria:

> [...] si se trata de una mujer autora, la mejor, la más hermosa, pierde
> inefablemente todo su encanto, dedicándose a la profesión de escri-
> bir. Créese generalmente que hay en esto una venganza de nuestra
> vanidad envidiosa, y una reacción vulgar de amor propio del hombre.
> ¡Qué error! Es más bien un homenaje tributado a la omnipotencia
> de la belleza [...]; una mujer que consiente en ser inspirada en vez
> de inspirar abdica un imperio [...], viene a ser sacerdote, cuando era
> dios [...].
> Adornen, sí, su entendimiento, pero no lo sacrifiquen nunca al co-
> razón; no emboten, no ahoguen en la lectura su sensibilidad exqui-
> sita, sepan que han nacido para amar y ser amadas, no para leer y
> ser leídas [...]; pasen en buena hora la mitad de su vida en leer [...],
> pero pasen la otra mitad en ocultar lo que han leído.

Nuestro anónimo redactor trata de disuadir a la mujer de su deseo
de expresarse literariamente, a la par que la caracteriza como objeto
pasivo e inspirador, que sabe recurrir a la hipocresía —«ocultar lo
leído»— para que se cumpla en su propia carne el ideal de mujer
forjado en la mente de los hombres de su clase. Toda educación al
margen de aquello que exige su función primordial en la vida es deseada por la mayoría de los autores como un saber de «adorno». La
misma idea reaparece en otro artículo bajo el título «Dos palabras
sobre la educación de las mujeres»:

> Deberá, por consiguiente, una mujer bien educada no sólo poseer
> sólidamente las reglas de la economía doméstica, sino también aquel
> brillo exterior que se exige y es necesario en su sexo. [20-IV-1834.]

No es conveniente olvidar, a juicio del periódico, esa función de
adorno, pero la educación de la mujer debe centrarse en lo que es su
función esencial. Se muestra, por tanto, partidario de una educación
más esmerada que la capacite para ser educadora de sus hijos, lo
que se considera necesario para el buen funcionamiento de la sociedad, en general, y de la familia, en particular. Manifiesta asimismo
su reserva e incluso repugnancia —coincidiendo con la mayoría de
redactores y redactoras de la prensa femenina— por la educación
impartida en los colegios de señoritas y la dispensada por las institu-

trices, aunque, contradictoriamente, en casi todos los periódicos femeninos se insertan anuncios de este tipo de centros de educación.
En esta misma línea se sitúa el artículo «Sobre la educación de
las mujeres»:

> Los que tienen por sistema detractar al bello sexo, pretenden al
> mismo tiempo que las mujeres no deben entender ni tener conoci-
> miento de nada y miran como incompatibles las labores domésticas
> a que desde luego nacen destinadas con las demás tareas a que un
> hombre puede dedicarse. No pretendemos decir que sean todas ni
> aspiren a ser doctoras [...], pero sí nos lamentamos y nos lamentare-
> mos siempre de que su educación no sea tan esmerada [...]. Los
> asuntos que necesariamente ocupan a los hombres [...] les roban el
> tiempo que podrían dedicar a la instrucción de sus hijos, tarea que
> podrían tomar sobre sí las madres en el caso de que poseyesen, como
> debían, los suficientes conocimientos de la primera educación.
> [20-IV-1834.]

Educar a las mujeres por y para su hogar e hijos [17], he ahí el fin
primordial de su instrucción; sobrepasar dicho marco les está vedado.
El artículo «La mujer erudita» viene a confirmarlo:

> Pero lo que me parece cierto es que el estudio no añade nada a su
> amabilidad. Las reflexiones profundas graban en el rostro un carácter
> severo que no conviene a las gracias. Si una mujer maneja el pincel
> o la lira, o como otra Safo canta sus amores, no hay duda que au-
> menta los atractivos de su hermosura, pero no me agrada que una
> joven hable de física o de geometría, ni que cite a los autores griegos
> y latinos; prefiero que no sepa sino amor. [28-XI-1835.]

---

[17] Sólo la voz del anónimo autor del artículo «Defensa de las mujeres» (10-II-1834),
disiente: «La ignorancia que por tanto tiempo ha ejercido en España un poder
arbitrario ha extendido su dominio a las pobres mujeres y ha influido en su educación
poderosamente. Hace muy poco que era un delito que las españolas supiesen leer
y escribir [...]. Los hombres, abusando de su posición [...], han mirado a las mujeres
como inútiles para otra cosa que para las labores domésticas [...]. En épocas de
menor ilustración han brillado en todas partes por sus talentos mujeres cuyos nombres siempre repite la historia con orgullo [...]. De lo dicho concluimos que nuestras
mujeres no saben porque no se las enseña.»

La transigencia masculina a que la mujer se dedique a la literatura menor se apunta ya en estas líneas. La poetisa, que con la amabilidad de sus cantos aumenta sus encantos naturales, se convertirá, como ya indicamos en otro lugar, en una figura de moda durante el período isabelino. Buen ejemplo de ello es el crecido número de composiciones poéticas de dudosa calidad firmadas por mujeres que aparecen en los periódicos femeninos de la época.

Es digno de reseñar, por ser el único que he encontrado en la prensa consultada, el anuncio de una agencia matrimonial, aparecido el 7 de mayo de 1835, cuyo antecedente más cercano lo encontramos en *Le Courrier de l'Hymen o Journal des Dames* (París, 1791), primer periódico de la llamada «prensa del corazón». Se componía, en su mayor parte, de anuncios matrimoniales y, de hecho, actuaba como una verdadera agencia matrimonial, pues gracias a él se conocían parejas que acababan contrayendo matrimonio, lo que despertaba un ingenuo entusiasmo en sus redactores:

> Grâce au progrès de la raison et de la Philosophie ce que, il y a deux ans, eût été regardé comme l'entreprise la plus extravagante, paraît aujourd'hui la chose du monde la plus naturelle et de plus facile exécution [18].

El Correo de las Damas finaliza su publicación el año 1835, tras dos años y algunos meses de vida, sin que en ningún momento se desmienta lo que en su «Prospecto» propuso como finalidad del periódico. En el último número se publica la lista de los que fueron sus sostenedores: doscientos cincuenta suscriptores, de los que noventa y seis eran mujeres, y sesenta y cinco, títulos de nobleza.

---

[18] *Vid.* SULLEROT, Evelyne, *op. cit.*, pág. 58.

II

LA PRENSA FEMENINA DURANTE LAS REGENCIAS DE DOÑA MARIA CRISTINA Y ESPARTERO

Con la muerte de Fernando VII y la caída de su régimen absolutista, España empieza a despertar del letargo cultural en el que se vio sumida durante las sucesivas épocas «ominosas», en las que la libertad de expresión y, por tanto, de prensa e imprenta, no existía, y en las que la sociedad española permaneció amordazada.

Durante los años fernandinos la prensa fue prácticamente inexistente, salvo la estrictamente oficial. A partir de la firma del Estatuto Real vuelve a resurgir, y se comienza a legislar en términos que podríamos denominar liberales. Como consecuencia de ello, se asiste a una importante diversificación de la prensa. Si en el período transcurrido de las Cortes de Cádiz hasta el Estatuto Real —omitiendo los dos largos paréntesis absolutistas— los periódicos eran mayoritariamente políticos e ideológicos, a partir de esta última fecha se asiste a una diversificación progresiva en periódicos políticos, satíricos, confesionales, militares y femeninos.

Por primera vez se forman las sociedades comanditarias para la financiación de los periódicos, lo que hace pensar que las tiradas se amplían y, por consiguiente, el número de lectores aumenta. Este progreso afecta también a la prensa cuyo análisis nos ocupa. Durante las regencias de Doña María Cristina y del general Espartero se observa un progresivo aumento del número de periódicos femeninos, y, algo más significativo si cabe, comienzan a editarse en provincias. Tal es el caso de *El Iris del Bello Sexo* (La Coruña) y *La Psiquis* (Valencia), ambos de vida brevísima. De algunos desconocemos su duración y si acaso fueron algo más que un título anunciado —como sucede con *El Elegante* (1841), *La Aureola* y *La Guirnalda* (1842)—, lo que vendría a indicar que el mercado al que se dirigían no estaba definitivamente constituido. Tardaremos aún tiempo en encontrar periódicos que sobrepasen los dos años de duración.

A pesar de que el volumen de prensa femenina es más elevado que en años anteriores, los números conservados son muy escasos, lo que dificulta la visión de conjunto.

En cuanto a su temática, el análisis de estos ejemplos de prensa femenina nos lleva a concluir que introducen pocas novedades, y que la moda sigue ocupando un lugar privilegiado en sus páginas.

Lo más digno de reseñar en este período es el nacimiento de la revista de más larga duración dentro del panorama de la prensa femenina española: *La Moda* (1842-1927). Periódico gaditano cuya extensa vida permitiría conocer por sí mismo la evolución de la prensa de «damas y salones» española, de la que constituye uno de los ejemplos más notable. Sus páginas albergaron los escritos de poetisas y narradoras que durante el moderantismo dirigieron y redactaron un buen número de periódicos femeninos. Sin embargo, lo que caracteriza a *La Moda* es la cantidad y calidad de sus grabados, figurines, dibujos de labores, etc., que ocupan más de los dos tercios de cada número.

LA ESPIGADERA

«Correo de las Señoras. Periódico ameno e instructivo entretenimiento, con exclusión de materias políticas», como reza su subtítulo. Desconozco, pues en ningún momento aparece explicitado en el periódico ni en fuente alguna consultada, el nombre y datos de su editor, del director o de quienes formaban su redacción, ya que ningún artículo está firmado. De tamaño menor que el de una cuartilla, sin columnas ni adornos, de papel y encuadernación muy rústicos, en él se mezclan, sin orden ni concierto, historias, anécdotas, comentarios...

El escaso número de páginas conservadas imposibilita un análisis detallado de su contenido, pero no me resisto a transcribir el siguiente párrafo, que refleja el interés, casi enfermizo, del anónimo redactor por que los hombres controlen, hasta en los detalles más nimios, la educación de las mujeres:

La regla segura es que las niñas reciban de sus padres los libros que han de usar, de su esposo las casadas y del hermano mayor a falta de otros parientes las menores. [N.º 13.]

EL BUEN TONO

Editado en Madrid, en 1839, este «Periódico de Modas, Artes y Oficios» no está expresamente dedicado a las mujeres, sino que parece más bien destinado a los profesionales de la moda. Contiene una gran variedad de grabados de muebles, carruajes y máquinas, así como figurines de señora y caballero.

Para Torija y Carrese, su director, y Ferrer y Valle, su editor responsable, los caprichos de la moda no sólo no son perjudiciales para la economía del país, sino que, muy al contrario, son sumamente beneficiosos, ya que impulsan el desarrollo de la industria y de las artes, y proporcionan «ocupación honrosa a centenares de familias». Se erigen en defensores del lujo, el cual «cuando no excede de la esfera de las posibilidades de la familia, es útil a los estados», puesto que «proporciona ocupación a millares de familias de honrados y laboriosos artesanos» quienes, sin los caprichos de la moda, se verían sumidos en la indigencia. Su defensa de la moda, no obstante, no es incondicional: se trata de promocionar la moda «con espíritu de nacionalidad», pues si es francamente útil cuando se produce en el país y se exporta, no lo es, por el contrario, cuando acarrea la importación y hace la economía del país dependiente de la de otro: «imitemos en esta parte a los ingleses».

Si la moda y sus caprichos sirven para impulsar el desarrollo industrial del país, no sirven menos para aumentar y hacer más «hechiceras las gracias naturales de la mitad preciosa del género humano». Pero, para que las gracias no sean únicamente exteriores y producto de la inconstante moda, aconsejan los redactores a sus lectoras —sobre todo a «las señoritas de ciertas clases»— que se instruyan, que sus conocimientos no se reduzcan a lo que innegablemente debe poseer toda mujer —el conocimiento del «gobierno y arreglo doméstico de la casa»—, sino que se «adornen» con otros saberes, para que se acreciente su valor a ojos de la sociedad y de su futuro esposo.

En el primer número se nos adelanta lo que será la sección de «Literatura»:

Teniendo siempre a la vista el principio de instruir deleitando, y por objetivo el inculcar en el corazón de nuestras jóvenes los preceptos de la más sana moral, para que en su día formando el de sus hijos den a la patria útiles, estimables y virtuosos ciudadanos, [1-I-1839.]

El interés por la educación, en este caso literaria, de la mujer, como en los ejemplos anteriores, es meramente funcional, para que revierta en los futuros «útiles, estimables y virtuosos ciudadanos», pero, eso sí, con deleite, con mucho deleite.

LA PSIQUIS

«Periódico del bello sexo», título y subtítulo de un periódico editado en Valencia y del que en la Biblioteca Nacional de Madrid sólo se conserva un número. Su difusión debió de limitarse a esa provincia, ya que no se indica ningún otro lugar de suscripción o venta. El texto aparece enmarcado entre adornos de guirnaldas, motivo decorativo que se prodigará en la prensa femenina de años posteriores.

Difícilmente se puede deducir por este ejemplar único cuál sería su temática y sus unidades redaccionales, aunque, por supuesto, no podía faltar el consabido artículo sobre educación. A la pregunta: «¿Qué estudios se deben proporcionar a las mujeres?», su anónimo redactor responde que se las puede iniciar en el estudio de la historia y de las artes, «porque no hay nada más grato que una mujer que sepa conversar inteligentemente en sociedad».

Entre las pocas líneas conservadas merece destacarse la presencia de la firma de A. Ribot, al pie de una poesía dedicada «A Doña J. R. de N. En la muerte de su hijo de seis meses de edad», porque, si se tratara de Ribot y Fontsere, destacado representante del saint-simonismo catalán, esta poesía sería un temprano precedente de su vertiente literaria de colaboración y dirección de periódicos femeninos.

LA MARIPOSA

Otro ejemplo de la efímera prensa femenina de estos años es *La Mariposa*, periódico de literatura y modas, cuya vida transcurrió entre el 10 de abril de 1839 y el 25 de junio de 1840. De periodicidad decenal en sus comienzos, pasó a ser semanal a partir del número veinte, coincidiendo con el cambio de empresa editora, que trajo consigo un considerable aumento de precio y el relevo de los antiguos redactores. La redacción del periódico —cuyo nacimiento y corta vida coinciden con la sangrienta guerra civil que asoló España en aquellos años— se hace unas curiosas consideraciones morales sobre el hecho de que en plena guerra salga a la luz un periódico que se propone otorgar un papel preeminente al lujo y a la moda:

> Pues si el miserable devorará su amargura (y éste es su legado) y no por ello el opulento rasgará sus vestiduras y sus galas, ¿se nos acusará porque reproduzcamos estas galas, estas vestiduras? Además nosotros seremos más bien el eco de la moda extranjera [...] el reflejo de la reina de las modas, nuestra vecina Francia. [10-IV-1839.]

La Mariposa constituye un ejemplo más de la prensa de «modas y salones»: sus figurines y los comentarios relativos a la moda ocupan buena parte del periódico. La literatura, amena y sin complicaciones: poesías amorosas, biografías de grandes hombres, relatos de viajes, etc., completan el contenido del semanario. A los suscriptores se les ofrecen dos cuadernillos coleccionables al mes, que compondrán una colección de novelas de «los mejores autores extranjeros», Balzac, Victor Hugo, Dumas, George Sand [1], Walter Scott, etc., así como «algunas originales de autores nacionales».

GOBIERNO REPRESENTATIVO Y CONSTITUCIONAL DEL BELLO SEXO ESPAÑOL

Se trata de un periódico de morfología y temática completamente diferentes a los hasta ahora analizados. Editado en forma de cuadernillos coleccionables, que corresponden a las sesiones de formación

---

[1] Corren unos años en que los autores románticos franceses aún no han caído en desgracia entre los editores de prensa, en general, y de prensa femenina, en particular. Adviértase cómo un periódico tan ligero no tiene empacho en ofrecer las obras de George Sand, autora que, pocos años después, particularmente tras el movimiento revolucionario de 1848, será tenida por un monstruo de la naturaleza, contra la que se ensañarán todas las bien pensantes autoras españolas, a la cabeza de las cuales se coloca otra mujer también disimulada bajo nombre de varón: Fernán Caballero.

de un Gobierno y de unas Cortes femeninas, tuvo una periodicidad mensual hasta el número tres, en que anuncia que pasa a ser semanal. Tomás González [2] fue el editor responsable. Desconocemos si participó en su redacción alguien más que el propio editor, aunque parece improbable, dadas las características de la publicación. Si bien el título del periódico, y la farsa de presentarse como órgano de prensa de unas supuestas Cortes femeninas, induciría a pensar que se trataba de un periódico «feminista», tal apariencia se desvanece en cuanto nos adentramos en su contenido: mera crítica, muy originalmente expuesta en su aspecto formal, de la política de los sucesivos gobiernos liberales habidos desde la firma del Estatuto. Por ello, a pesar del interés que tienen estos cuadernillos críticos, no se prestan a un análisis exhaustivo, puesto que ni su estructura redaccional ni su contenido pueden encuadrarse en un trabajo sobre prensa femenina.

En el «Manifiesto a las españolas», Florentina de Mendoza, futura presidenta del gobierno femenino, hace el siguiente llamamiento:

> [Los hombres] nos tienen esclavizadas a todas como si fuéramos seres de diferente especie, sin permitirnos jamás tomar parte en el gobierno de la nación [...].
> Y en consideración, por último, a que las mujeres estamos dotadas por el CREADOR de las mismas potencias y sentidos que estos hombres de tan poca consideración [...] hemos acordado [...] formar entre nosotras un gobierno a parte [...], sin admitir un solo hombre en nuestras oficinas y dependencias. [N.º 1, pág. 8.]

La creación del supuesto gobierno femenino y la defensa que se hace de la igualdad de «potencias y sentidos» de las mujeres con respecto a los hombres es algo marginal, y resulta evidente que el autor no tiene intención de entrar en un debate sobre la veracidad o falsedad de tales asertos; más bien parece que aquellos «hombres sabios, valientes, de carácter varonil» que gobernaron algún día España —cuya extinción lamenta la señora presidenta [3]—, se han me-

---

[2] El único Tomás González que aparece en el *Ensayo de catálogo de los periodistas españoles del siglo XIX* (Madrid, 1903), de Ossorio y Bernard, es un canónigo de Plasencia, reorganizador del Archivo de Simancas, que fue nombrado director de *La Gaceta de Madrid*, cargo que no llegó a desempeñar. Por la fecha y su calidad de clérigo bien pudiera tratarse del autor de tan singular periódico «femenino».

tamorfoseado en mujeres. Con ello quiero decir que el autor está utilizando una alegoría —que, sin duda, resultaría jocosa para los lectores de la época: ¡las mujeres discutiendo sobre los graves asuntos de la nación!— para, amparado en ella, criticar la política seguida por los últimos gobiernos, muy especialmente la puesta en práctica por los gobiernos desamortizadores, con Mendizábal a la cabeza. Su crítica no cuestiona ni la forma de Estado —la monarquía constitucional— ni a su titular —Isabel II— ni siquiera la Constitución del 37, aunque desearía introducir una ley de prensa más restrictiva.

Los grandes males a los que pasa revista el autor son: la guerra —la carlista está todavía dolorosamente próxima— y las grandes contribuciones a que se ven sometidos los españoles. Se critica la práctica seguida por el movimiento liberal, que para Tomás González se resume en «tomar siempre los hombres la voz del PUEBLO sin hacer nada por el PUEBLO [...], dar gritos de *libertad* e *independencia nacional* y no aprovecharse de estos gritos sino para apropiarse de *empleos* y *sueldos*» [4]. Pero donde la crítica alcanza más virulencia es al referirse a la política seguida con respecto al «negocio del alma», es decir, cuando alude a la política desamortizadora, sobre todo cuando sus víctimas son mujeres, las monjas mendicantes y las propietarias. Crítica que enlaza de forma inmediata con la contenida en el discurso pronunciado por el duque de Rivas en la sesión del Senado del 1 de marzo de 1835 [5] y con la campaña de polémicas que se desarrolló en aquellos años en la tribuna y la prensa. Su postura concuerda siempre con la del clero masculino y la de las monjas desposeídas de «sus» bienes. Esta defensa, en fin, tan acalorada del clero acerca a su autor a las posiciones más conservadoras del liberalismo.

Otro eje de su crítica es el olvido al que echaron los gobiernos liberales y el propio Espartero las promesas a los combatientes carlistas vascos de mantener sus Fueros, lo que permitió —siempre según

---

[3] Hombres de grandes virtudes a los que se contraponen los «cobardes, afeminados [*obsérvese el menosprecio del término, utilizado con cierta frecuencia por las propias plumas femeninas*] en demasía, interesados, ambiciosos, infamantes, embaucadores». *Idem*, cuaderno n.º 2, pág. 32.

[4] *Ibidem*, pág. 33.

[5] *Vid. Los escritores políticos españoles (1780-1854)*, pág. 282.

el periódico— llegar a los acuerdos de Vergara. En este punto la crítica se personaliza —«¿Cómo, pues, no se avergüenza de esta infamia quien se precia de noble caballero?»— dirigiéndose al coprotagonista del abrazo de Vergara: al general Espartero. El autor es de la opinión de que la adhesión de los vascos a Don Carlos se debió a que éste defendía sus Fueros, y por ello lo abandonan en el momento en que las huestes liberales prometen su mantenimiento. Es más, no encuentra ningún inconveniente en que tales Fueros les sean respetados si contribuyen con «las grandes sumas de dinero que contribuyeron a Carlos III, Carlos IV y Fernando VII, que nunca les privaron de sus privilegios, franquicias y regalías».

El conservadurismo de su autor queda reflejado también en el miedo que manifiesta a los republicanos, de los que teme que, si ganasen las elecciones, acabarían con el poder central, disolviéndose en un ridículo cantonalismo. Supone que ningún pueblo (los Carabancheles, Leganés, etc.) querría sujetarse al gobierno central y otras lindezas del mismo estilo.

Estos son, en resumen, los pilares de su crítica. A lo largo de las sesiones, las señoras diputadas van proponiendo soluciones a los graves problemas planteados, que no coinciden nunca con las llevadas a cabo por tan inhábiles gobiernos.

Abandonemos este *Gobierno Representativo y Constitucional* que nos ha servido para pasar revista a los graves problemas con los que se enfrentaba España: una encarnizada guerra civil, cuyo final no había resuelto las causas profundas que la motivaron, y que resurgirán en las sucesivas guerras carlistas; una desamortización que no estaba produciendo el deseado saneamiento de la hacienda real, sino que más bien beneficiaba únicamente a los grandes propietarios, que se hicieron con nuevas propiedades inmuebles o consolidaron las ya existentes; y una gran masa campesina que no había sacado ningún beneficio, e incluso podría decirse que había empeorado sus condiciones de vida.

... Y en medio de esta agitada mar política navega nuestra prensa femenina en la más absoluta calma, ajena a todo, como veremos en las páginas siguientes.

LA MODA

En Cádiz, en 1842, ve la luz esta revista semanal de «Literatura, Teatros, Costumbres y Moda», la de mayor duración de la prensa femenina española (1842-1927). A lo largo de su dilatada vida no sólo cambia de cabecera en repetidas ocasiones, sino también de redacción, contenido, formato y precio. Si en 1847 desconocemos todavía a cargo de quién está su dirección, y las únicas firmas que aparecen no pasan de ser simples iniciales (F.F.A. y Sofía de S.), en 1863 conocemos al editor propietario de la entonces *Moda Elegante*, el gaditano Abelardo de Carlos, creador en Madrid de *La Ilustración Española y Americana*, y condecorado con la Gran Cruz de Isabel la Católica; a su director, Francisco Flores Arenas, médico y literato gaditano, y sabemos quiénes fueron sus habituales colaboradoras: Pilar Sinué de Marco, prolífica escritora aragonesa que, en 1864, fundó y dirigió *El Ángel del Hogar*, y colaboró en la práctica totalidad de las publicaciones femeninas de la década de los años sesenta: *El Correo de la Moda*, dirigido por Ángela Grassi, *Los Ecos del Auseva*, fundado y dirigido por Robustiana Armiño, y un largo etcétera. Fue autora del ensayo, publicado en *La Moda* en varias entregas, titulado «La mujer. Estudios morales» y también de numerosas novelas. Asimismo, Amalia Domingo Soler, colaboradora de *El Álbum de las familias*, quien, en 1896, nos asombra con sus colaboraciones en *La Conciencia Libre* y *La Unión Espiritista*, de Barcelona. La escritora gaditana Margarita Pérez de Celis, directora del periódico fourierista *El Nuevo Pensil de Iberia* y redactora, junto con Josefa Zapata, de *La Buena Nueva*, firma alguna colaboración. De ella tendremos ocasión de hablar más detenidamente al analizar sus artículos en *El Pensil*. A ellas hay que sumar una larga lista de autoras, cuyos escritos no parecen haber merecido la atención de las enciclopedias y catálogos de escritores y periodistas, tales como Emilia Carlem, Emelina Raymond, Angela Mazzini, etc.

El más destacado colaborador masculino del periódico fue Antonio Trueba, poeta vasco, archivero y cronista del Señorío de Vizcaya, de cuyo cargo fue destituido durante la revolución de 1868. Hallamos su firma también en *El Correo de la Moda*, *La Educación Pintoresca*, *El Boletín del Pueblo* y *El Noticiero Bilbaíno*. Colaboró asimismo en las revistas vascas *Laeurac Bat* y *Euskal Erria*, y en *La Ilustración Católica*.

Otra firma habitual es la de Julio Nombela, autor dramático, al que su ideología conservadora y carlista lo llevó a colaborar en publicaciones tales como *Dios, Patria y Rey, El País Vasco Navarro* y *La Margarita*. Manuel Palacio es otra de las firmas masculinas de *La Moda*. Poeta festivo de ideología demócrata, colaborador, en 1851, de *Fray Chirimique Andana*, que fue suspendido por orden gubernativa. Colaboró en *La Discusión*, órgano del que sería Partido Demócrata español, *El Pueblo*, el *Gil Blas* y dirigió *Nosotros, El Mosquito* y otros.

El motivo de recoger tan extensa y variada lista de colaboradoras y colaboradores, así como de las revistas en que se publicaron sus escritos, no es otro que destacar la escasa importancia, por no decir nula, de la ideología política a la hora de colaborar en una revista femenina. Unas y otros son capaces de escribir livianas poesías, cuentos y artículos escritos al supuesto gusto de las «señoras». A pesar de sus acusadas diferencias ideológicas, en lo que se refiere a la mujer mantienen, en lo esencial, un acuerdo por encima de cualquier principio diferenciador.

Como ya he indicado en páginas anteriores, *La Moda* es la revista más representativa de lo que hemos dado en llamar prensa de «modas y salones». Más de los dos tercios de su contenido están dedicados a todo lo relacionado con la moda y los artículos de consumo que genera. En torno a la revista gira un microcosmos de intercambios comerciales: existía una red de corresponsales en todos los puntos importantes de la Península, así como en Francia, Inglaterra, Alemania y Bélgica, dispuestos a practicar toda clase de «diligencias o encargos» que las suscriptoras o lectoras habituales les encomendasen, servicio que, por supuesto, no era gratuito.

En 1862 existían tres tipos de suscripciones [6], que parecen indicar una mayor diversidad social, siempre dentro de las clases acomodadas de sus lectoras.

De los tomos consultados ninguno recoge artículos referentes a la educación, influencia, deberes, etc., de la mujer en la sociedad. Únicamente en su primera etapa (1842-1860) aparece alguno de muy escaso interés y el mencionado ensayo de Pilar Sinués, en el que la

---

[6] *Vid.* ficha técnica, págs. 180-181.

autora desarrolla el ideal de «ángel del hogar» que no abandonará a lo largo de su dilatada carrera literaria. En 1843 llama la atención, sin embargo, la publicación del ensayo de Lammenais, *Sobre la educación de las mujeres*, cuando, desde 1834, este autor había caído en desgracia en los medios de la prensa «de orden» española.

Con *La Moda* ponemos punto final al recorrido por la prensa femenina que vio la luz durante los años de las Regencias. En las páginas siguientes analizaremos los periódicos nacidos durante el largo reinado de Isabel II.

86

N° 361

Paris Aug.ᵗᵉ Godchaux & C.ⁱᵉ Imp.ʳˢ Système Ing.ᵍ H.ᶜ S.G.D.G.

N° 1695

LA MODA ELEGANTE ILUSTRADA

Administracion Carretas.12.pral

MADRID

Perfumería de lujo. Guerlain. 15.r.de la Paix. Paris

Faja Regente Hᵉⁱᵉ y Corsé Ana de Austria de Mᵐᵉ de Vertus.12.r. Auber. Paris.

III

LA PRENSA FEMENINA DURANTE LOS PRIMEROS AÑOS DEL REINADO DE ISABEL II

Durante los primeros años del reinado de Isabel II, como ya apuntamos, la prensa femenina se afianza, y las mujeres pasan a ser parte muy importante de las redacciones de los periódicos.

El análisis de este período nos permite comprobar cómo el sistema moderado consigue imponer a todos los grupos sociales, incluso a sus oponentes políticos, su concepción de la mujer, de su papel subordinado en la sociedad doméstico-patriarcal, en virtud de las leyes naturales y divinas; y cómo la misma mujer escritora, enfrentada a los tabúes que impedían su participación en la vida activa, reducida a la publicación de sus escritos, asume, salvo raras excepciones, dicha concepción y se convierte en su propagadora y más acérrima defensora. Estas mujeres, vinculadas en su mayoría a las clases altas o al grupo social emergente en aquellos años —la llamada clase media—, y educadas en una semiignorancia de buen tono, parece que deseen huir de su monótona vida sin horizontes por medio del ejercicio de la creación literaria. Escribir se convierte casi en una obligación, y su pluma se dirige a aquellos campos a los que se consideran naturalmente destinadas: la pedagogía y la moral. Se convertirá en una verdadera monomanía su deseo moralizador: establecer normas de conducta para las mujeres, concienciarlas de cuál es su verdadero papel en la sociedad, que en ellas no es más que una emanación acrítica del modelo que la sociedad masculina se ha creado como ideal. Las condiciones de vida de la mujer común, el analfabetismo, la sobreexplotación, la prostitución... son tratados, cuando lo son, desde una óptica de beneficencia y caridad cristianas, muy acorde con su espíritu conservador e idealista.

La batalla fundamental que emprenden estas adelantadas del feminismo conservador se refiere a la educación de las mujeres. Su intención es hacer de la mujer una profesional en el oficio de esposa y madre. Cumplida esa tarea fundamental, todas sus energías sobrantes deberían encauzarlas ejercitando la beneficencia y la caridad, virtudes ambas que estas mujeres, católicas militantes, favorecerán con todos los medios dialécticos a su alcance. Pero, para alcanzar ese tipo ideal de mujer —madre consciente y responsable de sus hijos, y madre de los seres socialmente desamparados—, no vale la instrucción que reciben las jóvenes; por ello, sus plumas incansables reivindican una educación menos limitada, más específica, que desarrolle la capacidad intelectual de las mujeres en función de los fines propuestos. Las veremos perderse en divagaciones sobre la igualdad natural del hombre y la mujer, admitiendo, no obstante, la desigualdad social, fundamentada en la naturaleza sexual distinta de ambos seres. Se reconoce y ensalza la labor de las escritoras que logran algún renombre, pero en las notas biográficas que suelen acompañar la presentación de sus obras se busca destacar lo que se tiene como esencial: su ejemplar conducta como hija, esposa o madre.

La prostitución, fenómeno omnipresente en la sociedad del momento [1], cuando ocupa las páginas de los periódicos femeninos, es tratada como una lacra social, cuya causa ha de buscarse en la perversión de los hombres que seducen a las mujeres, y éstas, una vez perdida la «honra», caen por la pendiente de la depravación. Por más que busquemos sólo hallaremos explicaciones parecidas, y, en justa correspondencia, los remedios propuestos son crear centros de rehabilitación y redención por medio del trabajo «honrado», permitiendo poner en práctica a estas esforzadas escritoras la tan preciada virtud de la caridad.

---

[1] Lo que no deja de reflejarse en la prensa diaria. En 1856, el periódico conservador *La Esperanza* se lamenta de que las mujeres públicas recorren las calles de Madrid «haciendo alarde de su inmodestia y desenvoltura» (11-XI-1856), así como de que circulan en mayor número y riñen por los barrios bajos usando expresiones «que no están en el Diccionario de la Academia» (13-VI-1856). [*Vid.* ZAVALA, Iris M., *Ideología y política en la novela española del siglo XIX*, pág. 163.]

La explotación a que se ven sometidas las mujeres de las clases populares no hallará ningún eco en sus páginas. Tan sólo se aludirá a ellas, de pasada, como posibles beneficiarias de la caridad de las nobles señoras que sostienen con sus suscripciones dichos periódicos. Ejemplos notables de esta prensa son *Ellas* y *La Mujer*, de los que hablaremos más adelante.

ÁLBUM DEL BELLO SECSO (1843)

Este *Álbum* no parece que fuera exactamente una publicación periódica. Se trata, en efecto, de un álbum cuyos artículos, al gusto costumbrista, retratan, literaria y gráficamente —cada artículo viene precedido de un grabado—, cuatro tipos de mujer de aquellos años: la dama, la colegiala, la manola y la niñera. El interés de dicho álbum radica, desde mi punto de vista, en la presencia de Gertrudis Gómez de Avellaneda, autora del capítulo dedicado a «La dama de gran tono» [2].

Redactores

La única firma femenina es la de Gertrudis Gómez de Avellaneda, quien, junto a su conocida y bien estudiada faceta de poetisa y prosista romántica, desarrolló una vertiente literaria menos conocida de colaboradora y directora de revistas, tanto literarias como estrictamente femeninas.

Sus primeras poesías aparecen en *La Aurora*, bajo el seudónimo de «La Peregrina». En 1845, dirigió, en compañía de Miguel Ortiz, *La Ilustración, Álbum de Damas*, que pretendía ser el mejor periódico literario del momento, pues contaba con la colaboración de los más insignes poetas del romanticismo, según su directora. En 1860, fundó en su tierra natal *El Álbum Cubano de la Bueno y lo Bello* [3] en el que publicó varios artículos en defensa de la capacidad intelectual, literaria, de gobierno, etc., de la mujer. El autor de «La colegiala» es Antonio Flores Elgóibar, conocido costumbrista, redactor de *El Clamor*

---

[2] Reproducido en la *Gaceta de Puerto Príncipe* (20-22-24-VIII-1844), Cuba, 1844.

[3] La Habana, 1860.

Público, *El Universal*, *La Nación* y *La Época*, y director, junto con Ferrer del Río, del semanario *El Laberinto*.

De «La manola» es autor Vicente Díaz Canseco, redactor de *El Castellano* (1836), *El Duende* (1837) y director, tras el cese del primer conde de San Luis, de *El Heraldo*.

Inocencio Riesgo Le Grand, autor de «La niñera», artículo que cierra el *Álbum*, fue director, durante los años 1838-39, de *El Madrileño Católico* y *La Tarántula*, en los años 1843-44.

Temática

Se compone *El Álbum* de cuatro artículos dedicados a la reina Isabel II. Los versos de la dedicatoria anuncian una publicación más extensa, pero, en realidad, se redujo a esos cuatro únicos artículos:

> Tal vez te plazca, ¡Oh reina!, ver pintadas
> de toda condición a las mujeres
> y estudiar sus costumbres compendiadas
> con todos sus distintos caracteres [...].

La Avellaneda se encarga de mostrarnos cuál es el objeto de la publicación: «presentar lisa y llanamente tipos femeniles», aunque, entre líneas, deja traslucir su pesar por la condición femenina:

> La mujer de la sociedad es hechura de ésta: buscad a la sociedad y hallaréis a la mujer [...]. La obra suprema de la naturaleza, la obra de su amor, ha sido dislocada, atenazada, contrahecha por la sociedad; y si queréis retratar a esta desfigurada y doliente figura [...] es preciso que la veáis enmascarada, que la veáis cual está, y no cual ha debido ser. [pág. 3.]

Flores Elgóibar aprovecha para criticar en su artículo las casas de pensión de señoritas, en donde, según el autor, se les enseña de todo y mal, pues:

> La revolución, que no ha perdonado el claustro de las religiosas, ha hecho sentir más fácilmente su funesto influjo en las escuelas.

Seguidamente, se lamenta de que le haya sido arrebatada a las madres «la inapreciable ventaja de educar por sí mismas a sus hijas», y se haya dejado la educación de éstas en manos «mercenarias», educación que olvida lo que para Antonio Flores es indispensable, a saber, el dominio de las labores propias del sexo femenino.

Vicente Díaz Canseco nos hace en su «Manola» un retrato costumbrista bastante certero de ese tipo femenino del «pueblo bajo madrileño».

Cierra *El Álbum* Riesco Le Grand con el artículo «La niñera», muy interesante desde el punto de vista sociológico, pues, como ya apuntamos en otro lugar, la moda de la crianza de los hijos por una nodriza y de su cuidado al cargo de niñeras se había introducido definitiva-mente entre las clases media y alta españolas. En su descripción nos presenta a unas mujeres jóvenes, de variada procedencia social: unas, huérfanas de servidores del Estado —«testigos ambulantes del patriotismo de sus padres y de la sensatez del gobierno»—; otras, la inmensa mayoría, procedentes del proletariado; y otras, las menos, «fruto de ilícitos amores, educadas en un asilo de piedad de donde salen para servir de niñeras, y concluyen por donde principiaron sus madres». Sobreexplotadas, trabajan más que las otras criadas y reciben sueldos inferiores: «generalmente apenas ganan 20 rs. y verdaderamente se los sacan del pellejo». Jóvenes que muy raramente llegan a contraer matrimonio, aunque admite que «no es esto decir que algunas no lleguen a concluir sus años de niñeras conservando su inocencia».

EL TOCADOR (1844-1845)

Es un «Gacetín del Bello Sexo. Periódico semanal de educación, teatro y modas» cuyo interés principal radica en la personalidad de su animador: A. Ribot y Fontseré, y, en menor medida, en sus artículos sobre educación.

Redactores

El redactor principal fue A. Ribot y Fontseré [4], escritor catalán, nacido en Vich, en 1813, y muerto en Madrid, en 1871. Estudió me-

---

[4] Para los datos biográficos del autor me baso en el *Diccionario biográfico ilustrado de escritores y artistas catalanes del siglo XIX* (Barcelona, 1899), de Elias de Molins, y en la *Introducció del socialisme utòpic à Catalunya. 1835-1837* (Barcelona, 1969, volumen 53 de la *Antología Catalana*), de Josep M. Ollé i Romeu.

dicina en el Colegio de Médicos de Barcelona, pero su afición a la literatura lo llevó desde muy pronto a colaborar con poesías y artículos en *La Emancipación Literaria, El Vapor, El Propagador de la Libertad, El Sapo, El Constitucional*, y un largo etcétera. *El Vapor* y *El Propagador* son los primeros periódicos que divulgaron en Cataluña las ideas de la escuela saint-simoniana, las de Mazzini, y las de Lammenais. En la primera etapa de *El Vapor*, durante su fase más exaltada, Ribot publica sus *Palabras de Fraternidad*[5], obra escrita bajo la influencia de *Paroles d'un croyant*, de Lammenais. En cuanto a su colaboración en *El Propagador*, podemos decir que fue uno de los pocos articulistas que tocaron la problemática obrera. Militó en el partido Progresista, por lo que sufrió numerosas persecuciones. En 1837 fue desterrado y embarcado a América. En La Habana fue encarcelado y deportado a la isla de Pinos, de donde logró fugarse. Entusiasta de la escuela romántica, desarrolló una faceta literaria muy poco conocida de colaborador de prensa femenina.

El interés por la mujer no era nuevo entre los saint-simonianos franceses, pero sí entre sus prudentes seguidores barceloneses[6]. En el ideario de Saint-Simon estaba presente la igualdad total de derechos entre ambos sexos; pues bien, Ribot no asume ese principio de igualdad, como veremos. Su filosofía y pedagogía, en lo que a la mujer

---

[5] *El Vapor* (27-II-1836). Es autor, asimismo, de numerosas obras históricas, como *La Revolución de Julio en Madrid. La autonomía de los partidos o explicación del alzamiento de julio y las leyes inherentes a los partidos mismos; El quemadero de la Cruz, víctimas sacrificadas por el Tribunal de la Inquisición*, etc.

[6] El saintsimonismo y sus seguidores no eran totalmente desconocidos para la prensa femenina española. Ya en *El Correo de las Damas* (1833-1835) se recoge la siguiente noticia, cuyas protagonistas son «Dos famosas sansimonianas, Mad. Cecilia Fournel y Clarinda Roger, misioneras de la nueva y extraña religión de Saint-Simon, acaban de embarcarse en Marsella para Alejandría; según parece, su predicación tiene por objeto la emancipación de las mujeres esclavas de aquel país.» [20-XI-1833.] También en *El Buen Tono* se menciona del saintsimonismo, pero de forma irónica. En el número 2 se recoge una «Anécdota» en la que su autor se pregunta: «¿Qué es el Sansimonismo?», y pone la respuesta en boca de un ladrón: «Gendarme, tú tienes un sombrero nuevo, y el mío es viejo. Este sombrero me viene mejor a mí, y el mío te cae también perfectamente. Por tan sencillo motivo los cambio.» [30-I-1839.]

se refiere, se basa en el *Emilio* de Rousseau, cuyos juicios sobre ésta son de sobra conocidos.

Elías de Molins, en su citado *Diccionario*, apunta que Ribot y Fontseré publicó *La Cotorra*, «periódico alegre, vivaracho y coquetil, redactado por distinguidas señoras, teniendo por escribientes y correctores de pruebas a D. J. Villergas, A. Ribot y Fontseré, M. Bonilla y Bernat Baldivi»[7]. Ningún biógrafo, catálogo o diccionario de periódicos y periodistas recoge la participación, muy importante, de Ribot en *El Tocador*.

Otro de los animadores de este periódico fue Miguel Agustín Príncipe, redactor de *La Prensa* (1840), *El Espectador* (1841-48), y otros, y director de *El Moscardón*, *El Gitano* y el *Diario de Sesiones del Senado*.

Junto a las mencionadas firmas aparecen asiduamente las de Melania Waldor[8] y José Antonio de Escalante.

De vez en cuando, topamos con alguna poesía de Wenceslao Aiguals de Izco, prolífico autor de novelas y folletines muy leídos en los años centrales del siglo. Aparecen también, con cierta periodicidad, artículos del conocido historiador y colaborador asiduo de revistas femeninas, Antonio Pirala.

Temática

Como indica el subtítulo, *El Tocador* desarrolla semanalmente artículos de educación que, a manera de artículos de fondo, constituyen una sección fija, rubricada por Ribot, que desaparecerá en 1845, sustituida por otra —que imprime carácter a la publicación— compuesta por las traducciones de los folletines franceses más famosos del momento. El director de la nueva sección —traductor y creador también de folletines originales suyos— fue Antonio Avelino Benítez. No falta la sección de modas, con hermosos figurines de señoras y caballeros, luciendo los últimos modelos de París, ni olvida el espacio dedicado

---

[7] Periódico que no he podido localizar en ninguna de las hemerotecas consultadas (Hemeroteca Municipal de Madrid, Hemeroteca de la Biblioteca Nacional y Hemeroteca del Ateneo de Madrid).

[8] Presumiblemente se trata de Melanie Waldor que, entre los años 1833-1835, colaboró en el periódico francés *Le Journal de Femmes* (*vid.* SULLEROT, Evelyne, *op. cit.*, pág. 172).

a la poesía. Tampoco renuncia a los consejos sobre belleza en «Doña Celestina en el Tocador o secretos útiles al bello sexo», ni a los «anuncios relativos al bello sexo a precios convencionales». Artículos de variada índole, sin sección fija, completan los números.

De todo este contenido voy a detenerme, principalmente, en la sección dedicada a la educación, que corre a cargo de Ribot. Éste reconoce la gran influencia de la mujer en la sociedad, por lo que se dirige a ella para ayudarla a comprender que puede y debe empezar a ser la responsable de la educación de sus hijos. Su interés por educar y moralizar a la mujer nace de la creencia «sostenida por el filósofo-social L'Aimé Martin [9]» de que las raíces de la felicidad y de la infelicidad del hombre deben buscarse en los primeros años de su vida; años en que la madre es omnipresente y, por tanto, transmite al hijo todos sus vicios y virtudes: «la suerte de un niño es siempre obra de su madre». Para apoyar su tesis nos ofrece algunos ejemplos, utilizados por este «filósofo social», de ilustres literatos: Lord Byron, hombre extremado, fue hijo de una madre terrible; Lammenais, sin embargo, hijo de una amantísima y religiosa madre «camina por las vías del señor bajo las alas de su Madre siendo su genio como el incienso» [10]. Ribot, por su parte, aporta el ejemplo de Victor Hugo, cuya vida política pasó del absolutismo más acérrimo a los furores democráticos y que, finalmente, se convirtió en sostenedor de la monarquía de Julio. Tales desequilibrios los explica el autor por el enfrentamiento violento entre las huellas indelebles que grabaron en su corazón su madre, absolutista furibunda, y su padre, republicano convencido.

Ribot reconoce que, de los errores y defectos de las madres, «la educación que se da a las mujeres es sin disputa la culpable» [11], pero, a pesar de que manifiesta la necesidad de revisar dicha educación, en ningún momento propone una alternativa.

El tema recurrente de sus artículos es que la educación de los hijos debe ser obra exclusiva de las madres, por lo que coincide con la

---

[9] «Filósofo» desconocido para toda suerte de enciclopedias y catálogos consultados (citado por Ribot en «Educación», *El Tocador*, 14-VII-1844).

[10] *Ibidem.*

[11] *Ibid.*

corriente de opinión que critica la costumbre de criar a los recién nacidos con nodrizas, a las que califica en algún momento de «criminales» [12], y de educar a la prole con «preceptores asalariados que trafican con la educación de las almas como una vil mercancía, y que no consultan más que su propio interés» [13]. Sostiene, pues, que deben ser las madres las que eduquen a los pequeños porque «son sus preceptoras naturales, y son las únicas capaces de cumplir como es debido su elevada misión» [14].

Ahora bien, sus argumentos, en realidad, van dirigidos a justificar un conocido hecho social:

> [...] los padres, ocupados en llenar los deberes de ciudadanos y demás obligaciones que les impone la sociedad, no pueden encargarse de un trabajo que excluye a los demás. [5-IX-1844.]

La mujer aparece, pues, más como sustituta de una función del hombre, que debido a sus obligaciones sociales no puede cumplir, que como una preceptora nata, término que parece más bien una justificación de la tarea que la sociedad, en aquellos años, pretendía imponer a la mujer.

La concepción que de la misión de la mujer tiene este destacado miembro del progresismo más radical se diferencia bien poco de lo visto hasta ahora. Ésta sigue reducida al ámbito doméstico, lugar en donde realiza su función de educadora. Si su acción revierte en la sociedad, es sólo indirectamente a través de sus hijos.

No obstante, el autor, a nuestro juicio, a pesar de lo modesto de sus planteamientos, enlaza con esa mística de la mujer, observable en las teorías de las escuelas del socialismo utópico, que suelen considerarla guía de la sociedad e instrumento civilizador capaz de contribuir en la lucha contra las «tinieblas del error» [15].

---

[12] *El Tocador,* 7-XI-1844.

[13] *Idem,* 5-IX-1844.

[14] *Ibidem.*

[15] «De la mala conciencia», 28-VII-1844. Para alcanzar el fin propuesto en su artículo, Ribot invita a las españolas a que imiten a las norteamericanas.

GACETA DE LAS MUJERES (1845)

Esta *Gaceta de las mujeres* introduce la novedad de estar «redactada por ellas mismas». Nacida en Madrid, en septiembre de 1845, su corta vida —siete números— finaliza en octubre de ese mismo año, coincidiendo con un cambio de nombre y de redacción. En su último número publica una «advertencia muy importante»:

> Desde el primer domingo del próximo mes de noviembre toma este periódico el nuevo título de *La Ilustración, Álbum de Damas* [...], que aspira a ser el mejor periódico literario que se ha publicado en España. [25-X-1845.]

Y anuncia la nueva redacción: Gertrudis Gómez de Avellaneda, directora, «auxiliada» por Miguel Ortiz [16]; y Carolina Coronado, Josefa Moreno Nartos y M.ª Dolores Gómez de Cádiz —todas ellas redactoras de revistas literarias y femeninas—, como colaboradoras. Se anuncia la posible colaboración de la también cubana condesa de Merlin. Entre los redactores cabe destacar la presencia del duque de Frías, Juan Nicasio Gallego, Nicomedes Pastor Díaz y Ramón de la Sagra.

La revista daría pie para un largo estudio, dada la calidad de sus promotores, pero... del nuevo periódico sólo salió a la calle un único número.

Temática

Las unidades redaccionales de esta *Gaceta* en nada se diferencian de las que son habituales en la prensa del género: una sección fija sobre educación; otra, compuesta por cuentos, poesías, etc., denominada «Álbum de bellas»; una serie de artículos traducidos, como en tantos casos, del francés, titulada «La mujer juzgada por los grandes escritores de ambos sexos»; una sección dedicada a la crónica teatral y, por último, la típica sección de «Variedades», con anécdotas, anuncios, modas, etc. Como novedad se incluye una «Gacetilla religiosa», en la que se anuncian todos los oficios religiosos de la capital. Publi-

---

[16] No figura en ninguno de los catálogos y diccionarios consultados, a pesar de que, en 1849-1850, dirige otro periódico femenino, *La Ilusión*.

cación más modesta que las hasta ahora consultadas, carece de grabados y figurines de modas. Un único dibujo, que ocupa la cabecera de la primera página de todos los números, adorna la publicación. Se trata de un conjunto de mujeres jóvenes, semicubiertas por una túnica clásica y rodeadas de amorcillos y niños desnudos, situadas alrededor de una columna en la que reza la siguiente leyenda: «Vuestra existencia está en el corazón».

Educación

Para las autoras de *La Gaceta*, la educación es sinónimo de «práctica de la religión y la moral» [17], y el fin de sus artículos educativos es persuadir a las madres de su importancia en la educación de sus hijos e instruirlas sobre el mejor modo de llevarla a la práctica. Coinciden con la corriente de opinión, que se va consolidando en aquellos años, según la cual, si la educación de la mujer fuera la apropiada, ésta podría ser la educadora natural de sus hijos:

> Si obedeciendo a los principios de la naturaleza se dotara a la mujer de una educación más esmerada, no habría tanta prisa por lo común en los padres a separar del regazo materno a sus hijos, fundándose en que la madre no les puede enseñar lo que al lado de un maestro pueden aprender. [12-X-1845.]

El nuevo papel de la mujer educadora de sus hijos se va imponiendo en los años centrales del siglo. Autoras y autores lo repetirán hasta la saciedad desde las páginas de los periódicos, a los que habría que sumar las obras menores que «filosofan» sobre la misión de las mujeres en la sociedad.

Capacidad de las mujeres para el gobierno [18]

Título del único artículo de Gertrudis Gómez de Avellaneda en el también único número de *La Ilustración, Álbum de Damas*, y contundente alegato a favor de los derechos políticos de la mujer. Por supuesto que la Avellaneda considera a la mujer capacitada para gobernar y, es más, argumenta que el gobierno femenino ha sido, en

---

[17] *Gaceta de las mujeres*, 28-IX-1845.

[18] *La Ilustración, Álbum de Damas*, 2-XI-1845.

muchas ocasiones, más favorable para los pueblos que el gobierno de los hombres. En apoyo de su afirmación, desentierra el mítico Consejo de mujeres de la Galia que, según la autora, permitió a aquel belicoso pueblo salir siempre victorioso de los combates y mantener su independencia mientras duró su gobierno, y que se convirtió en tributario de los romanos cuando los varones sucedieron en el poder a las mujeres; los ejemplos de las matronas griegas y de las reinas de la Ilustración sirven también de apoyatura de su tesis a la autora.

Pero quizá lo más original del artículo sea el preámbulo, en el que la Avellaneda se opone a la tan extendida creencia en la incapacidad intelectual de la mujer, que, si puede ser justificada por su situación en aquel momento, no se puede explicar porque la naturaleza de la mujer sea distinta o inferior, sino que «está sostenida por el egoísmo y la fuerza material de una mitad del género humano». Y, con un razonamiento plenamente dialéctico, profetiza sobre la futura emancipación femenina con estas hermosas palabras:

> sabemos que lo pasado responde anticipadamente del porvenir; que ningún error es perdurable, que todo abuso lleva en sí mismo el germen de su destrucción inevitable.

Para Gertrudis Gómez de Avellaneda esa emancipación sólo será posible si tiene lugar una verdadera revolución cultural:

> La revolución moral que emancipe a la mujer debe ser forzosamente más lenta que la que sentó las ya indestructibles bases de la emancipación del pueblo [...]. Todo tiene que esperarlo [la mujer] de los progresos de la ilustración, que haga conocer a sus propios opresores cuán pesadas y vergonzosas son para ellos mismos las cadenas de ignorancia y degradación que han impuesto a unos seres que, a despecho de sus leyes, los ligan y sujetan íntima y eternamente las leyes supremas de la naturaleza.

Este sugestivo artículo, que iniciaba la colaboración de la Avellaneda en *La Ilustración,* es, como ya advertí, el único publicado [19]. No

---

[19] No parece que la situación personal de la Avellaneda —cae enferma su hija recién nacida y muere al poco tiempo— le permitiera seguir al frente del periódico, ni tampoco que la acogida dispensada al mismo decidiera a sus promotores a seguir adelante con el proyecto.

obstante, su temática se verá continuada en la serie de artículos, ya mencionados, que escribió allá por la década de los años sesenta.

En el mismo número se inserta otro artículo, «La mujer», de Miguel Ortiz, en el que puede apreciarse la diferencia de criterios entre una mujer que ha tenido que luchar —y que seguirá luchando a lo largo de su vida— para demostrar su capacidad intelectual y, con ella, la de todo su sexo, y un hombre que se mantiene anclado en una concepción idealizada, pero tremendamente opresora, de la mujer:

> Ese ángel hermoso de la tierra, que parece formado para embelle-cerla, [que no existe] sino para agradar, para calmar las angustias del hombre, para amar, en fin, que es su principal destino [...] al paso que en el hombre no es más que un episodio. [2-XI-1845.]

EL DEFENSOR DEL BELLO SEXO (1845-46)

El Defensor, «Periódico de literatura, moral, ciencias y moda, dedicado exclusivamente a las mujeres», ve la luz en Madrid, el 14 de septiembre de 1845, y su vida finaliza, también en Madrid, el 5 de abril de 1846 [20].

La propiedad y dirección del periódico pasan por numerosos avatares, de los que nos da cuenta el propio *Defensor*. El día 1 de febrero de 1846 se inserta una «advertencia» que explica que las desavenencias habidas entre Antonio Gutiérrez León (socio capitalista) y José de Souza (director) se han resuelto con el pacto de que cese *El Pensil del Bello Sexo* [21] y vuelva a publicarse *El Defensor*, bajo la dirección de

---

[20] Según Hartzembusch (*Apuntes para un catálogo de la prensa madrileña, desde el año 1661 al 1870*, Madrid, 1894), un periódico femenino, no localizado, *La Ilustración, Álbum del Bello Sexo*, anuncia, el 7 de junio de 1846, que se encarga de cubrir las suscripciones de *El Defensor*.

[21] El número inmediatamente anterior a aquél en que aparece la «advertencia» es el del 23-X-1845. *El Pensil del Bello Sexo*, periódico-calco del anterior (la misma página introductoria con indéntico grabado abre cada número, idénticos también los grabados de la cabecera, aunque sin leyendas, igual formato, figurines de la misma procedencia, etc., e incluso las mismas firmas: Carolina Coronado, Ángela Grassi, Encarna Calero de los Ríos...) desarrolla su corta vida coincidiendo con ese paréntesis de *El Defensor*. Las relaciones de Souza con esta publicación debieron de ser muy poco «amistosas», pues la redacción de *El Pensil* advierte en varias

AMISTAD.

CONCIENCIA.

HUMANIDAD.

INDULGENCIA.

EL DEFENSOR

DEL BELLO SEXO.

Periódico de literatura, moral, ciencias y modas, dedicado esclusivamente á las mugeres.

ANALISIS DE LA MUGER.

(Continuacion.)

El órgano del pensamiento participa en la muger de la naturaleza de los de sus sentidos y debe ser débil y delicado como aquellos y y perturbado con frecuencia por varios accidentes que no ocurren al hombre. El diafragma, centro de la sensibilidad, es mas movible y se afecta con mas facilidad en la muger que en el hombre y esta propiedad peculiar suya hace que las emociones influyan en el cerebro. La matriz, que es para ella un segundo diafragma, ataca y desordena muchas veces en la muger el órgano del pensamiento, particularmente en ciertos periodos de indisposicion ó embarazo, y de aqui se observa que en esas épocas estan sujetas á caprichos inconcebibles, cambio de carácter é ilusiones fantásticas que las hacen incapaces de prestar una atencion constante por estar mas viva y desarrollada su sensibilidad.

La delicadeza de los órganos de sus sentidos las hacen susceptibles de infinidad ra, pidiendo para el sexo á que pertenecen las consideraciones de que es digno, y mas cuando dá en nuestra España tantas muestras de lo mucho que vale.

Á LA SEÑORITA DOÑA CAROLINA CORONADO.

En armónico acento
Una voz escuché, que en dulce lira,
Con tierno sentimiento,
Sobre el destino femenil suspira,
Y eleva al firmamento
Su queja, su cancion y su tormento.

Y yo tremí con pena:
Que desde tierna edad ví adustamente,
De angustia el alma llena,
Del mujeril destino lo inclemente.
Turbó mi faz serena
Ver, para mí tambien, dura cadena.

Y ¡ay! triste ¡ay! me decia:
El sábio Dios de los destinos dueño,
La débil raza mia
¿Porqué la mira con adusto ceño?
¿Porqué la entregaria
Del hombre á la inclemente tiranía?

Mas no, nunca del cielo
El decreto fatal al mundo vino:
Dueño del triste suelo
El hombre se hizo y nos dictó el destino
Con aparente celo,
Del bien de la mujer su pró y consuelo.

Cuando el primer humano,
Porque solo en la tierra no viviera,
Dios con su sábia mano
Le formó y dió su amable compañera,
El autor soberano
Compañero llamóle, no tirano.

Y hubo feliz un dia
En que el hombre su orgullo prepotente,
Su altiva tiranía,
Entre flores y encantos blandamente
Con dulzura escondia,
Y á la mujer su *reina* la decia.

Y aunque la adusta dueña
Nuestros tímidos pasos espiaba,
Y severa, ó risueña,
Mil tristes escarmientos nos contaba,
Y con espectros sueña,
Eran, en fin, ensueños de la dueña.

Que en tanto, si oprimidas,
Cual ídolo precioso en urna de oro,
Eramos defendidas,
Y los hombres llamábannos *tesoro*,
Cual *tesoro* queridas
O flor en los pensiles escogida.

Con rigor condenaron
Nuestro sexo á la pérfida ignorancia,

E injustos nos juzgaron
Imbéciles, su orgullo y arrogancia:
Empero nos dejaron
Altar é incienso que sobre él quemaron.

Honor era el primero
Y luego *amor* de todos los deberes:
Opreso y lisongero
Era á un tiempo el destino en las mujeres
¡Y hoy! hoy! ¿quién caballero,
Por la mujer desnudará el acero?

No es ser digno de nada:
Ni átomo perceptible que se note:
Nació en era menguada,
En la que solo se menciona el dote.
En que triste, olvidada
Arrastra una existencia infortunada.

Pacientes los maridos
Los hermanos y padres mas pacientes
Los hijos, los amigos y parientes;
Las mujeres son seres desvalidos
Y de valerse á sí destituidos.

Cantemos, compañera,
Si bien mi pobre lira se discorda,
Y en voz no lisongera
Con su ronco sonar el viento asorda,
Nuestra edad lastimera,
O en *profecia*, mas dichosa *era*.

ENCARNACION CALERO DE LOS RIOS.

LOS CUATRO ENRIQUES.

Era una noche en que llovia á mares, cuando segun su cuenta una vieja que pasaba en el pais por bruja, y que habitaba una pobre cabaña en el bosque de San German, oyó llamar á su puerta: abrió y vió á un caballero que demandaba hospitalidad. Introdujo el caballo de este en un granero é hizo pasar adelante á su huesped. A la claridad que despedia una lámpara humosa, conoció que era un jóven de la nobleza. Si la persona revelaba la juventud, el trage revelaba la condicion. Alumbró el fuego la vieja, y preguntó al caballero si queria comer alguna cosa, y como el estómago es á los diez y seis años, á par que el corazon, tan ávido como poco escrupuloso, aceptó nuestro huesped el pedazo de queso y de pan negro recien salido de la artesa, que era lo único que podia ofrecerle la dueña de aquella pobre cabaña.

«No tengo otra cosa, dijo la vieja al jó-

Souza, que queda, además, como único propietario. El 22 de febrero del mismo año, Souza anuncia que se ha asociado con Francisco Núñez Urquisu y Andrés Viña, quienes, el 8 de marzo, se erigen en propietarios y nombran director a Isidro Ruiz Albornoz, cuyo mandato dura escasamente un mes, ya que *El Defensor* muere en abril del mismo año.

Redactores

El peso del semanario recae sobre los hombros de autores masculinos, especialmente de su director, José de Souza, si bien aparecen, esporádicamente, algunas firmas de las que serán asiduas colaboradoras de la prensa femenina posterior.

Encabeza la lista de fugaces colaboradoras Carolina Coronado [22] con dos de sus poesías: «A Claudia» y «A Luisita». Su carrera poética y de colaboradora de revistas se inició en su tierra natal, Badajoz, donde dirigió *El Pensamiento* (1844), revista literaria en la que dan sus primeros pasos la mayoría de las poetisas que serán firmas asiduas de las revistas femeninas. Figuró como redactora de *La Discusión*, de José M.ª Rivero, y en su larga vida literaria publicó artículos abogando por la unión de los dos reinos peninsulares [23]. Sus poesías se publicaron en varios semanarios femeninos: *El Vergel de Andalucía* (1845), *Los Ecos del Auseva*, etc.

Vicenta García Miranda es una de las escritoras que inicia su carrera literaria por estos años. Esta joven viuda de veinticuatro años de edad se decidió a tomar la pluma gracias a que vino a dar a sus manos, en su retiro extremeño, una colección de poesías de su paisana

---

ocasiones a sus suscriptoras sobre las «infundadas especies» que sobre la propiedad de la empresa propala Souza, subrayando que dicha propiedad correspondía exclusivamente a Antonio Gutiérrez León.

[22] Para los aspectos biográficos de Carolina Coronado me baso en el ya citado *Catálogo* de Ossorio y Bernard, en la obra de José M.ª Cossio, *50 años de poesía española, 1850-1900*, y en un artículo publicado en *La Mujer* (21-III-1852).

[23] La preocupación política de Carolina Coronado viene de antiguo. Hija de un liberal exaltado, encarcelado por Fernando VII, bordó la bandera del Regimiento de Badajoz, «que salía a defender la causa de la libertad», según el citado artículo de *La Mujer*. Fue una poeta respetada por los políticos demócratas y federales; sirva como ejemplo de esta actitud la poesía laudatoria de Sixto Sáenz de la Cámara, publicada en *El Defensor* (8-I-1846).

Carolina Coronado. Amadrinada por ésta, publica su primera poesía en este periódico [24]. Novelista y poetisa, escribió tanto en revistas literarias (*El Guadiana, La Revista Vascongada*) como en otras estrictamente femeninas (*El Correo de la Moda, Ellas*, etc.).

Amalia Fenollosa, poeta valenciana que cierra la lista de colaboradoras de cierto renombre de *El Defensor*, comenzó, en 1841, a publicar sus poesías en periódicos locales. Más tarde colaboró en *El Semanario Pintoresco Español, La Revista Vascongada* y *La Lira Española*, y en numerosas revistas femeninas, como *El Vergel de Andalucía, Ellas, La Elegancia*, etc.

Entre los colaboradores masculinos cabe destacar la presencia de Antonio Pirala, historiador e individuo de número de la Real Academia de la Historia, asiduo de los periódicos femeninos, cuyos artículos versan siempre sobre temas relativos a la educación de la mujer o a su historia. Otro habitual es Luis Rivera, hombre vinculado a las corrientes democrático-republicanas, autor dramático y redactor de *La Discusión*, director del *Gil Blas* y colaborador de *El Obrero, El Trabajador* y *La Asociación*.

Sixto Sáenz de la Cámara, uno de los principales representantes del movimiento democrático español y activo revolucionario, también estampa su firma en *El Defensor* al pie de una poesía laudatoria dedicada a Carolina Coronado. Hecho que no es del todo excepcional, ya que su firma vuelve a aparecer, de vez en cuando, en algún que otro periódico femenino.

Temática.

El Defensor, como es habitual en la prensa que venimos estudiando, pseudofilosofa sobre la mujer en una sección fija que encabeza todos los números. El resto lo ocupan diversas secciones: una, también fija, en que aparecen notas biográficas o pequeñas historias extractadas del *Diccionario de mujeres célebres*, anunciado en el periódico; otra

---

[24] La importancia de las primeras mujeres que osaron dar el salto de lectoras a autoras queda patente en este ejemplo, que puede hacerse extensivo al resto de escritoras que se irán incorporando a la vida literaria, ligadas todas ellas por un vínculo de solidaridad, por una especie de «Hermandad lírica» (*vid.* KIRKPATRICK, Susan, *Las Románticas,* Madrid, Cátedra, 1991, pág. 88).

de carácter literario, con poesías, cuentos, etc.; y, finalmente, el espacio dedicado a la moda, con su inevitable cortejo de figurines (todos ellos pertenecientes al *Petit Courrier des Dames*). Completan el semanario, anuncios, crónicas de sociedad...

Educación

Bajo el título de «Ideología», Souza desarrolla una serie de artículos en los que expresa la necesidad de que se instruya a las jóvenes —y no, como hasta entonces, sólo a los jóvenes— en el arte de pensar, pero...

> no se crea por esto que en nuestro sentir el bello sexo debe ser educado para las cátedras y las discusiones políticas. No. Nos disgustan los extremos; si no nos parece que se las deba dejar en un completo abandono, no consideramos que les sea lícito invadir las atribuciones que por la naturaleza y las leyes nos están concedidas. [14-IX-1845.]

¿En qué debe consistir, pues, esa educación femenina que no debe *invadir* el territorio acotado para el hombre por la naturaleza y la ley? La respuesta de Souza es bien simple: una educación orientada a que la joven «alcance nociones de aquellos conocimientos que puedan exigirse a su sexo no llamado todavía a hacer gala de profundidad en las ciencias y las artes» [25]. A continuación, nos deja servido el modelo de mujer bien educada: virtuosa y cubierta de un barniz cultural para que «cuando llegue la ocasión de hablar en público den pruebas de un talento bien cultivado» [26].

Para argumentar, «en profundidad», la propuesta de educación de *El Defensor*, Souza incluye una serie de artículos, salidos de la delirante pluma de un tal Vicente Rodríguez García, en los que éste desarrolla un análisis *sui generis* de la conformación física y psíquica de la mujer, que paso a transcribir detalladamente:

> los humores que entran en la composición de nuestros cuerpos son en ellas más abundantes que en los hombres; su temperamento más sanguíneo y más húmedo; sus huesos menos duros porque están

---

[25] «La nueva redacción a sus suscriptores», 15-III-45.

[26] *Ibidem.*

impregnados de fluidos [...]; los músculos de la mujer están formados por fibras a medio extender, de carnes blandas y húmedas. [«Análisis de la mujer», 21-IX-1845.]

Los «conocimientos» del autor no se detienen aquí, y en el siguiente artículo nos sorprende de nuevo con afirmaciones tales como que:

El órgano de pensamiento de la mujer debe de ser débil y delicado [...], perturbado con frecuencia por varios accidentes que no ocurren en el del hombre [...].
El hombre parece más dichoso por la acción y la combinación de sus ideas, y la mujer más contenta con el reposo alternado con algún movimiento, como estados más adecuados a la esencia constitutiva de su propio sexo. [*Ibidem*, 5-X-1845.]

Para, tras su exhaustivo análisis, concluir con lo que cabía esperar: que la mujer, «fuerza es confesarlo», no está hecha para las graves y profundas reflexiones, ya que la capacidad de observación y de entendimiento son «cualidades que no han cabido al sexo encantador nacido para la ternura, la bondad y las gracias» [27].

En los últimos artículos de esta larga serie de disparates, el autor abandona la descripción «científica» para centrarse en la realidad social de la mujer, que, por otra parte, considera inmejorable:

Desde que comienza a sentir [la mujer] se apercibe que la naturaleza la ha formado más débil que el hombre [...]; coteja la diferencia de fuerzas de su padre y de su madre; comprende que ésta teme a su marido, y no tarda en temer también al sexo fuerte [...] en breve conocen que el hombre es dueño de todos los bienes, y que de él reciben el hospedaje, el vestido y el alimento. [*Ibid.*, 23-XI-1845.]

Pero tal dependencia de los hombres es sólo aparente, pues:

La naturaleza no las ha dotado de la fuerza suficiente para combatirlos, y en cambio les ha dado la necesaria para someterlos. [*Ibidem.*]

De modo que:

Todos sus conatos, todos sus esfuerzos se dirigen a sujetarlos y dominarlos, aparentando estar sometidas a ellos. [*Ibid.*, 15-II-1846.]

---

[27] *Ibid.*, 12-X-1845.

José de Souza opina, por su parte, que la felicidad suprema de toda mujer consiste en acomodar su vida a las líneas maestras que están inscritas en su propia naturaleza, lo que trata de explicar a sus jóvenes lectoras:

> La felicidad depende de la dulzura de vuestro carácter [...], de vuestra docilidad, puesto que es indispensable que os convenzáis de que el hombre es el jefe de la familia, por disponerlo así las leyes divinas y humanas. [«A las jóvenes», 19-X-1845.]

Y la felicidad depende también, no hay que olvidarlo,

> de que tengáis una esmerada educación, en la que se os inculque ante todo la idea de cuál es vuestra misión en la sociedad». [*Ibidem.*]

La castidad

Como complemento de los artículos de educación, Souza introduce otros cuyo fin es alertar a las jóvenes sobre las insidias de la pasión y la necesidad de combatirlas por todos los medios:

> La castidad es una de las virtudes más apreciables de las mujeres. Esta virtud es la más apetecida por los hombres, y de aquí el que, por más corrompidas que estén las costumbres, siempre se condena al desprecio público a la mujer que la ha perdido.

Si tal apreciación sobre la virginidad estaba ya presente en otras revistas femeninas (recordemos aquella «Oda» de *El Correo de las Damas*, pionero cubano de la prensa femenina) [28], en el artículo de Souza queda plasmado además su valor de mercancía:

> La mujer tiene el mayor interés en conservar su honor como principal base de aprecio y estimación a que todos aspiramos en la sociedad y como la mejor garantía para contraer buenos matrimonios. [14-XI-1845].

---

[28] *El Tocador*, un año antes, trató de forma similar el tema de la castidad femenina: «La castidad es una prenda tan necesaria al bello sexo como el valor a los hombres. Hemos dicho poco. Puede concebirse un hombre que merezca el nombre de tal aun cuando carezca de lo que se llama valor; una mujer propiamente dicha, si le falta la castidad, no se concibe.» («Mujeres castas», 2-VIII-1844).

Error, mísero error

La única voz que discrepa con el contenido general del periódico y se alza contra la opresión a que está sometida la mujer es una voz femenina, la de Carolina Coronado:

> Error, mísero error, Claudia; si dicen
> Los hombres que son justos, nos mintieron;
> No hay leyes que sus yugos autoricen
> ¿Es justa la esclavitud que nos dieron?
> ¿Justo el olvido ingrato que nos tienen?
> ¿Justo que nuestra vida martiricen? [«A Claudia», 12-X-1845.]

A pesar de sus lamentos, Carolina admite el papel *diferente* de la mujer en la sociedad, aunque presiente una gloria futura —no especificada—, pero sí

> Lejos de la tribuna y sus cañones
> Y de la adusta ciencia nuestras vidas
> Gloria podemos dar a las naciones.
> Pero no en la ignorancia, no oprimidas;
> No por hermosas siempre contempladas
> Sino por buenas ¡ah! queridas. [*Ibidem.*]

Lo que más preocupa a la autora es la ignorancia en que está sumida la mujer y la rígida moral a que la sociedad la somete [29]:

> Al cuerpo cuatro paredes
> Le dan, porque viva en calma
> Mas cómo pudiera el alma
> Fugarse de tal prisión
> En la *ignorancia* nos hunden

---

[29] Discrepo de la opinión que Elorza, en su artículo varias veces citado, mantiene sobre Carolina Coronado, a quien presenta como prototipo de la mujer conformista y melancólica de la clase alta. Parece evidente, sin embargo, al leer las poesías publicadas en *El Defensor* que su conformismo no fue tan modélico, por lo menos en los primeros años de su actividad literaria. Su colaboración en periódicos de claro matiz democrático (*La Discusión*), la simpatía que por ella manifestó Sixto Cámara y las críticas de Fernán Caballero —representante del sector más ultramontano de la literatura del momento— no parecen justificar las palabras de Elorza acerca de su conservadurismo político.

Sin pensamientos quedamos,
Y así *presas* nos hallamos
En *alma* y *corazón*.
[...]
Mas la cárcel que vivimos
La guardan con gran cuidado
La *timidez* por un lado
Por el otro el *deshonor*
¡Ay aquella que audaz huya
Sin temor al vigilante! [«A Luisita», 9-XI-1845.]

Y concluye su lamento invitando a Luisita a que tome conciencia de su condición de mujer sometida:

Mas ¿por qué al mundo acusamos
Cuando mujeres nacimos;
Poco haremos si servimos
Sus leyes con humildad;
Poco haremos si postradas
A sus pies con cien cadenas
No decimos, «manda penas
Soy tu esclava sociedad»! [*Ibidem.*]

El comentario indulgente de Souza sobre la moda, que hace furor en aquellos años, de escribir poesías las mujeres, nos sirve de despedida de *El Defensor*:

Parece que los figurines han venido pintados con una *lira*, según como la moda se propaga en el sexo débil [...]. Ayer creíamos un *crimen* el hacer versos, hoy lo consideramos una necesidad. [«Reflexiones», 8-II-1846.]

EL VERGEL DE ANDALUCÍA

«Periódico dedicado al bello sexo», sale a la calle en Córdoba, el 19 de octubre de 1845, y muere, prematuramente, nueve semanas después. Su aspecto no se diferencia en nada del de una revista literaria de la época, pero está dedicado exclusivamente a las mujeres: es la primera y única publicación femenina cuya suscripción está vedada a los varones. Carece de las secciones que pudieran emparentarlo con una revista frívola de modas.

Redactoras

La redacción de *El Vergel* está compuesta exclusivamente por mujeres. «La Adalia» es el seudónimo de la autora de los artículos de fondo que ocupan siempre las primeras páginas de la publicación. En los catálogos y diccionarios consultados no aparece ni rastro de esta feminista moderada, ni de otras de sus asiduas colaboradoras: Adela García y Manuela Cambronero. No es éste el caso de Robustiana Armiño (1821-1890), conocida y prolífica escritora, que inicia su participación en la prensa estrictamente femenina en *El Vergel*, y de la que hablaremos más adelante, junto con Amalia Fenollosa —colaboradora también de este periódico—, al tratar la prensa de la década de los sesenta. Ángela Grassi, cuyos escritos proliferaron en la prensa femenina de los años siguientes, alcanzando un considerable renombre, es otra de las colaboradoras de *El Vergel*. Ángela, de origen italiano, publicó sus primeras poesías en *El Pensamiento de Badajoz* —verdadera cantera de jóvenes poetisas—, que, como ya mencioné, dirigía Carolina Coronado, quien había de dedicarle un entusiasta artículo. En él ponía de relieve su virtud de saber ocultar lo que sabía «y es seguro que ésta es de todas las virtudes la más necesaria a nuestro sexo»[30]. La escritura, que para Ángela fue un pasatiempo de «buen tono» en un primer momento, un estar a la moda, acabó convirtiéndose, al quedar huérfana, en su único medio de subsistencia. Escribió numerosas novelas, alguna de las cuales fue premiada por la Real Academia. Su colaboración en revistas femeninas fue de lo más prolífica. Encontramos sus artículos y poesías en *Ellas*, *La Mujer*, *El Álbum de las Familias* y *La Violeta*. Dirigió, desde 1867 y hasta su muerte, en 1883, *El Correo de la Moda*.

Temática

Se puede afirmar que *El Vergel* desarrolla un único tema, que no es otro que el fin que movió a sus nueve colaboradoras a escribir: abrir a las mujeres a la inteligencia, sacarlas de «su senda de perezosa postración» y defender su «prudente emancipación».

---

[30] En *La América*, 1861, tomo 5, n.º 7.

Se trata de un periódico de moderado feminismo, cuya concepción sobre la emancipación de la mujer prosigue la línea trazada por Gertrudis Gómez de Avellaneda en *La Ilustración, Álbum de Damas*.

Educación y emancipación femeninas

«La Adalia» plantea, ya desde el número que inicia la publicación, que la emancipación femenina se producirá cuando ésta acceda a la «ilustración»:

> La naturaleza ha querido regalarnos un corazón ardiente y libre: el hombre ha querido comprar un señorío y una tutela absoluta al precio de nuestra humillación: nosotras manifestaremos cuán desigual es nuestra lucha, y haremos ver cuánto hay de violento y erróneo en las más arraigadas exigencias y preocupaciones sociales.
> Es necesario decirlo de una vez: el día de la ilustración de la mujer será el día de la muerte del altivo imperio del hombre. [«Introducción», 19-X-1845.]

Por ello,

> Nuestra misión esencial es sacar al bello sexo de su senda de perezosa postración, [...] llamarlo al estudio de las bellas letras, emancipándolo de la oscuridad profunda de una educación limitada y vergonzosa. [*Ibidem*.]

Pero la educación propuesta por la autora se limita a «las bellas letras», acorde con los «bellos atributos», descartando «esa instrucción enfática y grave más propia que de las bellas de la estoica calma de los filósofos». Las alas de la emancipación femenina se cortan allí donde el encontronazo con los intereses de los hombres es inevitable.

Más adelante, la misma autora reitera los principios que informan la publicación y apoya sus asertos en «el espíritu regenerador de una época ilustrada» y en los «principios estrictos de la ley natural». Pero teme que su pensamiento pueda «verse combatido tenazmente», por lo que, en previsión de la reacción negativa de la crítica masculina, trata de expresar sus ideas de manera que contenga su posible ira:

> Nosotras, como objetivo esencial, hemos proclamado la independencia y prudente emancipación de la mujer: este pensamiento tan sublime y deslumbrador, como nuevo y atrevido, necesita por nuestra parte de largas explicaciones. Su simple enunciado puede

muy bien producir interpretaciones de mal género [...], su talante liberal podría por alguno ser calificado de un tanto *subversivo* y *sedicioso*. [«Educación», 9-XI-1845.]

Pero nada más lejos de la intención de la redacción del periódico:

> no es nuestro ánimo arrebatar al hombre sus derechos; no es nuestro ánimo tampoco disputarle, palmo a palmo, el territorio con el derecho de la fuerza; nosotras lo aplazamos en este momento a la noble y buena lid de la inteligencia. [*Ibidem.*]

Así, pues, estas mujeres aplazan —que no renuncian explícitamente— todas las demás cuestiones, todas las demás injusticias, para centrarse exclusivamente en la vindicación de su inteligencia, de su igualdad natural con respecto al hombre.

El matrimonio

A pesar de que tan sólo aparece una pequeña referencia al matrimonio en el último número conservado, resulta interesante, ya que pone de manifiesto el concepto que estas mujeres —y, en general, todas aquellas que tratan este tema en las revistas femeninas— tienen de la institución matrimonial. Las redactoras de *El Vergel* consideran dicha institución estrictamente ligada a las leyes de la naturaleza humana y aceptan, sin paliativos, su indisolubilidad, pero haciendo hincapié en que la base irrenunciable en que debe asentarse es el amor y no, como era práctica común, el interés [31].

La mujer y la literatura

Desde las páginas del semanario se vindica, tanto en prosa como en verso —sírvanos de ejemplo la poesía «A las extremeñas», de Carolina Coronado— el derecho de «la parte más débil y desgraciada del género humano» a escribir poesías.

Podemos considerar *El Vergel de Andalucía* como un antecedente muy interesante —y más consecuente, si cabe— de los periódicos dirigidos y redactados exclusivamente por mujeres de la década de los años cincuenta, cuyos ejemplos más notables fueron *Ellas* y *La Mujer*,

---

[31] «El día más feliz de la vida», 21-XII-1845.

en los que colaboraron algunas de las escritoras que dieron vida a este semanario andaluz.

LA ELEGANCIA

Como suele suceder, el subtítulo nos dice mucho del contenido de la publicación: «Boletín de gran tono, museo de las modas de París, Londres y Madrid». Se trata, pues, de un ejemplo más de revista de modas.

Y, como no podía faltar, entre figurines, patrones, partituras de música, poesías, etc., hallamos los típicos y tópicos artículos moralizantes y pseudofilosóficos que, en este caso, se deben a la pluma de Micaela de Silva y Collas, o si se prefiere, de Camila Avilés, su anagrama. Y, como es el caso de la mayoría de las autoras de prensa femenina, sus colaboraciones proliferan en otras revistas del género: *El Correo de la Moda*, *La Mujer Cristiana* [32], *La Educanda*, *La Defensa de la Sociedad*...

Micaela de Silva no manifiesta en sus artículos ni siquiera aquel tímido deseo de emancipación expresado por las redactoras de *El Vergel*; por el contrario, defiende que el objeto de la educación de la mujer es el que hemos escuchado a los numerosos «moralistas» que han pasado por estas páginas:

> el objetivo principal de su educación es formar una buena esposa y madre, y una inteligente directora del gobierno interior de la casa. [«Sobre el matrimonio», pág. 9.]

Consecuente con esta postura, Micaela de Silva sostendrá el carácter subsidiario de todos aquellos conocimientos que no sirven a su objetivo principal:

> Las artes, las ciencias y los conocimientos abstractos no diremos que estén de más en la educación de una señorita, pero sí que se les debe considerar como accesorios. [*Ibidem.*]

---

[32] Periódico confesional, publicado durante los años 1864-1865, del que dan fe varios autores, pero que no he podido encontrar en ninguno de los depósitos de fuentes consultados.

Demasiado poco original su pensamiento para que nos alarguemos en su análisis.

LA ILUSIÓN (1849-1850)

Este «periódico de ciencias, literatura, bellas artes y modas, dedicado al Bello Sexo», como reza el subtítulo, vio la luz en Madrid, el 16 de septiembre de 1849, y en Madrid terminó su vida diez meses después, el 23 de junio de 1850.

Como *La Moda*, *La Ilusión* cumple una función para las suscriptoras que va más allá de lo que puede esperarse de un simple periódico, pues ofrece un servicio integral: acepta encargos de objetos de moda provenientes de París —«por el precio de coste y sin más recargo que el porte»—, vende libros en el local de la redacción, etc.

Redactores

El redactor responsable de la mayoría de artículos y probable director fue Miguel Ortiz, colaborador, como recordaremos, de la Avellaneda en la dirección de *La Ilustración, Álbum de Damas* [33]. Su rúbrica aparece en el artículo que inicia el primer número de la publicación e inaugura la sección de artículos «de fondo». Es autor asimismo de una desconocida *Historia de los amores del Duque de Guisa*, de venta en los locales de la administración del periódico.

Las firmas de Robustiana Armiño, Josefa Moreno Nartos, Amalia Fenollosa, Carolina Coronado, Gertrudis Gómez de Avellaneda y Dolores Cabrera y Heredia salpican, de vez en cuando, las páginas de *La Ilusión*. Esta última, poetisa aragonesa, inicia en el periódico su larga andadura en la prensa femenina. *Ellas, El Correo de la Moda, Las Hijas de Eva* y, fuera del género, *El Trono y la Nobleza*, y *La Reforma* contaron con sus colaboraciones.

---

[33] *La Ilusión* vuelve a publicar artículos aparecidos en *La Ilustración, Album de Damas,* tales como «La mujer», del propio Miguel Ortiz, y «Capacidad de las mujeres para el gobierno», debido a la pluma de la Avellaneda, entre otros.

Temática

Las secciones de *La Ilusión* no difieren en lo esencial de lo que se tiene como propio de este tipo de prensa. Si en algo nos sorprende es en sus comentarios críticos sobre las obras que se están representando... ¡en París!

La Ilusión, desde sus primeros números, se autoerige en adalid de la causa del bello sexo:

> el periódico que se ha declarado vuestro celoso defensor [...], alabando al sexo hermoso, repitiendo hasta la saciedad que es el ángel bellísimo de la creación, nacido para el adorno del universo, para consolar la triste humanidad, para dulcificar las miserias de la vida, para hacer un paraíso de este valle de lágrimas. [21-X-1849.]

La prosa de Miguel Ortiz no perderá un ápice de fogosidad laudatoria e idealizante en sus artículos referidos a la educación, la moral, el matrimonio, etc., de la mujer. Artículos en los que jamás se apunta la posibilidad de que aquélla penetre en el sagrado templo del quehacer masculino. La diferenciación entre el dominio privado y público es tan nítida como desprovista de originalidad.

La mujer y la sociedad

Que el puesto que la mujer ocupa en la sociedad responde a la naturaleza de su ser es la idea eje de una serie de artículos desarrollados en el periódico. Así, en el titulado «Del valor de la mujer» se afirma que ésta es incapaz de sentir valor porque «un impulso natural abriga su debilidad y timidez bajo el brazo poderoso y protector del hombre», y que su forma de valor es el dolor y el sufrimiento:

> Por eso en este mundo todo está sabiamente nivelado. Dios ha destinado al hombre para el trabajo, para las fatigas de la existencia, para las ocupaciones, en fin, del espíritu y el cuerpo. Dios le ha dado la misión de proteger y defender. A la mujer le ha dado otro destino: endulzar para el hombre los fragosos senderos de la vida, embellecer y rodear de encanto este triste destierro. [30-IX-1849.]

La mujer es el reposo del guerrero, y su destino está inscrito no sólo en su propia naturaleza, sino en las leyes divinas. Su vida, en armonía con ambas, se nos presenta tan dulce como envidiable.

En «Mujeres célebres» —un artículo casi inevitable de la prensa del género— se manifiesta una opinión totalmente contraria: si la mujer no es un elemento social más activo, no es porque su naturaleza sea débil, sino porque su educación es deficiente, y la ideología masculina dominante se lo impide:

> Esta es la historia de un corto número de mujeres que en esta época se distinguieron en casi todas las naciones, y la cual prueba, no sólo el mérito del bello sexo en general y su disposición para las ciencias, la literatura, las armas y hasta el gobierno, sino que si no progresan, si no son más numerosas y no siguen, como en la citada época, las aficiones y adelantos todos del siglo, es por lo descuidada que está su educación y por el embrutecimiento a que algunos hombres quisieran reducirlas. [30-IX-1849.]

En estos «Mujeres célebres», artículos abundantísimos en la prensa femenina, las autoras buscan apoyo a sus tesis para tratar de definir una identidad, al margen del discurso dominante, y todas encuentran en ellos una perdida y mítica «edad de oro» de la condición femenina.

En el siguiente número se vuelven a poner las cosas en su lugar: de nuevo, junto a los encendidos elogios de la mujer —«ventura del hombre», a la que está reservado «el dominio del mundo», a través del amor, por supuesto, etc.—, encontramos la definición de su función social diferente, basada, cómo no, en la desigualdad sexual:

> uno fue destinado al trabajo y al ejercicio del pensamiento; preciso fue encomendar al otro ocupaciones sedentarias y el ejercicio de las afecciones del corazón: para lo primero necesitó dar robustez y fuerza; para lo segundo una organización de blanda flexibilidad [...]; el hombre se sometió con gusto al trabajo y a la vida activa; la mujer aceptó del mismo modo la economía doméstica y el cuidado de la familia. [«La Mujer», 7-X-1849.]

La tesis que, remitiéndose al origen de la especie y a la voluntad todopoderosa del Creador, justifica el lugar ocupado por la mujer en la sociedad es compartida por la escritora Dolores Cabrera y Heredia, quien, en su poesía «A las hermosas», compara a las mujeres con ángeles caídos del cielo, seres cuya existencia sólo tiene sentido en relación con el hombre:

[...] Dios os envió para que hicierais
Agradables las horas de la vida [...]
Para que encuentre en su carrera el hombre
Quien le aliente y le sirva de consuelo
Y en vuestro acento, en vuestro dulce nombre
Halle las dichas que promete el cielo. [23-VI-1850.]

Allá por enero de 1850, *La Ilusión* nos sorprende con una traducción de Lammenais, autor maldito ya en aquellos años, pero cuyas ideas sobre la mujer, a pesar de su lenguaje de iluminado mesianismo, no difieren mucho de ese «ángel del hogar», aunque en este autor el halo benefactor de la mujer se extiende a los desvalidos y a la sociedad en su conjunto.

La mujer-objeto

En la sección de «Variedades», *La Ilusión* nos ofrece la primera definición de la mujer-objeto que he encontrado en la prensa del siglo. De su título, «Las treinta cosas que constituyen una mujer perfecta», se podría esperar un tratado de conducta moral al alcance de las mujeres, pero... veamos cuáles son esas treinta cosas:

3 cosas blancas: el cutis, los dientes, las manos
3 cosas negras: los ojos, las cejas, las pestañas
3 sonrosadas: los labios, las mejillas y las uñas
3 largas: el cuerpo, los cabellos y las manos
3 cortas: los dientes, las orejas, los pies
3 anchas: el pecho, la frente, el entrecejo
3 estrechas: la boca, la cintura o el talle y la pierna por la caña
3 gruesas: el brazo, el muslo y la pantorrilla
3 delgadas: los dedos, los cabellos y los labios
3 pequeñas: la cabeza, la barba y la nariz. [1850, n.º 9.]

Et voilà!, la perfección de la mujer reducida a un singular y arbitrario equilibrio de medidas y colores.

El matrimonio

Del mismo modo que el editorialista establece la vinculación entre función social y naturaleza física, así el matrimonio está basado en la naturaleza física, psíquica y social de los dos seres. Ahora bien, como microsociedad que es, el matrimonio debe estructurarse jerárquicamente, debe haber necesariamente alguien que gobierne. ¿Cuál ha de ser ese alguien? Para el articulista no hay sombra de duda: «el marido debe mandar a la mujer», pero «no como un señor brutal manda a la esclava, sino como el alma manda al cuerpo, y mejor dicho, como la razón manda al corazón». La mujer, por su parte, «es preciso que no olvide la preeminencia racional del hombre, puesto que la naturaleza misma lo indica». La virtuosa mujer casada debe cumplir, además, las siguientes condiciones:

> debe velar por la felicidad de la familia y hacer del hogar doméstico una mansión agradable para el marido, por sus cuidados, preocupaciones y por la amenidad de su carácter; en esto es en lo que consiste todo el honor y toda la dignidad de la mujer virtuosa. [«La mujer considerada en el estado de matrimonio», 9-XII-1849.]

Pero al matrimonio le acechan muchos enemigos, además de la coquetería —«la coquetería en la mujer casada es un verdadero crimen»—, lo que, a renglón seguido, le sirve para desarrollar otro artículo en el que enumera los susodichos enemigos del matrimonio:

> El lujo, el preciarse de filósofas [...] esa ilustración mentida y fanática que en su viva pero poco fecunda imaginación quiere encontrar en sí la mujer. [«Los enemigos del matrimonio», *Ibidem.*]

La incapacidad de la mujer, no obstante, no se limita a pensar, sino incluso a hacer:

> la mujer, al dar la mano a su esposo, renuncia solemnemente, por un pacto indisoluble y duradero, a su voluntad y libre albedrío, y sólo anudada a su esposo le queda la facultad de obrar. [«Derechos y deberes de la mujer como esposa y madre», 24-IV-1850.]

No es de extrañar que, ante concepciones tales, las mujeres reivindicaran, como mínimo, un nuevo estatuto de la mujer casada. Curiosamente, en este mismo periódico aparece de forma explícita un elogio de las mujeres que combatieron por su emancipación durante la Revolución francesa [34]... ¡Cosas de la prensa femenina!

---

[34] «Las Amazonas», 21-IV-1850.

ELLAS (1851-53)

Nace este semanario al calor de los acontecimientos franceses del verano de 1851, en que Schoelner reivindica ante la Asamblea Nacional el derecho de petición para las mujeres, lo que, según Elorza [35], da ocasión al diario demócrata *El Sueco* para chancearse de las pretensiones femeninas, no viendo en ello un rechazo del feminismo, sino más bien una burla dirigida contra la nostalgia de orden social que animaba al gabinete ultramoderado de Bravo Murillo. Las burlas de *El Sueco* anteceden en pocos días al nacimiento de *Ellas*, «Órgano Oficial del Sexo Femenino», que adopta, en el número que sirve de presentación, el tono reivindicativo de una proclama liberal exaltada. Se lamenta del yugo a que el hombre somete a la mujer y finaliza con un «¡Abajo la soberanía cruel del hombre!». Dicho prospecto encuentra una airada respuesta en los diarios «masculinos». En el mencionado artículo, Elorza recoge una larga comunicación de un anónimo lector del diario progresista *Las Novedades* del 25 de agosto del mismo año, que no me resisto a transcribir:

> Más ganaríais, escritorcillas, en sellar vuestra boca y no pronunciar ridiculeces tantas, al uso y a la rueca, importunas; al escobeo y al fregado, al cosido y al planchado, y no profanar con vuestras quimeras el santuario de las leyes y la recta vara de la justicia.

Tal exabrupto era capaz de helar el ánimo a cualquiera, y tanto más a aquellas mujeres cuya proclama no parecía haber sido conscientemente asumida. El osado subtítulo, como su ardiente deseo de emancipación, sólo va a durar tres números, así como su austero aspecto, que va a ser sustituido por uno más grato —guirnaldas que adornan sus páginas, etc.— y más acorde con el nuevo sentir puesto de manifiesto en su nuevo subtítulo: «Gaceta del Bello Sexo», al que poco más adelante se le añadirá «Álbum de señoritas», y con él reaparecerán los consabidos figurines de modas. En la segunda época, abandonado totalmente su espíritu inicial, añade al subtítulo lo que será su característica definitiva: «Correo de la Moda».

---

[35] *Vid.* ELORZA, A., *op. cit.*, pág. 46.

Ejemplo, no obstante —junto con *El Vergel de Andalucía* y *La Mujer*—, de la prensa femenina que, alejada del modelo francés de «modas y salones», pretende hacer un periodismo fundamentalmente educativo. Su punto de partida era la crítica de la educación que la mujer recibía en aquellos años, y su objetivo último elevarla de su categoría de ser-pasivo dentro del reducto doméstico a ser-consciente-y-preparado en ese mismo ámbito. La lucha de sus redactoras por la dignificación del papel de la mujer en la sociedad no se reduce, sin embargo, a la mejora educativa, sino que rompen lanzas por su participación en la vida activa a través del ejercicio de la literatura.

Redactoras

La dirección de *Ellas* estuvo a cargo, según Ossorio y Bernard, de Alicia Pérez Gascuña, cuya firma aparece únicamente en esta revista. No así la de sus colaboradoras, viejas conocidas nuestras: Amalia Fenollosa, Ángela Grassi, Robustiana Armiño, Vicenta García Miranda —única que mantendrá viva la llama emancipadora que brilló en los primeros momentos de la publicación—, Dolores Cabrera y Heredia, Emilia de Tamarit y un largo etcétera de tan desconocidas como amables poetisas.

Temática

Para las redactoras de *Ellas,* educación es sinónimo de emancipación, y si tal aserto en principio es válido e incluso progresista para aquellos años, veremos que no lo es tanto cuando analicemos lo que entienden por educación y emancipación. En un artículo de la ya *Gaceta del Bello Sexo* [36], titulado «A nuestras suscriptoras» y firmado por «las redactoras», se expone el fin que las mueve a sacar esta revista a la calle (no sin antes explayarse en explicaciones sobre el cambio de título, debido, nos aseguran, a un error de interpretación de su primer número por parte de los hombres):

> La palabra emancipación de la mujer inscrita en la bandera que enarbolamos en el primero de Septiembre, y que sólo podía tomarse en sentido hiperbólico, ha sido interpretada en su acepción demasiado lata y seguramente muy distante de nuestras intenciones.

---
[36] 8-XII-1851.

ELLAS,
GACETA DEL BELLO SEXO.

EL SOLTERON.

—

El solo epígrafe de este artículo bastará, lectoras, á lo que creo, para daros á conocer la idea que al escribirlo me he propuesto, con lo cual si no lleno todas las condiciones de una pintura fiel y exacta, al menos me quedará la satisfaccion de haberos hablado acerca de un tipo tan escelente como original.

El *Solteron*, segun yo opino y nadie mas por ahora (digo, al menos no lo sé), es en la sociedad lo que un árbol arrinconado en un hermoso jardin, donde la belleza palpitante de las otras flores, y el verdor y frescura de los demas arbustos, colocados á la vista, le ocultan constantemente á los ojos de la gente que á él concurre, y pasa los años desapercibido sin que una blanca mano se haya atrevido á arrancar una sola hoja, y sin que su ramage, antes gallardo y arrogante, haya vuelto á causar envidia á las otras plantas débiles y mezquinas. El *Solteron* es el retrato del mundo en su decadencia, ó del reflejo de un alma sin entusiasmo, consumida, unas veces por el esceso, no en las pasiones, sino en los vicios, y otras por el retraimiento absoluto y completo de la compañía de sus semejantes, demostrando en este caso un corazon sin sensaciones, vacío de todo instinto humano y natural y exento de pensamientos, de ideas y hasta de raciocinio. El *Solteron* nace y muere como los demas, pero vive de distinto modo: su existencia se desliza pausadamente á través de una serie ó cadena de circunstancias determinadas, y sus inclinaciones mas ó menos violentas, vienen á formar un ser por todos conceptos singular y algunas veces nada recomendable. Bien podeis preguntarle: él os contestará á su modo: «no encontré mi conveniencia» ó «el mundo encierra *muchos desengaños.*» Es decir, que en unos el cálculo por ellos formado no pudiéndole ver

resuelto, dijeron: «pues quieto me estoy; y en otros aparentando grande esperiencia» el mundo tendria mucho que hablar; tal vez mi predestinacion me condujese impensadamente al suplicio... y entonces... Qué horror!!! Nada, bien estamos, dicen: para qué cambiar tan pacífico estado por el de una guerra contínua que es el que produce el santo matrimonio? Luego la mujer es mala yerba y habiendo tantas, bobada seria contraer sagradas obligaciones.» Cada loco con su tema.

Por mi carácter de mujer no debiera á la verdad ensañarme con este residuo de la especie humana, porque razon tendria cualquiera en imaginar fuesen mis palabras hijas tan solo de la envidia ó el deseo: pero la circunstancia de hallarme ya casada me parece desvanecerá cualquiera sospecha, y convendrán conmigo en la imparcialidad que preside á mis razones. Prosigamos nuestra tarea.

Para considerar debidamente al hombre *Solteron* y examinar lo que espresa esta palabra en su mas verdadera acepcion, necesitamos hacernos cargo primeramente de su vida en la época antes de que pueda ser asi llamado. Con efecto, la juventud del *Solteron* ofrece, desde los primeros dias en que empieza á conocer el mundo, muchas singularidades; pasa las horas, bien con la imaginacion llena de hermosas ilusiones, no realizadas, bien sumergido en esa infinita serie de aventuras que constituyen al hombre en *calavera.* El disfruta sí, pero comprende los goces de diversa manera que la generalidad: la felicidad no consiste en ciertas costumbres, que considera únicamente como preocupaciones sociales: el placer estriba solo en participar mas ó menos de cuantas sensaciones pueda ofrecerle el jardin mundanal: es necesario recorrerlo todo como inconstante mariposa sin posarse jamás en ninguna de sus flores sino el tiempo necesario para aspirar el perfume y despreciarle: la severidad en los hábitos es una farsa ridícula: apetecer lo que se

Y prosigue, aclarando lo que querían expresar en aquella inicial proclama:

> [la mujer] no está destinada a ser un Napoleón o un Washington, ni lo está tampoco para dominar a estos hombres con su seducción o malas artes. Su misión es más noble; su imperio debe limitarse al recinto de la familia, y su más bella gloria es reinar en él por su ternura, su modestia y su razón bien cultivada.
> Su destino es influir en el ánimo del hombre con sus virtudes, cumpliendo las obligaciones de buena hija, buena esposa y buena madre, para que él llene a su vez los deberes de buen ciudadano.

Ésta es la regla común para todo el sexo femenino, pero ¿qué decir de aquéllas que no encerraron su vida entre las cuatro paredes del sacrosanto hogar?:

> En todos los tiempos ha habido mujeres que han sobresalido en las ciencias, en las artes y aun en las armas; pero ésta es la excepción, no la regla, y sería una aberración peligrosa proponerlas por modelo a la generalidad de nuestro sexo.

Algo más adelante, sin embargo, prometen defender con ardor a aquellas «excepciones de la regla» y convertirse en sus más apasionadas panegiristas, presentándolas como ejemplo de lo que la mujer es capaz de hacer:

> vindicaremos a nuestro sexo de la abyecta opinión en que hasta hoy se le ha tenido y defenderemos sus derechos con tesón, pero sin salir de los límites sociales.

Se cierra el artículo con la explicación de ese fin último que se proponen: «instruir deleitando, especialmente a las jóvenes». Y, como colofón, no sin cierta ironía, se comparan con la prensa «política», manifestando que *Ellas* hará política, pero... política «femenina»:

> No vayan a creer los señores hombres que intentamos meter nuestra voz en el terreno que nos han vedado [...]. Nuestra «Hacienda» es la economía doméstica; nuestra «Gobernación», el buen orden y arreglo de la casa; nuestra «Instrucción Pública», la educación de nuestras hijas; nuestra «Guerra», el Tocador, sin que por eso dejen de ser nuestras armas la aguja y nuestras baterías las de cocina [...]. También tenemos nuestra «Diplomacia» en la coquetería, en el buen

sentido de la palabra, y no negaremos que tenemos nuestros clubs: éstos son las asociaciones de beneficencia.

No tranquila la redacción con tan largas explicaciones, en el número siguiente reitera sus disculpas a los asustados varones. En esta ocasión es Emilia de Tamarit (encargada de la parte «filosófica» de la publicación) quien toma la palabra para borrar la negativa impresión que causó el tan traído y llevado número uno de *Ellas*:

> Al anunciar nuestra cruzada mujeril que tanto pareció asustar a los hombres, según la voz de alarma que entre ellos resonó, creyeron sin duda vernos convertidas en aguerridas Amazonas, que con espada en mano íbamos a disputarles derechos que les son reconocidos [...] ¡craso error! [...], nuestra cruzada no tuvo más objeto que defender los intereses y derechos de la mujer en la gran familia social [...], designar la altura a que debe elevarse su educación [...], cualquiera otra pretensión fuera un absurdo. [15-XII-1851.]

Pero si los hombres no querían creer en las buenas intenciones de estas jóvenes escritoras, tampoco una de ellas quería abjurar de lo que fuera el proyecto inicial de aquel «órgano oficial del sexo femenino», y, a renglón seguido del citado artículo de Emilia Tamarit, Vicenta García Miranda llama a continuar el combate:

> Alzad, hermosas, la abatida frente;
> Que ya brilla en Oriente
> Del día suspirado el alba
> Y ya por las naciones
> De romper sus prisiones
> El sexo femenil, suena la hora
> [...]
> ¡Oh, mujeres! luchad a vida o muerte,
> Sin que el ánimo fuerte
> Desmaye en la pelea a que briosas
> Algunas se han lanzado
> Del sexo esclavizado
> Por romper las cadenas ominosas. [15-XII-1851.]

A pesar de las continuas aclaraciones sobre las buenas intenciones del periódico, Alicia Pérez, directora y responsable de la sección de modas, se ve obligada a tomar la pluma para rebatir unos indiscretos comentarios sobre el posible *bloomerismo* [37] de sus redactoras. Aquella moda, procedente de Estados Unidos, provocó un cierto sobresalto en la vieja Europa [38] y dio pie a que desde los periódicos «masculinos» los redactores se permitieran burlas sobre las mujeres que componían las redacciones de las revistas femeninas más «reivindicativas». Alicia Pérez, pues, trata de

> sellar la boca de quien se atreviera a ofendernos [...]; nuestras doctrinas se dirigen únicamente a recrearnos, elevar nuestra educación y rechazar los duros ataques de los que nos calumnian.
> Perfecta educación, he aquí nuestro plan. Aborrecemos lo que sea exageración. [«Aclaración», 15-XII-1851.]

Educación

Si bien durante el año 1851 aparecieron esporádicos artículos sobre educación, es a partir del nuevo cambio de título (*Ellas, Álbum de señoritas*) cuando se introduce una sección fija de «Educación» o «Ilustración», desde la que Antonio Pirala, su director, se limita a abogar por un mayor grado de instrucción femenina, pero distinta de la de los hombres. La justificación de dicha diferencia se fundamentará, como es habitual, en la desigualdad natural de ambos sexos y en sus diferentes misiones en la sociedad:

> No sostendremos que la educación de la mujer debe ser la del hombre, diferente aquélla de éste en su naturaleza, en su carácter, en sus inclinaciones, en su misión, no debe dársele la misma enseñanza escolástica que a nosotros. [30-I-1852.]

---

[37] Se conoce con el nombre de *bloomerismo* al movimiento en pro de la reforma del vestido femenino, iniciado, en torno a 1850, por Amalia Janks (1818-1894), propagandista norteamericana de los derechos de la mujer. Amalia consideraba antihigiénico el vestido femenino y lo reemplazó por pantalones, levita y botas. En Inglaterra y Estados Unidos alcanzaron cierto éxito las «Uniones de Bloomer» o *bloomeristas*.

[38] Salomé Abellá, corresponsal de *Ellas* en París, envía una crónica en la que comenta que el *bloomerismo* ha llegado a la capital francesa: «Una carcajada general resonó en el salón. ¡Dos mujeres con pantalón, botas a la turca, levita y chaleco, dos mujeres emancipadas de la falda y su esclavitud! Cada cual emitió su opinión. Solamente una señora, ya jamona, se pronunció por el *bloomerismo*. En cuanto a las jóvenes [...] se declaró guerra a muerte a las *bloomeristas*.» [8-XI-1852.]

Pirala reconoce el talento femenino, como «lo reconoce el siglo», pero, por supuesto, «en la casa donde tiene su templo, donde reproduce fortuna en todo cuanto la rodea».

Es una mujer, Emilia de Tamarit, quien se lamenta de la educación que se proporciona a las jóvenes, reducida a algunas labores, algunos bailes, música y otras materias del mismo estilo, y se pregunta por qué no se puede enriquecer con la introducción de la geografía, la historia, la literatura... sin que ello suponga el olvido de lo que también Emilia acepta como esencial: «¿se opone esto acaso para que sepa coser y planchar?» [39]. Se lamenta también de la costumbre de ridiculizar a las mujeres que en las reuniones sociales intervienen en las conversaciones científicas y de todo tipo que los hombres inician. Pero, por desgracia, su propia revista se hace eco del espíritu que anima tales burlas, como refleja la siguiente «máxima»:

> Una mujer pierde menos en parecer ignorante que en pasar por marisabidilla. [«Álbum», 23-III-1852.]

Ahora bien, la educación propuesta por las redactoras no se reduce a una acumulación de conocimientos y saberes domésticos. Junto a ellos, y por encima de ellos, está la educación moral, que no es otra que saber aceptar los convencionalismos que impiden a la mujer gozar de la independencia que «envidiamos en el hombre», pues aquélla no puede «faltar a las conveniencias que exige la sociedad en que vive, ni intentar sobreponerse a la opinión pública sin atraerse sobre sí grandes pesares» [40]. Las jóvenes que se rebelan contra el yugo impuesto por la sociedad y no se casan para tener mayor libertad e independencia nunca pueden gozar de ambas, porque no pueden hacerlo sin comprometer su reputación. El bien parecer se ha adueñado de la sociedad de la segunda mitad del siglo: no es tan importante ser buena como parecerlo. Años aquellos en que la hipocresía toma carta de naturaleza en las clases «bien» de la sociedad, y en los que la mujer debe disimular el saber, el amor, todo. La timidez y el pudor, a manera de máscara, ocultarán su verdadera personalidad.

---

[39] «Defectos de la educación de la mujer», 8-XI-1852.

[40] «Un buen nombre obliga», 23-III-1852.

El matrimonio

Emilia de Tamarit aborda en otro artículo el polémico aspecto de la autoridad en el matrimonio. La autora admite la superioridad del hombre y, por consiguiente, su autoridad en el matrimonio como algo natural, si bien matiza los límites de aquélla, que le ha sido conferida únicamente «para la protección, el amparo, la defensa y el sostén de la mujer». Pero el varón ejerce una «especie de tiranía», pues juzga siempre graves las faltas cometidas por la mujer, aunque sean nimias, y, por el contrario, juzga siempre las suyas de poca trascendencia.

En resumen, alguna queja, algún intento de recuperar el fervor emancipador que dio vida al primer *Ellas* salpican el texto, generalmente conciliador, del periódico. La reconciliación de las redactoras con la sociedad masculina, que en un arrebato inicial quisieron abatir con su «cruzada mujeril», es ya patente desde muy temprano, y total en los últimos números.

LA MUJER (1851-1852)

«Periódico escrito por una sociedad de señoras y dedicado a su sexo», en el que colabora un buen número de poetisas y escritoras de valor secundario, no nace con tanto ardor «feminista» como *Ellas*, del que es coetáneo, pero mantiene a lo largo de toda su corta vida el tono inicial de catolicismo social y beneficencia. *La Mujer* inicia su andadura en Madrid, en el otoño de 1851, y desaparece, sin previo aviso, en septiembre de 1852.

Su morfología no difiere en nada de la de un periódico de opinión o literario. Carece de cualquier adorno que pudiera asemejarlo a la prensa de «modas y salones».

Redactoras

Redactoras asiduas fueron Ángela Grassi, a la que no es menester presentar; María Verdejo Durán, poetisa que publicó *Ecos del Corazón* en Zaragoza, en el año 1853, y Rogelia León, poetisa granadina, de la que volveremos a encontrar publicaciones en *La Mujer Cristiana, El Correo de la Moda, La Violeta* y otros. Y junto a ellas, una interminable lista de colaboradoras, entre las que destacan Rosa Butler, gaditana, cuya firma aparecerá, años más tarde, en *El Pensil de Iberia*; Josefa

Moreno Nartos, «la ciega de Manzanares», Venancia López, Robustiana Armiño y un sinfín de jóvenes y desconocidas poetisas.

Temática

En *La Mujer* los artículos relativos a la moral, educación, trabajo, etc., se presentan como editoriales, sin título ni firma alguna, en la primera página de todos los números. Poesías, leyendas, historias y novelas por entregas componen el resto del periódico. *La Mujer* abandona la sección de modas e introduce una sección, sin espacio fijo, de anuncios y llamadas a la beneficencia y la caridad de sus lectoras.

Mujer y sociedad

Si el fin fundamental de *Ellas* era elevar la educación femenina para mejorar su situación en el marco del hogar, el fin último de *La Mujer* es «mejorar la situación de la sociedad por medio de la ilustración de la mujer» [41]. Se plantea, pues, el problema de la educación trascendiendo el estrecho marco de la familia. No sólo se trata de hacer de la mujer una buena hija, una buena esposa y una buena madre, sino también de convertirla en madre de la sociedad. Su ámbito de influencia se ensancha: va a ser la educadora de la sociedad y la que mitigue con su dulzura todos los males.

A pesar de que el proyecto de mejora de la educación y de la condición social de la mujer que se proponía no llegaría a interferir nunca en los derechos admitidos como exclusivos del hombre, *La Mujer* debió de contar con grandes reticencias, y sus defensoras sufrir duras críticas del medio social al que pertenecían. De esta suposición parece dar fe el comentario que acompaña el anuncio del nacimiento de un nuevo periódico femenino, *El Fanal de la Mujer* [42].

> Nosotras, que iniciamos los periódicos fundados y escritos por mujeres y dedicados a nuestro sexo, hemos tenido una satisfacción completa al ver que unas damas de Logroño, prescindiendo de ridículas preocupaciones, se proponen seguir nuestro ejemplo [...]. No se arre-

[41]   VERDEJO y DURÁN, María, «Las mujeres literatas», *La Mujer*, 11-VII-1852.

[42]   Periódico inexistente en las hemerotecas consultadas. Editado en Logroño «por una sociedad de señoras y dedicado a su sexo». En Madrid, según el anuncio, se podía suscribir por 5 reales al mes en la imprenta de *La Mujer* .

Año I.   Domingo 18 de Abril de 1852.   Núm. 38.

LA MUJER,

PERIODICO

escrito por una sociedad de señoras y dedicado á su sexo.

Este periódico sale todos los domingos; se suscribe en Madrid en las librerías de Monier y de Cuesta, á 4 rs. al mes; y en provincias 10 rs. por dos meses franco de porte, remitien.'o una libranza a favor de nuestro impresor, ó sellos de franqueo.

Nuestro fin principal, nuestro único y esclusivo objeto al comenzar la publicacion periódica en que escribimos no fué por cierto satisfacer un mero capricho, ni darnos á conocer cómo escritoras, sino el de ser útiles á nuestro sexo, al cual dedicamos nuestras tareas, ofreciéndole los sinsabores que llevaba consigo esta empresa. No han sido por cierto completamente infructuosos nuestros trabajos, pues mas de una inocente se ha librado de los lazos que mañosamente le tendian *nuestros protectores naturales los hombres;* mas de una esposa nos ha dado las gracias por haber restablecido la paz en su casa, y recobrado el amor de su esposo, siguiendo los consejos que hallaban en nuestra humilde publicacion; y muchas son tambien las madres que no cesan de congratularnos porque nuestros artículos les han hecho conocer lo que sus hijas pòdrian sacar de esa tan brillante sociedad, y variar el plan de educacion de las mismas. Mas estos frutos obtenidos no llenan aun nuestros deseos; queremos que los resultados de esta publicacion sean mas fecundos en favor de la mujer, y nuestra ambicion en este punto no se limita á esas ventajas aisladas que algunas constantes lectoras de este periódico sacan de las doctrinas vertidas en él.

Son tantas las desgracias que pesan sobre la infeliz mujer, es tal la esclavitud en que yace, aunque encubierta bajo seductoras apariencias, que seguramente nos hallamos indecisas siempre que tomamos la pluma en la eleccion del mal que hemos de combatir, ó de la mejora que exige mas pronta reparacion, y de la que con preferencia nos debemos ocupar. Hoy pues han guiado nuestra eleccion las instancias de algunas suscritoras de noble corazon, que no pueden considerar sin lástima profunda á esa mísera clase de mujeres degradadas que viven en la afrenta, que se alimentan del fruto del oprobio, y de la cual ya en otro artículo nos ocupamos; mujeres que causan horror é inspiran odio, pero que por lo mismo deben escitar mas nuestra compasion, como inspiran la de las damas dignas de su alta posicion que nos invitan á que en nuestro periódico nos ocupemos seriamente, si no de cortar el mal de raiz, porque esto escede á nuestras fuerzas, de los medios de atajar sus funestas consecuencias, y de impedir que tantas jóvenes puras é inocentes caigan diariamente en esos abismos del vicio y de la corrupcion.

Asunto harto serio y grave es este, asunto que quizá exige conocimientos y facultades superiores á las que poseemos nosotras pobres y desconocidas mujeres, que no contamos mas que con nuestra voluntad decidida; pero que ni nuestra falta de medios nos arreda, ni hemos desconfiado un punto de que tan noble intento hallara la proteccion que necesita para dar los resultados que nos proponemos.

Arrancar de ese inmundo piélago del vicio á las infelices envejecidas en él, purificar sus almas de la escoria del vicio con que se hallan manchadas, moralizarlas en fin, si bien es una obra santa y sublime, no es la obra de un dia, ni de quien como nosotras cuenta con muy escasos recursos; pero proponer los medios de impedir que las seducciones de los hombres, auxiliadas por la miseria de las víctimas, por el furor del lujo y por la corrupcion de costumbres de la época, sean arrastradas diariamente mil y mil inocentes á esos abismos del vicio, esto ya nos es dado intentarlo, confiadas en que nos ayudarán en nuestra empresa las señoras de alta consideracion que nos estimulan á emprenderla, honra

Año segundo.　　　　Domingo 15 de Agosto de 1852.　　　　Número 3.

LA MUJER,

PERIODICO,

DEFENSOR Y SOSTENEDOR DE LOS INTERESES DE SU SEXO,

redactado por una sociedad de jóvenes escritoras.

Este periódico sale todos los domingos; se suscribe en Madrid en las librerías de Monier y de Cuesta, á 4 rs. al mes; y en provincias 10 rs. por dos meses franco de porte, remitiendo una libranza a favor de nuestro impresor, ó sellos de franqueo.

LA BENEFICENCIA.

Advertencia ó preámbulo.

Reclamo, queridas lectoras, para el presente artículo vuestra atención primero, y vuestra indulgencia despues. No cuadros pintorescos y alegres voy á presentar á vuestros ojos, sino escenas de miseria y desolacion. Vais á fastidiaros por completo, pero si el rato de fastidio que me veo en el caso de ocasinaros reporta á la humanidad indigente el mas insignificante beneficio, me daré por satisfecha aunque sepa que vais á regalarme todos los epítetos que prodigamos al que tiene la humorada de encajarnos un pesado artículo. He calculado que en un periódico es bueno haya de todo; y como en el nuestro sobran señoras cuyos talentos y altas dotes soy la primera en reconocer, y cuyas bien cortadas plumas os compensarán con ventaja la pesadez y monotonía que yo os pudiera ocasionar, he determinado erigirme hoy en predicadora.

Y en tanto que todas las damas que favorecen con su firma las columnas de *La Mujer* se entretienen en remontaros á las mas encumbradas regiones del mundo ideal, ya como cronistas de lindas historietas, ya como cantoras de sentidas poesias, yo mal de mi grado me ocuparé en haceros descender de la altura á donde ellas os hayan sabido elevar. ¡Cambio doloroso! ¡Bajar de un eden al mundo de la realidad! pero qué realidad tan espantosa! No faltará lectora que quede mal parada del tal descenso, y al ver mi firma en este periódico lo tire á rodar á tanto trecho que á la infeliz cuanto inocente víctima no le queden deseos de volverse á poner otra vez en sus airadas manos. Pero arrostrando vuestra ojeriza, y todo lo

que pudiera detenerme en mi propósito, estoy determinada á empezar mi sermon. Porque habeis de saber, queridas lectoras, que yo no he mirado nunca con disgusto el púlpito ni la tribuna, y que de haber pertenecido al sexo feo hubiera procurado ser predicador ó diputado: lo primero por tener la satisfaccion de conducir por la senda del deber á tantas y tantas ovejas que andan descarriadas por esos mundos de Dios, y lo segundo por disfrutar del singular placer de cantar cuatro claridades muy frescas á los señores gobernantes.... Pero ¿á donde he venido á parar? qué se os da, queridas mias, de lo que yo hubiera podido ser, ni que se les daria á sus *escelencias* de lo que les pudiera decir? ¡Pues no faltaba mas sino que al empezar este artículo con las mas sanas intenciones, nosotras chicuelas que no entendemos una palabra de política nos enredáramos sin saber cómo en tan intrincado laberinto! ¡Dios nos libre de tan dañina tentacion! Adelante con nuestro propósito; haced cuenta que estamos en cuaresma, y dispensad si al relatar mi sermon desenvuelve ante vuestros ojos tanto en la idea como en la forma un cuadro desolador, árido y desagradable.

Capítulo I.

Con el mayor gusto no dudamos habrán visto nuestras lectoras en el número de este periódico correspondiente al dia 11 del pasado mes, el desprendimiento de la señora duquesa de Gor al dedicar 6000 reales al establecimiento de hombres incurables. ¡Loor eterno á la benéfica dama, que tan dignamente emplea los bienes que le concediera el cielo! Ejemplo el suyo tan digno de imitacion como de encomio, y que no dudamos procurarán reproducir otras señoras segun se lo permita su fortuna.

dren pues nuestras colegas con las dificultades y sinsabores que su
proyecto les ha de ocasionar [...], y sigan en su empeño hasta que
obtengamos la mejora de la condición de la mujer que ambas redacciones nos proponemos. [18-IV-1852.]

Las «ridículas preocupaciones» no son otras que «la prevención
reconocida hasta en los países más civilizados contra las mujeres literatas, o por otro nombre marisabidillas», de la que María Verdejo se
lamenta:

> Es ciertamente en los hombres una crueldad inaudita censurar de
> continuo a las que después de cumplir con los deberes que nos
> impone nuestro sexo y estado cultivamos las letras. [«Las mujeres
> literatas», 11-VII-1852.]

Trazada tenemos ante nuestros ojos la semblanza de las poetisas del
moderantismo: mujeres que distribuyen su tiempo entre las labores propias de su sexo, las obligaciones sociales y su vocación literaria. María
Verdejo se considera a sí misma una mujer «excepcional», pues

> Dios al criar débil aquel ser [la mujer] hizo algunas excepciones, y
> repartió en todos los países mujeres que alzaran su voz en nombre
> de la mitad del mundo. [Ibidem.]

Y justifica su forma de vida, tan poco habitual entre la mayoría
de las mujeres, en los siguientes términos:

> Quedarnos estancadas en la estrecha senda que tan perezosamente
> trillaron nuestras abuelas sería atrasar en el siglo de las luces, de la
> ilustración y del vapor. [Ibidem.]

Ahora bien, eso no significa invadir las atribuciones que, en exclusiva, se han reservado los varones: el Estado, las armas, los «pensamientos que los inmortalicen», etc. Para las mujeres queda la misión
de ilustrar al resto de su sexo y defender la causa de sus derechos,
«he aquí el lema de la bandera que hemos enarbolado».

Ángela Grassi, que hizo del ejercicio de la literatura una profesión,
reduce, sin embargo, la misión de la mujer a ser la amable compañera
del hombre, el descanso del guerrero [43] —«reservémonos nosotras el

---

[43] «La misión de la mujer», 27-VII-1852.

dulce poder de curar sus heridas, de enjugar sus lágrimas y aplacar su cólera»—. Porque «¿Qué nos importa el laurel que corona la frente de los grandes hombres?, una corona de flores sienta mejor a nuestra frágil belleza y nos hace más seductoras». E invita a las mujeres a que estudien, pero no para competir con los hombres, sino para:

> Embellecernos a los ojos de nuestros meditabundos compañeros y para distraer con nuestras trovas sus pesares [...], pero no pretendamos ser iguales en saber, porque entonces destruiremos la perfecta armonía de la creación. Convertidas en antagonistas [...] nuestro trato les será pesado e insoportable.

El matrimonio o el porvenir de la mujer

Sólo existe una referencia explícita al matrimonio en *La Mujer*, y su punto de vista difiere bastante del que expresan otras publicaciones. Rogelia León, su autora, considera el matrimonio como el «verdadero porvenir» de las jóvenes, pero, en tono amargo, lo describe como una esclavitud. Según Rogelia, los deseos que empujan a una joven al matrimonio se convierten, a la larga, en pesadas cadenas. Para mitigar esa esclavitud, sugiere que no llegue al matrimonio movida por el interés, sino por «una pasión cariñosa y sincera», que, al menos, pueda mitigar su amargura «el desvelo y el cariño de un hombre sensible y bueno con ella».

Mujer y trabajo

Como recordaremos, únicamente *El Periódico de las Damas* alude al trabajo de las mujeres antes de que lo haga *La Mujer*. Y como aquel pionero, éste reivindica el derecho de la mujer a ejercer «cuantas profesiones y trabajos pueda desempeñar honrosamente», si bien, más que la defensa de un derecho, lo que trata es de hacer ver a sus contemporáneos que el siglo de oro del hogar doméstico —cuya existencia no ponen en duda— hace mucho que terminó. Comienza su alegato a favor del trabajo de la mujer con una consideración nostálgica de un pasado mítico, en que existía una envidiable estabilidad social y doméstica, y donde las funciones estaban claramente diferenciadas: los varones aportaban todo lo necesario para el mantenimiento de la familia, y las mujeres se dedicaban al cuidado de la casa, de los hijos... Pero todo eso terminó. Los tiempos han cambiado, y las mujeres se han visto en la necesidad de ingresar en el mundo del trabajo, pero los hombres oponen todas las barreras posibles para que esto no suceda, «repeliendo de sus talleres por todos los medios imaginables a nuestro sexo». Si se lee con detenimiento el texto de este editorial en el que se defiende el trabajo femenino, se observa que la imagen de ese hogar doméstico ideal se generaliza a todas las clases sociales y se olvida, supongo que de forma no deliberada, que, desde siempre, las mujeres de las clases más desfavorecidas han tenido que trabajar fuera de sus casas, abandonando definitivamente —debido a las duras condiciones de trabajo— lo que nuestras jóvenes escritoras tanto añoran: el hogar. El que las redactoras de *La Mujer* hagan una defensa tan consistente del derecho de la mujer al trabajo se explica porque ya son muchas las mujeres de las clases medias que, por quiebras de aquellos negocios del siglo que florecían y se esfumaban en poco tiempo, o por quedarse huérfanas, solteras o viudas, o por otras variadas razones, se veían abocadas a la búsqueda de un trabajo remunerado. Y es entonces cuando tropiezan con la cerrada hostilidad de los hombres a que accedan a puestos en los que puedan competir con ellos. En ningún caso los hombres, desde los orígenes de la revolución industrial, se opusieron a que las mujeres trabajaran, incluso en los trabajos más duros e insalubres. Las fábricas de tabacos, los talleres y las fábricas textiles habían reclutado la mayoría de su mano de obra entre ese ejército no cualificado femenino. Es más, a pesar de las protestas de los proletarios, que opinaban que las mujeres les robaban sus puestos de trabajo [44], los empresarios siguieron contratando mujeres porque eso les permitía pagar salarios más bajos; también es cierto que el siglo XIX es testigo del desplazamiento de la mano de obra femenina por la masculina en trabajos considerados hasta entonces propios de mujeres, tales como la costura, de lo que se lamenta el periódico. Pero a lo que no estaban acostumbrados los hombres que formaban la élite intelectual, política, etc., era a que las mujeres se convirtieran en sus competidoras, a que accedieran a puestos de responsabilidad y categoría superior. Y el resto de los varones no estaba

---

[44] Cuando el proceso es precisamente inverso, como explica Evelyne Sullerot en *Historia y sociología del trabajo femenino* (Barcelona, Península, 1970, págs. 19-117).

dispuesto a consentir que unas cuantas mujeres pusieran en duda el principio universal de la superioridad «natural» del hombre.

Volviendo al artículo, su autora opina que los asertos sobre la ineptitud de la mujer para el trabajo cesarán:

> el día en que nuestro sexo, conociendo sus intereses, se desprenda de su perjudicial timidez y sumisión, y con ánimo decidido se dedique a todas las labores que pueda desempeñar atendidas sus particulares circunstancias. Para esto es para lo que debe emanciparse de la tiranía que la esclaviza. [30-V-1852.]

Prostitución y beneficencia

La referencia a las mujeres que ejercen la prostitución como forma de ganarse la vida es nueva en la prensa femenina española. El tratamiento de este tema en sus páginas se explica por la compasión que las prostitutas inspiran a las redactoras y

> a las damas dignas de su alta posición que nos invitan [...] a impedir que tantas jóvenes puras e inocentes caigan diariamente en los abismos del vicio y la corrupción. [18-V-1852.]

Varias son, según el periódico, las causas que generan la prostitución:

> El abandono de la educación moral [...]; el instinto de lujo [...]; la falta de medios para ganar la subsistencia con su propio trabajo, unido a las constantes acechanzas que los hombres emplean en corromperlas. [*Ibidem.*]

Entre ellas no han olvidado la falta de trabajo, la falta de preparación para ejercer cualquier oficio remunerado. Ahora bien, la solución propuesta no está a la altura de su análisis. Se pone el acento en «el proselitismo de la virtud». No se reivindica que se abran las puertas de la industria y de los talleres, que las mujeres puedan acceder a todas las profesiones... tan sólo se invita a las generosas damas suscriptoras de la revista a «la fundación de un asilo donde las jóvenes encuentren instrucción, trabajo y moralidad»; asilo reservado a las que todavía no ejercen la prostitución, pero que, por su situación económica, pueden verse abocadas a ella. Su pasión benéfica las lleva más lejos aún: este primer asilo sería el origen de otro que corrigiera «a las infelices que yacen en la degradación» ejerciendo en las filas de la prostitución.

El artículo debió de tener buena acogida, porque la redacción del periódico se propone abrir una suscripción para la creación del asilo para jóvenes. Obra que precisa del auxilio de las suscriptoras, «ninguna dama de noble corazón» se negará a suscribir esa ayuda, opinan; además, las jóvenes vivirán del producto de su trabajo que, aclaran, será suficiente para proporcionar los fondos necesarios. Si alguien objetara lo contrario, estas jóvenes le recordarán «las pingües riquezas de los que explotando el trabajo de la mujer hicieron notables fortunas» [45].

La invitación a la beneficencia, única función social permitida a la mujer fuera del hogar, no cesa a lo largo de la publicación. Para cumplir sus fines, usa del halago a:

> Esas damas que desde sus suntuosos palacios adivinan los sufrimientos y todos los peligros a que se hallan sujetas multitud de jóvenes dignas de mejor suerte, y se apresuran a tenderles una mano compasiva. [16-V-1852.]

Mujeres que son la gloria de España, de quienes las extranjeras deberían aprender, ya que

> Sin pretensiones ridículas y exageradas de emancipación, saben usar dignamente de su libertad y consideración. [*Ibidem.*]

La Mujer publica numerosos anuncios invitando a la beneficencia. Buen ejemplo de ellos es el de Melchor Ordóñez, gobernador de Madrid, desde el que incita a las damas suscriptoras a que inviertan su virtud benéfica en ayudas a la construcción del hospital de hombres incurables, o aquel otro en que la redacción del periódico sugiere a ese mismo Ordóñez que la considerable suma que, según se comenta, dedica a la beneficencia la destine a crear «en cada parroquia de Madrid un premio de 4 a 6 mil reales que se discerniría anualmente a la doncella más virtuosa de cada una, sirviéndola de dote» [46].

---

[45] «Editorial», 25-IV-1852.

[46] «Editorial», 6-VI-1852.

De la capacidad de la mujer para gobernar, para las artes de la guerra, para la virtud y el heroísmo

De forma inesperada, *La Mujer* nos sorprende con una serie de artículos en línea con la tradición iniciada por Gertrudis Gómez de Avellaneda en *La Ilustración, Álbum de Damas*, en los que se hace una defensa sin paliativos de la capacidad de la mujer para llevar a cabo aquellas misiones que la sociedad considera exclusivas del hombre.

En el primer artículo se cuestiona la capacidad de la mujer para gobernar. Como en el resto de la serie, en él se utiliza un doble recurso dialéctico que consiste en exponer qué rasgos de carácter son necesarios para llevar a cabo la propuesta inicial y convenir que dichos rasgos —razón, valor, inteligencia, etc.— son comunes a ambos sexos, para —en algunos casos por vía de la ironía— concluir que las razones aducidas para negar a la mujer la capacidad de intervenir en la vida pública no son válidas y que ésta es perfectamente apta para ello.

> La fuerza del espíritu y el rigor de la razón [...] lo mismo puede hallarse en la mujer que en el hombre [...] La complexión del cuerpo es otra de las razones alegadas en contra del tema propuesto [...]; si la fuerza muscular constituye la parte principal en los consejos y decisiones del Estado [...], los hombres que rodean a los príncipes y coadyuvan a sus grandes hechos deberían buscarse entre los forjadores y la marinería. [«Si las mujeres son capaces de gobernar», 11-VII-1852.]

La autora, utilizando este recurso, sale airosa de todos los interrogantes, incluso de aquellos que parecían más difíciles, como cuando se refiere a las funciones que exigen fuerza física:

> La delicadeza y la debilidad de que hemos hablado no son otra cosa que el resultado inmediato de una mala educación de la parte física de las mujeres, la que, como observó Platón con mucho acierto, si se modificara oportunamente con un ejercicio moderado [...] su cuerpo sería más robusto que el del hombre. [«Si las mujeres son susceptibles de las virtudes militares», 18-VII-1852.]

Anuncios

Ya hemos visto que los anuncios que aparecen en este periódico son diferentes de los habituales en la prensa femenina, destinados, en su mayoría, a incitar a las mujeres al consumo de productos de belleza. Además de los que instaban a las señoras suscriptoras y asiduas lectoras a la beneficencia, se insertan otros destinados a ensalzar el éxito de algunas escritoras, como es el caso de Enriqueta Lozano, autora teatral y novelista, que, según el periódico, conoció un «clamoroso éxito» en el Liceo de Granada con el drama *Don Juan de Austria* [47]. En otro anuncio digno de destacarse, la redacción pone en conocimiento de sus lectoras que han sido aprobadas como texto escolar las siguientes obras: *Poesías*, de Ángela Grassi; *Fábulas*, de Concepción Arenal y Carrasco; y la *Cartilla geográfica*, de la señorita P. E. Las mujeres literatas acceden a la escuela. El comienzo es modesto... pero significativo.

EL CORREO DE LA MODA (1851-1886)

«Periódico del bello sexo. Modas, literatura, bellas artes, teatros, etc.». Publicación quincenal, de esmerada impresión en papel satinado, en donde proliferan los figurines (procedentes todos de *Le Moniteur de la Mode*, de París), patrones y piezas de música, y que hacen de este periódico uno de los más representativos de la prensa española de modas y salones. Su difusión permitía adquirirlo en Portugal y en las provincias de Ultramar [48].

El periódico, según su «Prospecto», está concebido para ser leído por todas las mujeres, para que desde «el perfumado gabinete de la elegante pueda trasladarse al reducido aposento de la colegiala y de aquí al taller modesto de la graciosa modista». Sin embargo, su precio —seis reales de suscripción mensual en Madrid— resultaba prohibitivo, especialmente para «la graciosa modista».

En 1852, la redacción del periódico se siente especialmente halagada por contar como primeras suscriptoras a SS.MM. y AA.RR. La

---

[47] De la misma autora, tenemos noticia de la publicación de unas poesías religiosas en *La Cruz* y *La Academia Bibliográfica Mariana*, entre 1855-1857.

[48] Su precio, 6 reales al mes, en Madrid, y 7, en provincias; y 50 ó 96 reales por seis meses o un año, respectivamente, en Provincias de Ultramar y Portugal, está justificado por la calidad del papel empleado y la clase social a la que, en realidad, se dirige.

alta extracción social de las receptoras del periódico queda patente en el «Aviso importante» que, en el número del 12 de abril del mismo año, dirige a las suscriptoras que «abandonan la corte con objeto de veranear o tomar baños» y les promete que recibirán *El Correo* en su nuevo domicilio.

Redactoras

En este periódico de tan larga vida colaboran un buen número de poetisas, narradoras, «moralistas», etc., a las que ya conocemos, y una larga lista de nuevas escritoras, cuya firma aparece por vez primera en *El Correo*, y a las que veremos colaborar en la prensa femenina de los años siguientes. La lista es interminable. Junto a los conocidos nombres de Faustina Sáez, Vicenta García Miranda, Pilar Sinués... aparecen las firmas de desconocidas poetisas, como Eloisa de Gattebled de Santa Coloma, Elena de Avellaneda, sobrina de Gertrudis, etc. De vez en cuando, encontramos alguna poesía de la Avellaneda o alguna colaboración de Fernán Caballero. Entre los colaboradores masculinos, viejos conocidos como Antonio Pirala (redactor asiduo de la sección de «Instrucción», hasta que, en 1866, se haga cargo de ella Ángela Grassi) y Antonio Trueba.

La dirección de tan longevo periódico cambia a lo largo de sus treinta y cinco años de vida. P. J. de la Peña [49] es, en 1862, su editor propietario y director. Desde 1867, y hasta 1883, Ángela Grassi será su directora. Aurora Pérez Mirón, encargada de la sección de «Modas» [50], dirigió también durante diez años *El Correo*.

Temática

Como botón de muestra de su contenido podemos repasar el índice del año 1856. Los números se componían de poesías, novelas por entregas escritas, preferentemente, por las mujeres que ya en la década anterior supieron abrirse un camino en el hasta entonces vedado mundo de la literatura [51], modas, viajes, variedades y la sección fija

---

[49] Director y editor asimismo de *La Educanda*, revista de educación para señoritas, que, en 1862, se fundió con la empresa de *El Correo*.

[50] Sección que en *La Educanda* estará siempre a su cargo.

[51] Sirvan de ejemplo, *Contra soberbia, humildad*, de Robustiana de Armiño; *El hombre y la mujer*, y *La corona de violetas*, de Dolores Cabrera y Heredia; *La desposada*

de «Instrucción» e «Instrucción histórica», esta última a cargo de Dolores Cabrera y Heredia.

La máxima de la sección de «Instrucción», plato fuerte del periódico, era lograr la mejora de la educación e instrucción de la mujer:

> No abogamos porque ésta sea escolástica y se convierta en dómines a las mujeres; todo menos eso; pero entre este extremo y el de que sólo sepan coser y bordar, leer mal y escribir peor, hay un abismo. [«Instrucción», 31-III-1856.]

En ese sutil intervalo entre lo que se consideraba educación conveniente para las jóvenes en décadas pasadas y lo que en los años centrales del siglo se considera educación apropiada, se instala la reforma educativa deseada por el periódico, que refleja el sentir mayoritario de la sociedad burguesa de mediados de siglo. Sin olvidar, por descontado, que la «carrera» específica de toda mujer es el matrimonio. Esta idea se verá repetida hasta la saciedad a lo largo de su dilatada vida. *El Correo de la Moda* es considerado por la redacción de *La Educanda* de gran valor moral porque en sus artículos trata de todo lo «que concierne al enaltecimiento de la mujer, y de sus derechos y deberes en la sociedad» [52].

Como quiera que, por mi parte, no he podido detectar su gran valor moral, lo abandono para presentar un periódico de capital importancia para comprender el primer feminismo español. Me refiero a *El Nuevo Pensil de Iberia*, revista literaria gaditana que, si bien no está dedicada a las mujeres, podemos considerarla, por su contenido y sus redactoras principales —María Josefa Zapata y Margarita Pérez de Celis—, como la primera revista española plenamente feminista. En ella, la relación entre ambos sexos se basa en el concepto de igualdad, y la finalidad de la emancipación de la mujer no es, como en nuestras conservadoras feministas de *Ellas* y *La Mujer*, llegar a ser el complemento eficaz del hombre, sino llegar a ser iguales al hombre y romper, al mismo tiempo, los mecanismos de opresión de ambos sexos.

---

imperial, de Eloísa Gattebled; *La bola de nieve,* de Elena Mora d'O.

[52] «Nuevo Prospecto», *La Educanda,* 8-XII-1862.

IV

LA MUJER EN LA PRENSA FOURIERISTA:
EL NUEVO PENSIL DE IBERIA

Los hombres y mujeres que elaboran *El Nuevo Pensil de Iberia* coinciden en su crítica de los condicionamientos sociales y sexuales que impiden a la mujer su total emancipación. Ahora bien, no siempre son capaces, sobre todo *ellos*, de concretar qué papel ha de representar la mujer en la sociedad soñada, cuando desaparezcan todos los mecanismos de opresión.

El lenguaje de la revista tiene todo el vigor de la prensa democrática, y las poesías de María Josefa Zapata recuerdan las proclamas de los liberales exaltados, teñidas de espíritu societario:

> Nosotras, proclamando los derechos
> que nos dio el alto espíritu y natura
> la frente alzando y con el alma pura
> aunque los tiranos al despecho
> la celeste bandera tremolando
> de la justicia a la brillante lumbre
> la libertad, el amor y mansedumbre
> iremos en falanges proclamando. [«Fourier», 10-V-1858.]

A pesar de que en todos los artículos se predica la igualdad natural de ambos sexos, no se consigue borrar esa imagen diferencial de la mujer que la distingue del *otro*, el hombre, por su mayor sensibilidad e imaginación. Así, J. Bartorelo traduce y amplía el discurso de A. J. Davis [1] sobre los derechos de la mujer, aceptando la existencia de dos

---

[1] Médium norteamericana que pronunció, en supuesto estado de hipnosis, un largo discurso sobre los derechos de la mujer, ante la sociedad «Great Harmony» (*vid.*

esferas distintas, aunque complementarias, de influencia social: la esfera del amor, de la niñez, de la familia y de la sociedad, reservada a la mujer, y la esfera nacional y universal, reservada al hombre.

Redactoras y redactores

Tras el «forzado silencio» de los meses de enero y febrero de 1859, en el número uno de la cuarta época del periódico [2] aparece la lista completa de quienes componen la redacción, así como los nombres de colaboradores esporádicos. Destacadas personalidades del movimiento democrático y republicano firman un buen número de artículos —Fernando Garrido [3], Sixto Sáenz de la Cámara, Narciso Monturiol, Francisco Pi i Margall, Roque Barcia, Roberto Robert, etc.—, colaborando así con quienes dirigen y sostienen la publicación: Margarita Pérez de Celis y María Josefa Zapata. Si aquéllos son conocidos y aparecen en todos los estudios sobre el socialismo utópico y los comienzos del republicanismo en la Península, otros menos conocidos, pero de idéntica trayectoria, acaban de perfilar el carácter revolucionario de la revista: Antonio Cervera, redactor de *El Amigo del País* (1847), *El Trabajador* (1851), *El Taller* (1852) y *El Eco de las Barricadas*, que dirigió Sixto Sáenz de la Cámara; Federico Beltrán, redactor de *La Atracción* y *La Organización del Trabajo*, periódicos fourieristas, colaborador de *El Trabajador, El Taller* y *La Discusión*, órgano del Partido Demócrata, y redactor también de *El Amigo del Pueblo, El Hijo del Pueblo, El Huracán* y *El Combate*; Joaquín Fiol y Pujol, político mallorquín, diputado y gobernador, colaboró con *El Pensil* y dirigió, en Madrid, *La Opinión*, periódico de los demócratas; José Francisco Vich, redactor de *El Ensayo, El Trabajador* y *El Taller*; Romualdo de la Fuente, propagandista del ideario demócrata y redactor de *El Hu-*

ELORZA, A., «Estudio preliminar», pág. CXI, en *El fourierismo en España*, Madrid, Revista del Trabajo, 1975).

[2] *El Nuevo Pensil*, 10-IV-1859.

[3] Nicolás Díaz Pérez, viejo republicano, al evocar la figura de Sixto Sáenz de la Cámara, precisa que Fernando Garrido estuvo afincado, transitoriamente, en Cádiz el año 1859, con el objeto de secundar un plan de sublevación democrática, que encabezaría, en Barcelona, Ceferino Tessera, y que durante ese período estuvo al frente de *El Pensil de Iberia*.

racán, La Voz del pueblo, La Discusión y *El Pueblo,* y director, en 1870, de *La Bandera Roja,* quien, además, llevó al teatro y a la imprenta un buen número de obras de propaganda revolucionaria; Roque Barcia, literato y periodista revolucionario, director de *El Círculo Científico y Literario, La Federación Española* y *El Demócrata Andaluz,* y colaborador de *La Voz del Pueblo* y *La Democracia,* quien, una vez fracasada la revolución de 1866, se vio obligado a huir a Portugal y no volvió al país hasta la Revolución de septiembre. Fue elegido diputado aquel mismo año.

Como podemos observar, los colaboradores masculinos de *El Pensil* son suficientemente conocidos como periodistas y políticos de acción para catálogos y biografías, pero, sin embargo, las dos mujeres que redactan e incluso dirigen la revista no merecen más que una línea en los mismos. Es una revista femenina de carácter conservador, *La Educanda,* la que nos ofrece algunos apuntes biográficos, elaborados por su corresponsal en Cádiz, gracias a que Faustina Sáez de Melgar abrió una suscripción «a favor de la desgraciada y apreciada poetisa gaditana D.ª M.ª Josefa Zapata» [4]. Francisco de Rioja, el corresponsal, dice de María Josefa que «provenía de una noble familia, aunque de escasos recursos, por lo que tuvo que dedicarse desde joven al trabajo manual de labores de primor», pero en aquel momento se sostenía «únicamente por los caritativos auxilios de algunas personas [...] y con el apoyo que le prodiga una señora amiga suya colaboradora también de *El Pensil* en cuya compañía se halla». El dinero de la suscripción se entregaría para sufragar los gastos de la operación de cataratas a que debía someterse la poetisa.

La firma de esta poetisa gaditana ya había aparecido anteriormente en la revista literaria de Cádiz, *El Meteoro* [5], y en *La Moda,* y volverá a aparecer, entre enero y julio de 1859, en *La Verdad* («dedi-

---

[4] *La Educanda,* 8-XI-1863. En los números siguientes se recogen los nombres de las señoras que suscriben la ayuda (77 reales) que se enviaría al domicilio de María Josefa Zapata, en la calle de las Tenerías, número 8, 4.º derecha.

[5] Completaban la lista de colaboradoras de este periódico literario Amalia Fenollosa, Ángela Grassi, Manuela Cambronero y Antonia E. de los Monteros. Entre los colaboradores masculinos destaca la presencia de Víctor Balaguer, director del periódico barcelonés *El Pensil del Bello Sexo.*

cada a promover y fomentar la instrucción de las clases productoras»),
dirigida por Antonio Quiles [6], revista de carácter democrático y —según palabras de Elorza— «confusamente socialista, que apunta a la
doble emancipación de la mujer y el obrero» [7]. Pero la empresa periodística más importante que llevó a cabo María Josefa fue sin duda
la publicación, tras la solicitud del pertinente permiso para editar «una
revista redactada por varias señoras y amigos afectos a la literatura»,
de *La Buena Nueva* que, al igual que *El Pensil*, fue perseguida por la
censura gubernativa. Durante su efímera vida (15-XII-1865/15-IV-
1866) siguió desarrollando la línea ideológica trazada por *El Pensil*, y
las firmas más habituales, además de la de Josefa Zapata, fueron también las de Margarita Pérez y José Bartorelo.

Margarita Pérez de Celis, directora de *El Pensil*, colaboró en las
mismas revistas que su compañera.

Otras firmas femeninas de *El Pensil* son las de Rosa Butler, Joaquina Balmaseda y Rosa Marina [8], autora de un opúsculo titulado *La
mujer y la sociedad*, anunciado en el periódico desde sus primeros
números, y que recibió una crítica favorable, aunque cauta, del periódico demócrata *La Discusión*:

> Los que aplaudimos las ideas de esta amable escritora, que somos
> muchos y nada feroces, aunque barbudos, quisiéramos que sus es-
> fuerzos en adelante se dedicarán a un trabajo más práctico [...] pro-

---

[6] Quien, siguiendo el camino iniciado por Antonio Ignacio Cervera, en 1849, inaugura, el 10 de enero de 1959, a las afueras de Granada una escuela de adultos
sostenida por el periódico.

[7] ELORZA, A., *op. cit.*, pág. CXVII.

[8] Antonio Elorza, que ha estudiado ampliamente la prensa fourierista andaluza,
opina que Rosa Marina sería un seudónimo de María Josefa Zapata, aunque reconoce no haber leído *La mujer y la sociedad*. Por mi parte, que sí he tenido la suerte
de poder deleitarme con su lectura, y sin ánimo de polemizar con él, no me parece
que la prosa ni el mismo contenido del librito pueda atribuirse a esta autora. Por el
contrario, el tratamiento de los temas y el estilo literario se acercan mucho más a
los del artículo «Injusticia social», debido a la pluma de Margarita Pérez de Celis,
y del que Elorza, en su ya citado trabajo, dice que su feminismo no era «una actitud
irreal y se inscribía en los planteamientos más coherentes de lo que en la época se
denomina democracia socialista». Este comentario podría aplicarse íntegramente a
La mujer y la sociedad.

yectar el mejor método de introducirlas [sus ideas] en el actual
sistema, de modo que ni destruyan de un golpe el mecanismo social
ni dejen de producir algún fruto inmediato, ésta debe de ser en lo
sucesivo la tarea de Rosa Marina, a no ser que espere una de esas
revoluciones que vuelven lo de arriba abajo. [23-XI-1857.]

Temática

La temática del periódico, a pesar de su subtítulo de «revista de
literatura, de ciencias, artes y teatro», se centra fundamentalmente en
el análisis crítico de las condiciones de vida de la clase trabajadora y
de la mujer, a partir de los supuestos del socialismo utópico, y la
difusión de las soluciones que ofrece el fourierismo. Pero *El Nuevo
Pensil*, siempre según Elorza, no sólo desarrolla los aspectos apunta-
dos, sino que buena parte de su contenido está relacionado con las
prácticas del espiritismo o «espiritualismo», como en un principio se
denominó, y que será una de las razones que aportará el obispo de
Cádiz para solicitar el cese del periódico [9].

---

[9] A continuación reproducimos la nota enviada por el obispo de Cádiz al gobernador civil sobre la conveniencia del cese del periódico, que tendrá lugar algunas
semanas después:
«Ilmo. Señor: Cumpliendo con el mandato superior de V. I. en que se ha servido
encargarnos la censura de seis números del periódico titulado *Pensil de Iberia*, hemos
encontrado en casi todos ellos errores contrarios a la Fe y la Moral Cristiana, muy
principalmente en los capítulos que se encabezan con el epígrafe "Leyendas Morales" [a cargo de M.ª Josefa Zapata] en los que se llega al extremo de suponer que
nuestro Señor excita con su Sagrada Humanidad al amor impuro, condena el estado
de Matrimonio y santifica el crimen del adulterio. En otros artículos y con especia-
lidad en el de entrada del número 6 intitulado "Nociones de analogía universal" se
encuentran proposiciones que tienden al panteísmo suponiendo sensibilidad en los
seres materiales del universo; él enseña abiertamente el fatalismo y la irresistibilidad
de las pasiones, y resucitando los degradantes errores de Manes se supone que el
Dios de Sabaoth o el Dios de los judíos, autor del Antiguo Testamento, es el principio
malo. La tendencia general de todos los artículos contenidos en los seis números
de dicho periódico es proclamar la emancipación y regeneración de la humanidad
por los principios socialistas. [...] Lo que pongo en conocimiento de V. S. [...]; porque
semejantes escritos llevan en sí los principios disolventes de la Autoridad, del orden,
de la justicia, de la disciplina doméstica y de cuantos elementos son necesarios para
el buen gobierno y organización de la sociedad.» [*Vid.* Elorza, A., *op. cit.*, pág.
CXIV).].

La mujer y el trabajo o la injusticia social

Bajo el título de «Injusticia social» [10], Margarita Pérez escribe uno de los artículos más interesantes de *El Pensil*. En él, su autora critica todo el sistema social que, basado en la explotación del hombre por el hombre, genera una sobreexplotación de la mujer trabajadora:

> El asunto a que nos referimos es importantísimo, como que afecta a la inmensa mayoría de la mitad del género humano. Trátase de una de las mayores y más graves injusticias que se cometen [...], del escandaloso desnivel que resulta de la falta de proporción y de equidad con que se distribuyen los jornales, entre los individuos de ambos sexos pertenecientes a la clase proletaria [...].
> ¡Comparad, si no, el máximum de los jornales dados a las mujeres, con el mínimum que se dan a los hombres y considerad si la enorme diferencia que resulta no es la más irritante de las injusticias!

Precisamente esos salarios de miseria serán los que, a su juicio, obliguen a infinidad de mujeres a prostituirse para poder sobrevivir, y alude al matrimonio de interés entre las clases proletarias, exento del móvil amoroso:

> De aquí la multitud de consorcios que se verifican sin la menor idea del amor por parte de los contrayentes, que aceptan sin vacilar una desgracia dudosa, cuya extensión ignoran, con tal de sustraerse a una desgracia horrible y demasiado conocida.

Esta mujer que se lanza al matrimonio, que sella una unión desnuda de «los encantos con que la embellece la pasión», no deja de suscitar la admiración de Margarita.

El artículo nos sirve, además, de documento de primera mano para conocer las condiciones de trabajo de las obreras de Cádiz. Su pluma anota los salarios de las trabajadoras fabriles, de las de los talleres de modistas, de las lavanderas y planchadoras, de las bordadoras, de las criadas domésticas, etc.; salarios que en ningún caso sobrepasaban los cuatro reales por jornada de trabajo —que se prolongaba durante doce o catorce horas— y que eran muy inferiores a los más bajos que recibían los hombres, lo que, en definitiva, suscitó el artículo de la Celis:

---

[10] *Nuevo Pensil de Iberia*, 10-XII-1857.

Echemos si no una rápida ojeada sobre los jornales dados a los hombres de la clase obrera [...], de los más desafortunados, de aquellos que tienen a su cargo el desempeño de las faenas que se conceptúan más penosas o menos importantes.

Es decir, peones de albañilería, oficiales de zapatería, carpintería, etc., «no ganan menos de ocho reales de jornal», pero:

No se crea que lo desaprobamos, antes nos dolemos de que sólo puedan adquirir tan mezquino salario para atender a sus más perentorias necesidades.

La lucha, pues, no la entabla entre los dos sexos que componen la clase obrera, como no lo hace ninguno de los colaboradores de *El Pensil*, sino que lo que pretende con este artículo es que se conozca, que salga a la luz, la grave injusticia que supone la desigual consideración del trabajo femenino frente al masculino. Desigualdad que se hace extensiva a la preferencia, en igualdad de condiciones, por el trabajo del hombre; así como a la infravaloración del trabajo de la mujer cuando realiza las mismas funciones que aquél. Y Margarita Pérez de Celis, haciendo uso del *nosotras* habitual en ella, vuelve a recalcar la idea de que la lucha no va dirigida contra los hombres-obreros, sino contra el sistema que provoca tales diferencias:

Lo repetimos, no se crea que nosotras pretendemos rebajar un ápice el trabajo de los obreros; antes por el contrario anhelamos de todo corazón que se les adelanten los jornales.

Y concluye:

Nuestros deseos se limitan ahora a que se tengan en cuenta la utilidad y la índole del trabajo de la mujer, para dilucidar si es o no digno de alternar y competir [*¡palabra maldita!*] con el del hombre, y una vez resuelta por la afirmativa, que sea recompensada en los mismos términos que aquél.

Ningún otro artículo de *El Pensil* ni, por supuesto, de la prensa femenina de aquellos años tratará con la misma claridad los problemas de la mujer obrera.

Fourier y su opinión sobre las mujeres

De su «Opinión sobre las mujeres», artículo reproducido en *El Pensil* [11], nos interesa destacar la idea que Fourier manifiesta sobre la capacidad de aquéllas para desarrollar cualquier actividad humana. Fourier, después de analizar extensamente el estado de opresión en que se hallan las mujeres y de exponer los ejemplos históricos en los que éstas, a pesar de dicha opresión, han destacado incluso por encima de los hombres de su propio tiempo, asegura que «en el estado de libertad [la mujer] sobrepujará al hombre en todas las funciones del espíritu y del cuerpo, que no son el atributo de la fuerza física» [12] e invita a las mujeres a que protagonicen la lucha contra la sociedad que las oprime: «sobre la mujer pesa la civilización; a ellas toca atacarla». En particular se dirige a aquellas que por su situación personal han llegado a desvincularse de los prejuicios sociales, a quienes, sin embargo, critica duramente:

> Las mujeres sabias, lejos de pensar en los medios de libertar a su sexo, han abrazado el egoísmo filosófico, han cerrado los ojos sobre la libertad de sus compañeras, cuya triste suerte han sabido evitar.

Estas mujeres que han sufrido el acoso de la sociedad y que se han liberado de la esclavitud del *qué dirán* deberían investigar «alguna innovación que pudiese sustraer a los dos sexos a su espantosa y envileciente condición actual».

El porvenir de las mujeres

El 30 de abril de 1858, *El Pensil* publica la obrita de uno de los representantes del fourierismo francés más conservador, Juan Cinski,

---

[11] *El Nuevo Pensil*, 20-II-1858.

[12] Aunque no se nos adelanta cuándo llegará esa gozosa situación para la mujer, sí salta a la vista que Fourier no parecía muy urgido: «Yo no pretendo hacer aquí crítica de la educación civilizada, ni insinuar que se deba inspirar en las mujeres un espíritu de libertad. Ciertamente es preciso que cada período social prepare a la juventud para reverenciar las ridiculeces dominantes [...]; así como condenaría al bárbaro que educase a sus hijas para los usos de la civilización, donde no vivirán jamás, lo mismo condenaría al civilizado que educase a las suyas en un espíritu de libertad y de razón, propio del sexto o séptimo período a que no hemos llegado».

titulada *El porvenir de las mujeres* [13]. Su reproducción nos permite conocer las soluciones propuestas por este representante menor de la escuela societaria a la situación de la mujer. El apartado en que pasa revista a las condiciones de vida de una mujer es claro y verosímil, lo contrario de aquel en que se nos presenta el feliz destino que la sociedad vislumbrada por Cinski y sus compañeros de ideología reserva a la mujer. Un destino excesivamente nebuloso y demasiado ligado al concepto de mujer-comparsa, en este caso, del hombre libre.

> Las mujeres prepararán nuestros estandartes y pondrán palmas sobre nuestras frentes coronadas [...]. Y la mujer, reina por sus méritos, reina por su hermosura, modelo de afecto, guarda del honor y la lealtad, tendrá siempre cetros que recibir y cetros que distribuir. Tal es el porvenir de la mujer, víctima en nuestra civilización, soberana en la Armonía.

El modelo burgués de mujer, envuelto en una nebulosa de idealización romántica y una suerte de mesianismo respecto a su destino, se halla presente en buena parte de los artículos y poesías de *El Pensil*. Así, José González Alegre y Alvárez, en «La mujer, fragmentos de su historia» [14], le reserva el más alto destino a que puede aspirar una criatura humana:

> Sé la estrella del mañana que anuncia el reinado del derecho. Sé tú el viento que lleve entre sus ráfagas los restos de la desigualdad y de la injusticia; sé, en fin, el piloto incansable de la civilización y el progreso.

El ideal de mujer guía de la humanidad tiene un precedente histórico muy interesante en el pensamiento de Flora Tristán, olvidada

---

[13] Elorza (*op. cit.*, pág. XLVI) sostiene que la traducción del opúsculo y del folleto titulado *Una palabra a las españolas*, que lo acompaña en la edición española, se deben a la pluma de Joaquín Abreu, la figura más representativa de los primeros fourieristas gaditanos. Jordi Maluquer de Motes (*El socialismo en España. 1833-1868*), por el contrario, opina que el opúsculo de J. Cinski fue traducido y editado por Joaquina de Morla de Virués, aristócrata jerezana que militó en las filas del fourierismo gaditano durante varios años, y que sería asimismo autora del folleto antes citado.

[14] Escrito y fechado en Oviedo el 30-XI-1857. Publicado en *El Nuevo Pensil* el 30-X-1858.

representante del feminismo socialista francés. En su obra *Memphis* Flora manifiesta un feminismo radical: no pretende que se reconozca la igualdad de ambos sexos, sino el destino providencial de la mujer, luz divina que, según las Sagradas Escrituras, debe ser la guía del hombre.

Antonio Quiles, por su parte, considera que la mujer está «destinada a quebrantar la cabeza del mal» (imagen que sugiere esa otra bíblica de la Virgen María aplastando la cabeza de la serpiente). Pero, menos visionario, opina que la mujer abrirá las puertas de su propio porvenir cuando alcance la libertad y obtenga el

> derecho a la instrucción esmerada, a ocupar los diferentes puestos que el hombre monopoliza en la sociedad, a manifestarse con la dignidad de que le priva la misma. [«La mujer», 30-X-1858.]

La educación de la mujer

El tema de la educación ocupa también las páginas de *El Pensil*, si bien su tratamiento difiere sustancialmente de unos autores a otros. Mientras Joaquín Fiol opina que la mujer tiene derecho a acceder al cultivo de su inteligencia en tanto en cuanto el fin que se proponga sea educar a sus propios hijos; y Roberto Robert, en la misma línea, que la educación debe seguir basándose en las diferentes funciones del hombre y la mujer en sus respectivas esferas de influencia —y eso a pesar de que parte de un análisis bastante crítico de la situación de la mujer en la sociedad—; Antonio Quiles, por el contrario, superando las «preocupaciones», es decir, los prejuicios de la época, opina que la mujer está capacitada para recibir una enseñanza igual a la del hombre. Y sugiere que si muchos estudiosos han determinado que ésta no carece de inteligencia, pero sí de «genio», ello se debe

> no a la inferioridad de la mujer, sino a las preocupaciones que la rodean, a la falta de educación [...]. Que se dé a las mujeres la misma educación que a los hombres, abránsele las puertas de las carreras liberales y se verá el genio de la mujer rivalizar en todo con el hombre. [«La mujer no es inferior al hombre», 20-XI-1858.]

Cuando la educación de las jóvenes experimente un giro de 180 grados cambiará la condición social de la mujer. Giro copernicano que deberá afectar no sólo a los contenidos, sino que tendrá que asegurar el aumento del número de mujeres que accedan a ella. La educación, según el autor, está reservada a una exigua minoría, a una élite, y su fin se reduce a hacer más atractivos «los encantos naturales del bello sexo» para conseguir su única finalidad: que la joven pesque marido. La tozudez de la sociedad en negar una educación superior a la mujer se vuelve contra sí misma:

> La injusticia de privar a la mujer con tanta obstinación del trabajo de la inteligencia, hace perder a la sociedad tesoros de ciencia; justo castigo de su injusticia; a esto conduce el monstruoso egoísmo de reservar*nos* el monopolio de la instrucción. [10-XII-1858.]

Si la educación femenina se mantenía en los límites que conocemos, se debía al temor de que, si estudiaba, la mujer podría abandonar «sus» obligaciones domésticas: ¡el caos se adueñaría del hogar, puntal de la sociedad burguesa y moderada de la segunda mitad del siglo! A dicha preocupación contesta Antonio Quiles en los siguientes términos:

> será terrible argumento en contra de la actual organización social, que por la empírica y rutinaria organización del menaje aislado se obligue a una parte de la humanidad dotada de talento y grandes aptitudes a ocuparse en faenas contrarias a su vocación y sin valor para la sociedad a quien priva, ejecutándolas, de los tesoros que haría brotar la inteligencia femenil bien cultivada. [*Ibidem.*]

El autor introduce dos elementos nuevos en el tratamiento de la cuestión: por una parte, la consideración del trabajo doméstico como «menaje aislado», al que, por lógica, se contrapone la socialización del trabajo doméstico —lo que encaja perfectamente con los planteamientos falansterianos del fourierismo— y, por otra parte, la consideración de las tareas domésticas como carentes de valor social.

Amor y matrimonio

El grupo reunido en torno a *El Pensil*, a pesar de tener sus raíces conceptuales en Fourier, se halla especialmente influenciado por un discípulo secundario de éste, Toussenel, perteneciente a la corriente más conservadora del fourierismo. El principio fourierista de la atracción pasional deriva en este grupo gaditano en un concepto más amplio y confuso, el del amor universal, basado en el citado discípulo:

Una sola ley rige el universo: el amor. Amor es el motor divino irresistible, que atrae la tierra al sol, el amante hacia su querida, la savia hacia la extremidad de las ramas, y la molécula, dicha insensible, a la molécula de igual naturaleza. [15]

El amor y la atracción pasional son asimilados por las escritoras de *El Pensil* al matrimonio: unión sincera y duradera entre dos seres que se atraen y se aman. No obstante, como buenas observadoras de la realidad, no pueden pasar por alto que, en la mayoría de los casos, el matrimonio es una cadena indisoluble que ata a ambos seres cuando la atracción termina o cuando jamás existió. A pesar de ser conscientes de este hecho, nunca se escribirá un artículo que clame por el divorcio en las páginas de *El Pensil* o de *La Buena Nueva* [16] ni se ofrecerá ninguna solución concreta, sólo un imaginado futuro más justo, en que la atracción pasional regirá la conducta de hombres y mujeres. Así, María Josefa Zapata, en *La Buena Nueva*, en un artículo de la serie titulada «Fe, Esperanza y Caridad; las tres amigas. Cuadros de costumbres sociales de la civilización», nos recuerda que:

Si la mujer fuera libre [...] se haría valer al hombre, y elegiría, como el hombre, porque sin necesidad de él como hoy necesita, pudiera demostrar su verdadero cariño por la atracción o la simpatía. No habría hombres engañados, no habría mujeres sacrificadas, no habría víctimas, en fin. [8-II-1866.]

Que el matrimonio no era más que un contrato de larga duración para la mujer, en el que la libertad de ésta no podía manifestarse ya que se veía imposibilitada para ser económicamente independiente, es una idea que coincide con la desarrollada por Cinski en su ya mencionada obrita sobre el porvenir de las mujeres:

---

[15] *Vid.* TOUSSENEL, Alphonse, *El genio de las bestias*, Madrid, 1859, pág. 9 (citado en ELORZA, Antonio, *op. cit.*, pág. CVI).

[16] No ocurre así en la prensa femenina francesa, ni siquiera en la estrictamente burguesa y conservadora como, por ejemplo, *Le Journal des Femmes* (1832-1838), cuyas redactoras, a pesar de considerarse «dans le juste milieu», defienden el divorcio como un bien para los hijos: «Le divorce est parfois un besoin pour la vie morale des enfants. Il vaut mieux une séparation qu'un mauvais exemple» (*vid.* SULLEROT, Evelyne, *op. cit.*, pág. 181).

para que la mujer sea libre en la elección de su corazón, es necesario asegurarle una existencia independiente. [30-IV-1858.]

Independencia que estará asegurada en el sistema societario por medio del derecho al trabajo atractivo:

Sí, nosotros queremos que todo el mundo trabaje, la mujer lo mismo que el niño y el anciano; pero al mismo tiempo sabemos hacer el trabajo ligero y fácil, productivo y atractivo. [*Ibidem.*]

Es decir, la unión basada en la «atracción pasional» será posible cuando la mujer tenga una existencia económicamente independiente, cuando acceda al trabajo productivo y cuando, en fin, adquiera la igualdad. Este aspecto revolucionario se conjuga, sin embargo, con el ideal tradicional: los fourieristas españoles no plantean ninguna alternativa al matrimonio. Piensan que es una institución cuya validez se sustenta en la propia naturaleza humana y que lo único que ha de transformarse es la base en que se asienta.

Como punto final, escuchemos la defensa del matrimonio que Cinski pone en boca de su protagonista masculino:

—¿Te incomodas, hermano mío, contra las uniones mal proporcionadas; crees que las mujeres son esclavas de sus maridos? ¿Querrías, pues, romper los lazos sagrados del matrimonio y la familia?
—¿Quién te ha dicho eso? Muy al contrario. Asegurando a la mujer una comodidad honrosa, preservándola del abandono y la miseria, nosotros queremos solamente darle la plena libertad en la elección del esposo [...]. Lejos de abolir el matrimonio, nosotros queremos devolverle toda su pureza, toda su dignidad, todo su esplendor. [*Ibidem.*]

LA MUJER Y LA SOCIEDAD

Indisolublemente ligado a *El Nuevo Pensil*, el opúsculo, ya citado, de Rosa Marina, *La mujer y la sociedad*, es el primer manifiesto claramente feminista que ha llegado a mis manos. Por tanto, a pesar de que no entra en sentido estricto dentro del ámbito de la prensa femenina, no he podido sustraerme a su análisis, ya que éste nos va a permitir conocer algo más sobre el carácter del primer feminismo español.

Ante todo debo decir que su lenguaje, sobrio pero intenso, nada tiene que ver con la prosa de *El Nuevo Pensil*. La sobriedad, la claridad expositiva y la vehemencia vindicativa lo alejan del mesianismo y misticismo de aquella revista [17]. En las páginas siguientes, más que un comentario, pues la claridad expositiva del opúsculo no lo precisa, me limitaré a seleccionar algunos párrafos de esta obrita que abarca todos aquellos aspectos de la problemática de la mujer que, de una forma u otra, ya habían sido tratados por la prensa femenina del período: educación, trabajo, prostitución, matrimonio y emancipación.

En el prólogo, Margarita Pérez de Celis apunta lo que va a ser el hilo conductor del texto de Rosa Marina: la reivindicación de la igualdad de derechos para las mujeres:

> facilidad para consagrarse a toda clase de profesiones, y derecho para participar de las ventajas civiles y *políticas* de que el hombre goza.

Los grandes reformadores sociales y la mujer

> La gran mayoría de los filósofos, de los estadistas y políticos innovadores [...], han dirigido casi exclusivamente sus esfuerzos a ilustrar la inteligencia del hombre, a emanciparlo de la opresión [...], rara vez la mujer ha sido objeto de sus trabajos [...].
> Estos pretendidos sabios, estos revolucionarios que merecerían mucho mejor el título de retrógrados rutinarios, en lugar de proclamar lo que en justicia pertenece a la mujer [han consagrado] todos sus esfuerzos en persuadirlas de que su condición social es inmejorable. [Págs. 3-4.]

Y nos recuerda Rosa Marina que el mantener en la ignorancia a la mujer ha sido una de las causas que

> más han influido, y que más directamente influyen todavía, en la prolongación de la lucha que vienen sosteniendo las ideas de libertad, regeneración y de progreso social contra las preocupaciones y absurdas costumbres que nos legara el pasado. [Pág. 6.]

---

[17] Únicamente las últimas líneas del capítulo XIV que cierran la obrita de Rosa Marina nos recuerdan el lenguaje de «proclama»: «Trabajar por tan noble causa [...] es una misión digna [...] para quienes sobre todo es un sagrado deber tremolar la bandera y marchar en la primera línea de vanguardia de las falanges del progreso».

Anticipándose a la adivinada pregunta (¿pero qué quiere esta mujer?) de los «pretendidos sabios», Rosa Marina responde de forma clara y contundente:

> Lo que quiero es que sean [las mujeres] aquello que realmente fueren capaces. Quiero que, dada la aptitud, instrucción y las cualidades necesarias, tengan entrada en todas las carreras, oficios y posiciones sociales, y que puedan escoger tan libremente como los hombres, sujetándose a las mismas condiciones que ellos. [Pág. 7.]

Y, de forma sutil, concede razón a los que opinan que la mujer tiene bastante con ser esposa y madre, pero no sin matizar que:

> no es justo que esto se les imponga: me parece que tienen derecho de ser ellas mismas jueces, árbitros en el empleo de sus facultades, en los trabajos a que crean deber consagrarse, en la industria, ciencia, arte u oficio de que hayan de subsistir. [*Ibidem*.]

Y en su discurso se enfrenta a quienes relegan a la mujer a un papel secundario porque las consideran irresponsables, pero que, sin embargo, aplican con estricta igualdad las sanciones que conlleva la infracción de *sus* leyes. Argumento que nos trae a la memoria el utilizado, en 1791, por una de las primeras feministas francesas, Olimpia de Gouges, en su *Declaration des droits de la femme et de la citoyenne*:

> ¿Por qué, ya que sufren los inconvenientes no han de participar de las ventajas de la vida social? [*Ibidem*.]

El derecho a participar de forma activa en la sociedad

La oposición a la participación de la mujer en la sociedad, ejerciendo las carreras y profesiones que deseara, se basaba en la creencia, que todavía seguía vigente en el siglo XIX, de que la mujer no participa del mismo «rango y dignidad» que el hombre. Rosa Marina recuerda aquel bochornoso Concilio en que los obispos discutían sobre si la mujer poseía un alma o no,

> de modo que dependió del parecer de dos hombres (dos fueron los votos que superaron la propuesta negativa) el que la Iglesia transformara en bestia a la Inmaculada Madre del Redentor. [Pág. 8.]

Más adelante, hace de nuevo hincapié en las injusticias legales en que incurren los enemigos de la mujer. Si a ésta se la considera inferior al hombre en «inteligencia, genio y virtudes» e incapacitada para las funciones públicas, ¿por qué no se la priva de la obligación de contribuir al sostenimiento de las cargas sociales?

> La mujer, que no puede ser médico, ni abogado, ni ingeniero, ni académico [18], ni profesor de nobles artes, da su dinero para el sostenimiento de universidades, colegios, academias, escuelas o institutos cuyos beneficios sólo los hombres disfrutan directamente. [Páginas 21-22.]

Y, como ya es costumbre en este tipo de batallas dialécticas por el reconocimiento de la capacidad de la mujer para ejercer todas las funciones que monopoliza el hombre, Rosa Marina vuelve los ojos al pasado reciente («¿qué mártir político ha igualado a Mariana Pineda en prudencia, valor y heroísmo?») e incluso a la más estricta contemporaneidad, enumerando los nombres de escritoras que «son gloria de las letras» (George Sand, la Avellaneda, etc.).

Derecho de la mujer a la educación y al trabajo

Nuestra autora opina que la educación no debe reducirse a la adquisición de unos rudimentos culturales que permitan a la mujer no pasar por la vida en la más completa ignorancia, sino que aspira a que esa educación prosiga, como en el caso de los hombres, en las escuelas profesionales, en las universidades, etc., y se lamenta de los insalvables impedimentos legales que imposibilitan el acceso de las mujeres a aquellos centros de estudio.

Las incomprensibles limitaciones al derecho de la mujer al trabajo se explican por el monopolio que ejercen los hombres sobre «todos

---

[18] La llamada «cuestión de las Academias» seguía candente en aquellas fechas, tras el intento frustrado de la Avellaneda de ocupar el sillón que dejó vacante en la de la Lengua su maestro y amigo, Juan Nicasio Gallego, al morir, en 1853. Sobre el mismo tema, *El Nuevo Pensil* recoge la noticia, publicada en un periódico francés, de que la Academia de Lyon ofrece un premio a aquel autor que proponga medios para elevar el salario de la mujer, poner en práctica el lema «a trabajo igual, salario igual» y abrir nuevas carreras a las mujeres. El periódico gaditano felicita a aquella Academia por la innovación y, de paso, critica al resto por reaccionarias: «es más fácil que un camello entre por el ojo de una aguja, que una Academia pase por el desliz de una innovación».

los oficios y medios de subsistencia más fáciles a las aptitudes femeninas» y, más aún, su injusticia la llevan «hasta el extremo de pagarle menos salario en igualdad de tarea desempeñada o de servicio prestado». La consecuencia inmediata de la negativa a que la mujer ocupe un puesto de trabajo digno y justamente remunerado es la prostitución.

La prostitución

Es en este punto donde el discurso de Rosa Marina se hace más vehemente. Sus críticas a la hipócrita sociedad moderada no tienen parangón en la literatura femenina que venimos analizando:

> La civilización que adora a las mujeres en los altares [...], no tiene escuelas, universidades ni colegios para enseñarles su arte, su ciencia, su industria ni su filosofía [...], no le ofrece más que un puesto, no le abre con fácil mano más que una ancha puerta: la que da a la cloaca de la prostitución, a que fatalmente la condena y que con incomprensible demencia legaliza y explota, llegando a imponerle contribución como a una industria útil. [Pág. 22.]

¡Qué lejos de aquellos discretos lamentos de las catolicísimas jóvenes de la redacción de *La Mujer*! ¡Qué lejos de aquellas mujeres que veían solucionado el problema internando en casas de «educación especial» a las jóvenes propensas al «virus» de la prostitución!

No; la prostitución tiene unas causas y unos sostenedores...

> Los que consideran la prostitución como válvula de seguridad, como un mal necesario, son los mismos que hacen del hogar doméstico el único y exclusivo santuario de la mujer [...]. Dicen, y yo no lo niego, que el matrimonio es el destino de la mujer, pero se equivocan suponiendo que este destino es incompatible con el ejercicio de sus facultades, así intelectuales como físicas, consagradas a alguna ocupación o industria que esté conforme con sus aptitudes, su vocación, sus intereses y necesidades. [Pág. 25.]

Ahora bien, Rosa Marina no limita el concepto de prostitución a alquiler callejero del cuerpo femenino, sino que lo hace extensivo a un hecho extraordinariamente propagado entre la burguesía: el matrimonio de interés.

El matrimonio

«Los miopes políticos, los fanáticos, esos peligrosos amigos de la religión cristiana y los conservadores de todos los matices» se consideran a sí mismos los paladines de la defensa del matrimonio, de la familia ideal, pero...

> Los defensores obligados de la familia, la han rebajado tanto hasta hacer de ella un negocio mercantil cotizable en Bolsa[19] [...]. Y qué puede resultar de estas uniones de especulación, de estas prostituciones cubiertas por el velo de la legalidad, justificadas por la sociedad, que se inclina ante ellas, honrándolas y enalteciéndolas. [Pág. 28.]

La única solución que Rosa Marina entrevé, tras su lúcido análisis de la situación de la mujer en la sociedad española de mitad de siglo, para acabar con la situación de sometimiento en que se halla la mitad del género humano es su emancipación.

La emancipación de la mujer

> Esta emancipación consiste, por ahora, en el reconocimiento y ejercicio de su derecho a la instrucción y a optar a toda clase de carreras y posiciones sociales, sujetándose a iguales condiciones que los hombres, y a disfrutar de todas las ventajas, honores, consideraciones y garantías, tanto civiles como políticas, anejas por las leyes a las mismas carreras, empleos y posiciones. [Pág. 32.]

Todo un programa mínimo de lucha que mueve a preguntarse por qué no cuajó en España una de esas organizaciones feministas que, aunque minoritarias, ya dejaban oír su voz en las tribunas, en la prensa y en la calle en países como Estados Unidos, Francia y Gran Bretaña. La respuesta quizá esté en la forma peculiar en que se llevó a cabo la revolución burguesa en España, que retrasaría y limitaría todas las opciones que germinaron en aquellos países al calor de sus revoluciones y que estuvieron en la base de los potentes movimientos feministas de las últimas décadas del siglo pasado.

---

[19] No se llama buen matrimonio una unión conveniente, la de dos jóvenes que se amen y que pongan en común para vivir el provecho del trabajo de cada uno [*N. de la A.*].

Finalmente, el opúsculo concluye con el llamamiento a las mujeres «privilegiadas» (poetas, novelistas y autoras dramáticas) para que combatan por la libertad y emancipación del sexo oprimido del que forman parte, porque, afirma Rosa:

> si para alguien van unidos al genio y al talento estrechísimos deberes, es sin duda alguna para la mujer, que debe considerar en ellos, no solamente los medios para satisfacer su vanidad o su amor propio, sino poderosísimas armas puestas a su disposición por la invisible mano del destino para conquistar la independencia, la dignidad y los derechos de su desgraciado sexo. [*Ibidem.*]

Y para concluir, nada mejor que recordar las siguientes palabras de Fourier:

> Las mujeres tenían que producir no escritoras sino libertadoras. Espartanos políticos, genios que concertasen los medios para sacar a su sexo del envilecimiento. [«Opinión sobre las mujeres», 20-II-1858.]

V

LA DINASTÍA EN CRISIS

En las páginas que restan vamos a analizar cuatro ejemplos de prensa femenina de la década de los años sesenta.

Lo primero que llama la atención tras su lectura es el retroceso ideológico habido con respecto a los periódicos de la década anterior, en los que, a pesar del conservadurismo social, podía encontrarse una sincera preocupación por la situación en que se hallaba la mujer. Ahora, partiendo de una actitud acrítica y dogmática, se trata de demostrar que la condición de la mujer es inmejorable y que su función de esposa y madre es la esencial, si no la única, en la sociedad.

El carácter moralizante y didáctico presente siempre en este tipo de prensa se acentúa, y sus artículos se convierten en verdaderos sermones conservadores e integristas. Tras su lectura cabe preguntarse el porqué de este retroceso, más notable si aún no se han borrado de nuestra memoria las vivificantes páginas de Rosa Marina, escritas sólo unos años antes. La respuesta, en mi opinión, ha de buscarse en la situación política y social que vivía España en los años que precedieron a la explosión revolucionaria de 1868. El atrincheramiento en posturas cada vez más conservadoras con respecto a la mujer es consecuencia de la reacción antiliberal que se produce tras la caída del bienio progresista, y el retorno del moderantismo al poder. Por otra parte, la Iglesia, que había iniciado su recuperación a partir del Concordato de 1851, incrementó su influencia: la recatolización de la sociedad era un hecho patente ya desde la oleada evangelizadora que siguió a la firma del Concordato.

La figura más destacada de dicha evangelización fue el padre Claret, fundador de la Orden misionera de los Hijos del Corazón de María y, a partir de 1857, confesor de la reina. En calidad de confesor de Su Majestad incitaba a la aristocracia a emprender obras de caridad que tuvieran la virtud de contener la tan temida revolución social [1]. Este temor, si bien no era nuevo, adquiere unas dimensiones desconocidas hasta entonces. La situación de inestabilidad social preocupaba a aquellas clases que estaban consolidando sus bases económicas y su puesto en la jerarquía social.

Esto podría explicar por qué las revistas, dirigidas y redactadas fundamentalmente por mujeres, adquieren un matiz cada vez más conservador. No hay que olvidar que es precisamente una mujer, Cecilia Bölh de Faber, la que será primera abanderada del neocatolicismo literario [2] y su más ferviente defensora. Con su pluma se apresta a denigrar todo aquello que suene a progresismo, tildado por la autora de socialismo, el peor de los males del siglo. Detesta a George Sand por sus ideas políticas y por su comportamiento social, y esta animadversión la lleva a criticar a la Avellaneda —que, según Cecilia, sigue de cerca los pasos de la autora francesa— e incluso a Carolina Coronado. Es una de las figuras más representativas del ultramontanismo y tradicionalismo monárquico. Ella misma se define como «Hija del Papa y fiel vasallo del Trono y el Altar» [3]. Y precisamente en la revista carlista *El Altar y el Trono* colaborará, en pleno período revolucionario (1869-1872), Robustiana de Armiño, directora de *Los Ecos del Auseva*, revista dedicada a la beneficencia, que analizaremos más adelante.

La relación, considerada directa por conservadores e integristas, entre disturbios sociales y políticos, perversión de la juventud y literatura es compartida por las redactoras de las cuatro revistas. El apoyo, cuando no la participación directa, de los románticos franceses en el movimiento revolucionario de 1848, es una experiencia que nues-

---

[1] El padre Claret estaba profundamente conmocionado, y como él todas las clases propietarias, por la revuelta de Loja, que adquirió caracteres revolucionarios.

[2] Allá por 1861, el periódico *La Andalucía* la llamaría «musa neocatólica» y «cantor de las glorias fósiles del neocatolicismo» (en LÓPEZ ARGÜELLO, Alberto, *Epistolario de Fernán Caballero. Una colección de cartas inéditas de la novelista*, pág. 166).

[3] *Vid.* «Carta a Patricio Escosura», recogida por fray Diego de Valencina en *Cartas de Fernán Caballero, coleccionadas y anotadas por el muy reverendo...*, Madrid, 1919 (en ZAVALA, Iris, *Ideología y política en la novela española del siglo XIX*, Salamanca, 1971, nota 9, capítulo IV).

tros conservadores no pueden olvidar [4]. Su conservadurismo literario
contrasta vivamente con el de las revistas del período inmediatamente
anterior, algunas de las cuales se vanagloriaban de dar cabida en sus
páginas a las entregas del más famoso folletinista español, el populista
Aiguals de Izco, odiado y execrado por sus oponentes político-litera-
rios, como queda patente en la denuncia —verdaderamente cruel—
que de su persona hizo un periódico conservador, con motivo del
suicidio de su mujer [5]. De hecho, al considerar la conveniencia o no
de la lectura para las «jóvenes almas», se hará una distinción entre
los libros que «pervierten», porque infiltran una venenosa ponzoña
en sus almas, y aquellos otros con un alto valor moral y religioso, y
que estilísticamente utilizan un incipiente realismo cargado de espíritu
didáctico. En conclusión, soporíferos mensajes novelados o sin nove-
lar: ésa y no otra será la literatura ideal de las jóvenes generaciones
de mujeres. Coincide con este renacer del didactismo la publicación
y reedición de obritas breves sobre la misión de la mujer en la sociedad, su educación, moral, etc., conocidas ya en décadas anteriores,

---

[4] Eugenio de Ochoa, autor de *Los guerrilleros*, que en la década de los años treinta
publicaba traducciones de obras de los románticos franceses, a partir de esta fecha
se desata en severas críticas contra los «novelistas sociales», a los que hace respon-
sables de las discordias civiles. Cándido Nocedal, carlista y neocatólico, opina como
aquél que la raíz de la crisis de valores en la sociedad se halla en la proliferación
de novelas y folletines sociales. Contra los escritores que corrompen el corazón de
las jóvenes se crea un grupo artístico y literario en Madrid, cuyo propósito era
«contrarrestar en España el mal que causan a la religión católica la propagación de
malos libros» (noticia aparecida en *La Esperanza*, 1-V-1859 [vid. ZAVALA, Iris M.,
op. cit., pág. 134]). José Fernández Espino, en la misma línea que los autores antes
citados, arremete contra las ideas de los socialistas utópicos que, infiltradas en las
novelas, y sobre todo en los folletines, se propagan y difunden hasta el último rincón
de la sociedad. Termina solicitando al gobierno que intervenga directamente prohi-
biendo la circulación de tales escritos. Petición que recoge Cándido Nocedal, quien,
en 1856, presenta una ley de prensa que, en línea con la recatolización de la sociedad, se hace eco de las voces que abogan por una literatura moralizante, entre las
que se hallan las redactoras de las cuatro revistas que estamos analizando.

[5] «Parece ser que la señora que ayer se suicidó era la mujer del señor Ayguals de
Izco, autor de *La hija del jornalero*, *El palacio de los crímenes* y *La bruja de Madrid*.
Puede ser que la lectura de esas leyendas influyera en tan funesta resolución» (*La
Esperanza*, 2-IV-1856 [en ZAVALA, Iris M., *op. cit.*, pág. 134]).

pero mucho más numerosas en ésta. En ellas se trata de refrendar, por medio de la palabra impresa, el papel tradicional de la mujer y se busca para ello el apoyo de los clásicos. Así, se recomienda la lectura de *La perfecta casada*, de fray Luis de León, y *De la instrucción de la mujer cristiana*, de Juan Luis Vives. El debate sobre la cuestión femenina rompe el marco de la prensa estrictamente de mujeres —siempre hubo algún eco del debate en los periódicos de opinión— y se extiende al resto de las publicaciones periódicas [6]. Pero aunque se amplían las referencias a la problemática femenina, no por ello se rompen los límites de opinión.

Sin embargo, a pesar de esta situación, a todas luces contraria a la emancipación femenina, por estas fechas se produce un hecho de capital importancia: la creación de las Escuelas Normales de Maestras [7] que, por una parte, abrió nuevas vías para la influencia de la mujer en la sociedad y, por otra, amplió las posibilidades de su eman-

---

[6] En la revista *El Mundo Militar* (13-X-1861) se publica un artículo titulado «Ensayo sobre el carácter, costumbres y espíritu de las mujeres de las diversas épocas históricas», en el que, sorprendentemente, se encierra una crítica a la situación social de la mujer: «Allí donde más dichosas pueden llamarse, tienen que comprimir sus deseos, someterse a mil trabas en la disposición de sus bienes de fortuna, verse privadas de su libertad casi del todo coartada por la ley; tienen que vivir esclavas de la opinión que las domina imperiosamente, y tal vez convierta en crimen lo que en realidad no es más que una apariencia».

El Museo Universal publicó también artículos de temática femenina; por ejemplo, «Carta a María sobre la emancipación de la mujer y si debe o no tomar la iniciativa en las declaraciones de amor» (vol. VI, 1862, págs. 171-174), de Dolores Gómez Cádiz, en cuya opinión la emancipación de la mujer es una necedad, pues aquélla no es más que «un satélite» del hombre, mucho más fuerte en todo que ella; «La mujer desde el punto de vista filosófico, moral y social» (1864), de Francisco Alonso y Rubio, autor de una obra del mismo título, publicada en Madrid un año antes; «La mujer», de Fermín Gonzalo Morón (vol. X, 1866, pág. 198); «Breves consideraciones sobre los derechos de la mujer en el Estado», de José Puig Pérez (vol. XII, 1868, pág. 298); y el de Joaquina García Balmaseda, «Derechos y deberes de la mujer» (vol. XIII, 1869, págs. 379-380).

[7] La primera Escuela Normal fue la de Madrid, dirigida por una Junta de Honor y Mérito. Las instalaciones y las enseñanzas que se impartían eran totalmente inadecuadas; las alumnas se hacinaban en aulas pequeñas, el material didáctico escaseaba y apenas existían bibliotecas (*vid.* SCANLON, G., *La polémica feminista en la España contemporánea (1868-1974)*, Madrid, Siglo XXI, 1976, pág. 42).

cipación económica. A pesar de ello, las materias de enseñanza en las escuelas de niñas y jóvenes no se modificaron; es más, antes; la concepción tradicional de la mujer quedó reforzada con la introducción, con carácter de libros de texto escolar, de revistas femeninas, como *La Violeta* [8], de la que hablaremos en las páginas siguientes.

Se aprecia, pues, una importante involución en las revistas de la década de los años sesenta. Las vías de salida para la mujer están angustiosamente custodiadas por mujeres-guardianas, mujeres que han aceptado sin réplica alguna la misión que la sociedad les ha asignado y que, como buenas burguesas moderadas, tratan de mantener la situación social alcanzada y de acallar las voces que se alzan contra esa misma situación, concentrando sus desvelos en cerrar el paso a cualquier actitud de disidencia.

Analizaremos de forma conjunta las cuatro revistas, pues, como ya he indicado, sus presupuestos ideológicos son muy semejantes. Antes, no obstante, haré alusión a una revista casi exclusivamente de modas, cuyas características más dignas de reseñar son el lugar de publicación, Irún, y la considerable duración (de 1860 a 1864), si tenemos en cuenta su carácter local. Se trata de *La Elegancia*, revista en la que colaboraron Faustina Sáez de Melgar, de quien hablaremos ampliamente más adelante, Rogelia León, Alejandra Argüelles del Toral y algunas señoras más. Su contenido es el habitual de la que hemos dado en llamar «prensa de modas y salones».

LA EDUCANDA, LA VIOLETA, LA MARIPOSA Y LOS ECOS DEL AUSEVA

Estos son los títulos de las cuatro revistas femeninas que pasamos a analizar [9]. A pesar de que la última de ellas, *Los Ecos del Auseva*, no

---

[8] Declarada de texto escolar por la Real Orden de 15 de noviembre de 1864. La suscripción corría a cargo del presupuesto de material escolar, lo que venía siendo habitual con otras revistas femeninas sin que hubiera sido ordenado por un decreto expreso.

[9] Otra revista que nace en estos años es *La Guirnalda*, periódico quincenal dedicado «al bello sexo». El 1 de enero de 1867, su fundador y director, Jerónimo Morán, escritor vallisoletano, se presenta a «Julia, Cecilia, Jacoba, Filomena, todas, en fin, las lindas y laboriosas jóvenes que concedéis el favor a *La Guirnalda* de entreteneros

está dedicada expresamente a las mujeres, tanto por su contenido —se trata de una revista de «caridad, amenidad, instrucción y beneficencia»— como por el hecho de estar dirigida por una mujer, Robustiana Armiño, todo hace suponer que serían las mujeres sus lectoras habituales.

El primero de estos periódicos, *La Educanda*, «Periódico de señoritas, dedicado a las madres de familia, maestras y directoras de colegio», nace en 1861 y finaliza en 1865. Sus artículos sólo van firmados con iniciales hasta el tercer año de su publicación, en que encontramos al inevitable Antonio Pirala en la sección de «Educación moral»; a las habituales Ángela Grassi, Micalea de Silva y Joaquina García Balmaseda, quien, con su verdadero nombre o amparada en el seudónimo de Aurora Pérez Mirón, estaba a cargo de la sección de modas, la misma que firmaba en *El Correo de la Moda*. Y no faltan las poesías, en este caso de Antonia Díaz Fernández de Lamarque, Vicenta Villanueva, etc. Redactor de la sección de «Instrucción histórica» fue Pedro de Vera. La dirección [10], redacción, lugares de difusión y precios del periódico no se reseñan, igualmente, hasta el tercer año de publicación. Sólo nos es posible adelantar que se concibió como una revista quincenal dedicada a «educación, enseñanza y modas».

La Violeta (1862-64), «Revista hispanoamericana de literatura, ciencias, teatros y modas, dedicada a SM. la Reina Isabel», nos ha dejado, por el contrario, constancia de una larga lista de nombres de colaboradoras y colaboradores. Su directora fue Faustina Sáez de Melgar, prolífica escritora que fundó varias instituciones benéficas y co-

---

con sus flores» como «defensor del bello sexo». Su propietario, Vicente Olivares Biec, doctor en derecho, fue profesor de los Estudios Católicos de Madrid y secretario de gobierno del Tribunal Supremo de Justicia. Autor, asimismo, de varias obras profesionales y religiosas, y colaborador de *La Ilustración Católica*. El fin perseguido por sus redactores era «asentar el edificio de nuestro periódico sobre las bases de la piedad y del catolicismo más acendrado [...], para que *La Guirnalda* sea un despertador continuo de vuestros principios religiosos y un poderoso estímulo para que atendáis sobre todo a los sagrados deberes que os impone el hogar doméstico.» [n.º 121, 1872.]

[10] A partir del tercer año de publicación (fecha que coincide con la fusión de la empresa editora de *El Correo de la Moda* y *La Educanda*), el director es Juan de la Peña, que lo había sido anteriormente de *El Correo*.

laboró activamente en las revistas *El Trono y la Nobleza, La Época* y *La Guirnalda*, entre otras. Dirigió, además, *París Charmant et Artistique*, y *La Canastilla Infantil*. Su actividad no se limitó a la labor periodística y benéfica, pues, según afirmación de José María Cossío [11], fue la fundadora del primer liceo femenino que se conoce en España, y su periódico, *La Violeta*, recogió en sus páginas prácticamente «al censo total de las poetisas de su tiempo»: Rogelia León, Joaquina Carnicero, Antonia Díaz Lamarque, Ana María Franco, poetisa almeriense; Elena Gómez de Avellaneda; Josefa Massanés poetisa romántica catalana, colaboradora, desde 1833, en periódicos catalanes y que se adhirió al movimiento de la *Renaixença*, en Barcelona; Elena Mijares del Real, colaboradora de varias revistas y autora de un *Cancionero del esclavo* (1866); Francisca Carlota de Riego Pica, novelista y colaboradora, entre otros periódicos, de *La Ilustración Católica*; Francisca Díaz Carralero, «la ciega de Manzanares», una de aquellas poetisas populares que cantaban sus composiciones al abrir las puertas de los coches de viajeros; y un larguísimo etcétera.

La Violeta era una revista semanal que salía los domingos, y cuya difusión no se limitaba a la Península, sino que, como indica su subtítulo, podía adquirirse en las Provincias de Ultramar y en el «extranjero».

Robustiana Armiño es la directora de *Los Ecos del Auseva* [12]. Esta escritora asturiana colaboró con sus poesías y narraciones en revistas femeninas, como *Ellas, La Mujer, La Moda, El Correo de la Moda*, etc. Encontramos también su firma en revistas literarias: *El Pensamiento* y *El Guadiana*; y en otras de carácter pedagógico, tales como *Los Niños* y *La Primera Edad*. Durante los años en que discurre la revolución iniciada en 1868, la vemos colaborar en el periódico carlista *El Altar y el Trono*. Su integrismo queda patente en sus escritos en *Los Ecos del Auseva*. Su marido, Juan Cuesta y Ckerner, director de *La Correspondencia Médica* y de *La Fuerza del Pensamiento*, escribió también en la revista dirigida por Robustiana. La lista de las colaboradoras es tan abundante como la de *La Violeta*. En ella encontramos las firmas de

---

[11] En *50 años de poesía española, 1850-1900*, Madrid, 1960.

[12] A partir del número 26 cambia su título por otro más asequible, *La Familia*.

Pilar Sinués de Marco, Faustina Saéz de Melgar, Fernán Caballero, Emilia Serrano de Wilsor, Carolina Coronado, Antonia Pérez Lamarque y numerosas desconocidas.

Es de destacar que la lista de suscriptores de honor del periódico se abre con el Papa Pío IX, seguido por la reina y el rey de España, Doña María Cristina, SS.AA.RR los infantes y los emperadores de Méjico. También figuran como suscriptores de la revista el nuncio apostólico, varios obispos, juntas de beneficencia y miembros de las principales familias de la grandeza española, explicable por el carácter benéfico de la revista.

La Mariposa, revista que cierra este apartado, nació en 1866 y finalizó sus días un año después, en vísperas de la gran conmoción del año 68. Dedicada «a las señoras», y, especialmente, «a las maestras de enseñanza primaria», tuvo de directora a otra mujer, Fernanda Gómez, cuyo rasgo más destacable es que fue una «maestra superior». Sus colaboradoras no eran las habituales de la prensa femenina, sino que se trata de mujeres perfectamente desconocidas, muy probablemente compañeras de profesión de la directora. En cualquier caso, desconocemos sus nombres, pues la mayoría firma con iniciales.

Se trata de una revista quincenal cuya difusión no se reducía tampoco a la Península, sino que también se distribuía en el «extranjero». Como *La Violeta* y *La Educanda, La Mariposa* contiene figurines [13], hojas de labores, pliegos de dibujos, etc.

Temática

Las cuatro revistas, desde un punto de vista ideológico semejante, exponen, reiteradamente, cuál es el destino de la mujer en la sociedad presente y futura, pues, para estas mujeres, el cambio de las condiciones históricas concretas no parece que tenga influencia en el destino de la mujer, que permanece inmutable. Emanado de su propia naturaleza —aunque ignorado hasta el surgimiento del cristianismo, según nuestras autoras, momento en que se liberó la mujer del yugo de la servidumbre y comenzó su verdadera andadura dentro de la

---

[13] Figurines desaparecidos por el celo depredador de algún investigador desaprensivo que, cuchilla en mano, ha mutilado la colección que se conserva en la Biblioteca Nacional de Madrid.

sociedad— el destino de la mujer no es otro que la suprema, y manida, misión de esposa y madre. El catolicismo más conservador inspira sus páginas, con alguna excepción de cierta entidad en *La Mariposa*. Las redactoras de todas ellas recuperan el hilo conductor de lo que fueron y pensaron la mayoría de las artífices de la prensa femenina, mujeres que trataron de superar su aburrimiento a base de composiciones poéticas, y de manera muy especial en el caso que nos ocupa, con su insaciable sed de educar, de moralizar a todo su sexo desde la aceptación acrítica del modelo patriarcal de sociedad que imperaba en el ochocientos. Tendremos ocasión de leer defensas apasionadas de la autoridad natural del hombre, de su supremacía física y psíquica, etcétera, emanadas de plumas femeninas. Y podremos leer también verdaderas diatribas contra las denominadas, no sin cierto desprecio, «mujeres emancipadas».

La temática de sus artículos gira en torno a la educación de la mujer, a la necesidad o no de su instrucción, a la conveniencia o no de la lectura, a las cualidades exigidas a un libro cuyo destino era ir a parar a las inocentes manos de las niñas y las jóvenes. El matrimonio, la familia y la autoridad marital serán temas importantes en este repertorio poco novedoso. El trabajo asalariado femenino, la prostitución, las condiciones de vida de las clases poco favorecidas por la fortuna y otros temas «escabrosos» desaparecen de sus páginas, excepto de las de *La Mariposa,* que en alguna ocasión alude a ellos, aunque más adelante veremos desde qué óptica.

Conozcamos ahora lo que las redacciones de estas cuatro revistas pretenden con su publicación.

Objetivos

La Educanda, tras la fusión con *El Correo de la Moda*, al que deja la tarea del «enaltecimiento de la mujer y de sus derechos y deberes en la sociedad», se reserva la forma práctica de atender tan altos objetivos, por medio de

> ejemplos morales, artículos instructivos, que templando la aridez de la ciencia con la amena variedad que permite un periódico, proporcione a las madres y maestras medios fáciles de enseñanza [...], la empresa no tiene fines lucrativos, sólo difundir entre todas las clases sociales el germen de una sólida instrucción y de una educación

religiosa y moral, sin la cual no hay felicidad para los pueblos. [«Nuevo prospecto», 8-XII-1862.]

El objetivo de educar religiosa y moralmente a sus lectoras es común a las cuatro revistas [14], así como, novedad de estos años, el dedicarlas especialmente a las maestras e introducirse en un nuevo mercado: las escuelas de niñas y colegios de jóvenes.

Faustina Sáez de Melgar, desde las páginas de *La Violeta*, señala la pretensión de esta revista: servir de guía útil y moral a sus lectoras, y que

> todas las edades, todos los sexos, encuentren grato solaz, al par que una sólida instrucción [...] y así, en las escogidas novelas daremos siempre preferencia a aquellas en las cuales las galas del lenguaje envuelvan un fin moral y ofrezcan tipos nobles y generosos que puedan servir de ejemplo a las jóvenes almas que devoren sus elocuentes páginas. Nada de análisis sociales que desecan y empequeñecen el espíritu, nada de ofrecer a sus ojos los raquíticos cuadros realistas que buscan con afán los innovadores de nuestra época transitoria [...]. Introduzcamos [al lector] a que imite al águila, la cual, durante la tormenta, aparta sus miradas de los campos cenagosos, para fijarlos en el sitio donde debe aparecer el sol, precursor de la bonanza [15]. [7-XII-1867.]

---

[14]   Idéntico criterio expresa Vicente Olivares Biec en *La Guirnalda*: «Por eso, considerando que nuestra principal tendencia debe ser el recreo moral e instructivo de la mujer, damos una importancia capital a la idea religiosa, sin la que no hay virtud ni sólida instrucción.» [«La madre de Dios» (aprobado por la censura eclesiástica), 1-I-1867.]

[15]   Sentir que recoge la mencionada ley de prensa e imprenta de Cándido Nocedal y su discurso de entrada en la Real Academia, leído en 1860. En él arremete de nuevo contra los novelistas sociales, a los que critica de parciales y malintencionados: «Húyase de establecer como regla invariable la iniquidad en los grandes y la bondad en los pequeños; no se entregue por alimento a las clases sociales humildes la envidia, el odio, la desesperación; [...] Esto, fuera de ser ajeno a la verdad, falso a toda luz, y por ello literariamente malo, es convertir a las nobles fuerzas del ingenio en bárbara palanca de trastornos sociales, en tremendo ariete que derriba por el suelo destrozadas la paz, la justicia, la resignación, y todas las virtudes cristianas [...]. A vosotros [autores de la novela verdaderamente española] está reservado que la novela vuelva a ser inofensivo deleite del ánimo, y dulce medicina que le incline a todo lo bueno y grande, en todo lo cristiano y hazañoso» (*Discursos leídos en las*

Esta extensa cita de Faustina Sáez pone de manifiesto el espíritu conservador que alienta sus escritos: nada de innovaciones, ni siquiera estilísticas, todos los escritos deben ser didácticos, moralizantes, que recreen figuras modélicas, como esa soñada edad de oro del pasado en que todo era estable. Nada de realismo. Esos «campos cenagosos» de los que el águila «aparta sus miradas» bien podrían ser una metáfora de esas incipientes barriadas obreras de las ciudades industriales, inmersas en la miseria más extrema; o esas diferencias sociales cada vez más patentes que, de ninguna manera, deben inquietar a las «jóvenes almas», que han de comprender que tales hechos no son más que miserias de una época de transición, y que pronto brillará un nuevo sol lleno de esplendor por arte y magia de estas conservadoras y conservadores sociales. El cómo y el cuándo se producirá el milagro no nos lo precisa nuestra querida Faustina.

El fin que se propone *Los Ecos del Auseva* de cara al perfeccionamiento de la mujer no difiere sustancialmente del de *La Educanda* y *La Violeta*. Desde *La Mariposa*, Fernanda Gómez propone

> proclamar la necesidad imperiosa de mejorar la educación de la mujer para con ella obtener buenos hijos, buenos ciudadanos, buenos esposos y mejores padres de familia. [«A nuestras suscriptoras», 2-I-1867.]

La educación de la mujer

¿Cuál ha de ser el fin de la educación de la joven? ¿Ha de ampliarse el abanico de contenidos? ¿Dónde llevarla a cabo? ¿En las instituciones educativas, o en su propia casa? ¿Quién ha de ser su preceptora? ¿Una maestra? ¿Su madre?...

A la primera pregunta se responde de manera similar en sendas revistas: educar a la mujer para que cumpla su santa misión de esposa y madre.

Un articulista, Leandro Ángel Herreros, ratifica esta idea y la amplía:

> Si se ha de educar a una joven, lo que parece evidente, lo primero que debe hacerse es fijar como punto de partida su misión. La misión

---

recepciones públicas que ha celebrado desde 1847 la Real Academia Española, Madrid, 1860 [en ZAVALA, Iris M., *op. cit.*, págs. 139]).

de la mujer en sus múltiples aspectos es universal [...]; su objeto, formar al hombre para el cumplimientos de su destino; su fin, acarrear sobre el hombre la felicidad posible [...]. Para desempeñar este ministerio, necesita la mujer ilustración e inteligencia, de aquí la necesidad de su educación [16]

Del mismo modo que siglos atrás la Tierra fue considerada el centro del Universo, en 1861 el hombre se concibe a sí mismo como el eje en torno al cual gira toda la vida humana. La mujer, planeta de ese sistema «solar», debe ser educada, no para su propia perfección, sino en función de la perfección del hombre. La mujer no es más que una intermediaria: no es un ser en sí, sino en función del otro.

Para *La Violeta*, la educación de la joven no puede ser sino aquella que dirija sus pasos al cumplimiento de su «única misión, que es la de vivir en familia, ya en calidad de esposa, ya en la augusta jerarquía de madre.» [17]

Juan Costa y Ckerner insiste en la misma idea desde las páginas de *Los Ecos del Auseva*:

> Que el estudio, robusteciendo su fe, proporcione a su inteligencia un alimento sano que conforme su espíritu y la haga cada vez más digna del importante papel que está llamada a representar. [16-VIII-1864.]

... Que no es otro que el de esposa y madre amantísima. Ahora bien, Juan Cuesta, consciente de los cambios socioeconómicos que se estaban produciendo, dirige su discurso, especialmente, a la mujer de la clase social ascendente en aquellos años del despegue del capita-

---

[16] «De la mujer», *La Educanda* (28-II-1863). El artículo viene introducido por una cita —«Las mujeres que comprenden bien sus derechos y deberes de madre de familia no tienen motivo para quejarse de su destino»— de Madeleine Sirey, fundadora de *La Mère de famille* (1833), «journal mensuel, moral, religieux, littéraire, d'économie, de législation, et d'hygiène domestique destiné à l'instruction et à l'amelioration des femmes», el primero de su tiempo en consagrarse a la elaboración de una moral de la mujer, uno de los aspectos más vigorosos de la renovación católica del siglo XIX en Francia, que se concretó en subrayar la importancia de la mujer en la sociedad como esposa y madre de familia. [*Vid.* SULLEROT, Evelyne, *op. cit.*, págs. 188-189.]

[17] *La Violeta*, 11-XI-1864.

lismo español, la de los comerciantes y financieros, invitándola a que mejore su educación para convertirse en el asesor inteligente de su marido,

> coadjutor fiel de sus negocios, el consorcio instruido de sus empresas, a la vez depositario escrupuloso de su honra. [*Ibidem.*]

Esta innovación accidental en la sustancial misión femenina, o lo que es lo mismo, este poner al día sus conocimientos, modernizar su educación, tiene como único objetivo edificar el matrimonio —pilar de la sociedad burguesa— sobre sólidas bases, evitando el peligro de la incompatibilidad de los cónyuges por su desigual nivel educativo. Temor que expresa también *La Mariposa*:

> Allí donde la instrucción de la mujer no se halla en justa proporción con la del *marido*, no puede haber [...], ni armonía conyugal [...], ni felicidad social. [«La mujer. Su presente, su pasado y su porvenir», 2-V-1866.]

Esta última revista cuenta con numerosos artículos dedicados a la educación femenina, lo que parece normal siendo como era su directora una maestra. En su opinión, la educación no debe limitarse exclusivamente a las clases sociales privilegiadas, si se quiere mantener la estructura social vigente, sino que debe extenderse a las clases más desposeídas:

> Legisladores, educad, instruid a las mujeres: proporcionarles el pan de la ciencia con arreglo a su estado y condición. Aun a aquellas jóvenes cuya misión en la sociedad y en la familia parece ser la de pasar una vida humilde y sedentaria, o quizá aquejada de insoportables privaciones, rudas tareas y abrumadoras fatigas, [pues] al paso que hallarán infinitos recursos, abundante consuelo en las penalidades de su estado, y un fuerte dique a la desesperación a que suele ser propenso el pobre, vendrán a tierra, minados por su raíz, que es la ignorancia, los pestilentes frutos del fanatismo, las supersticiones, la desmoralización, la corrupción de costumbres, con todo el inmenso séquito de males y calamidades que lamenta la sociedad. [«Educación de la mujer», 16-XII-1866.]

Educar para la resignación, he ahí la novedad que introduce *La Mariposa*: resignarse, las mujeres de todas las clases sociales, a ocupar un puesto secundario en la sociedad y resignarse, además, a vivir en la miseria, las mujeres de las clases trabajadoras (campo abonado para que germinen las ideologías que minan las bases de la estructura social: el fantasma de la revolución recorre la España isabelina).

Una vez sabido cuál es el fin último de la educación femenina, veamos qué temática será la conveniente desarrollar para alcanzar dicho fin.

La educación no ha de ser —y en esto coinciden las cuatro revistas— ni científica ni erudita, sino eminentemente práctica.

La Educanda publica una serie de artículos sobre la enseñanza de la geografía, la historia, la geometría y el dibujo lineal, cuyo objeto es demostrar lo innecesario del conocimiento de estas materias para el cumplimiento de la tarea a la que la mujer está destinada desde la eternidad, es decir, que tales enseñanzas «no se hallan en armonía con el destino de la mujer» [18].

En este mismo periódico, E. P. [19] nos explica que «la ciencia propiamente dicha [...] no conviene hoy a la mujer en las condiciones de la sociedad en que vive y para la que se forma», pero si innecesaria es la ciencia, tanto más la literatura, considerada como un simple pasatiempo, y, de todo punto innecesario, su ejercicio. Agradable pasatiempo y motivo de deleite para el hombre, al que, por supuesto, debe estar destinada. La música, si la practica, ha de ser un motivo más de «adorno», «no debemos aspirar a hacerla profesora». Y advierte a las educadoras: «cultivemos sólo tan preciosas cualidades, no para que con ellas se proporcione el pan que ha de alimentar su cuerpo», que ya sabemos quién debe proporcionárselo. Sólo se la acepta en el mundo de las letras cuando escribe de «todo aquello que conviene a la mujer bajo el aspecto moral y religioso», y cuando esta intervención no es más que un «complemento». Es verdaderamente obsesivo el empeño de este personaje, oculto bajo las iniciales E. y P., por alejar a la mujer de su posible emancipación, ejerciendo las habilidades que adquirió gracias a esa educación que desde las páginas

---

[18] *La Educanda*, año I, pág. 72.

[19] «Ejercicios con que se completa la educación de la mujer», *Idem*, vol. I, página 199.

del periódico se reclama. Es precisamente esta línea de pensamiento la que justifica la actividad literaria de mujeres como Faustina Saéz, Robustiana Armiño y tantas otras que completaron su vida de esposas y madres de familia con la redacción de escritos moralizantes, y todo ello no sin arrostrar grandes contradicciones personales.

Si la educación debe ser eminentemente práctica y acorde con el destino femenino mil veces definido, el trabajo doméstico no cabe duda de que ocupará un lugar esencial en ella. Su aprendizaje tiene una doble finalidad: por una parte, sirve de entrenamiento para el futuro y, por otra, a un fin puramente represivo (el trabajo doméstico «ocupa su espíritu en actos precisos que no le permiten entregarse a pensamientos inciertos o peligrosos») [20].

El miedo a las innovaciones, médula de los grupos conservadores, se concreta aquí en el miedo a que la mujer *piense* y que el ejercicio del pensamiento la lleve a plantearse interrogantes vitales, y, como, según un viejo adagio castellano, quien evita la tentación, evita el peligro, se aconseja a los mayores que procuren, por todos los medios a su alcance, que la joven no permanezca inactiva, porque, según nuestro articulista, «el mayor enemigo de la tranquilidad de una joven es el ocio».

Ahora bien, afirmar que la educación ha de ser así y no de otra forma debe justificarse, y eso es, precisamente, lo que se propone desde las páginas de la misma revista L. [21], quien recurre a los conocidos argumentos de la debilidad de espíritu de la mujer, que le impide «emplearlo en estudios serios y profundos en que podían ellas infatuarse», además de imposibilitarla para gobernar, hacer la guerra o desempeñar el «ministerio de las cosas sagradas». Aunque parezca imposible, no acaba aquí el cúmulo de «debilidades» femeninas, pues la fragilidad de su constitución física la priva de la posibilidad de realizar trabajos mecánicos. ¿Qué le queda entonces?: «[la naturaleza] las ha dotado con cualidades preciosas para emplearlas tranquilamente en el interior de las casas, tales como el arreglo, la economía, el gusto al aseo, etc.».

---

[20] «El trabajo doméstico como parte de la educación femenina», *Idem*, 15-X-1861.

[21] «La educación», *Idem*, 31-VIII-1864.

Pero no siempre es la debilidad de espíritu lo que impide a las mujeres participar en las altas tareas reservadas al hombre; en otras ocasiones es su «demasiado corazón» lo que la incapacita para los cargos públicos, como nos explica Rogelia León desde las páginas de *La Violeta*. Ésta expresa su deseo de que las mujeres accedan a la enseñanza y adquieran tanto saber como los hombres, pero no para competir con ellos. A ellos, precisamente, parece estar destinado su artículo:

> No temáis en instruirlas y hacerlas aplicadas estudiosas, pues sólo emplearán sus conocimientos, penetración y sagacidad en conquistar vuestro afecto, en apasionar vuestro corazón, en amaros mucho. [«La inconsecuencia de la mujer», 4-IV-1865.]

A pesar de ello, algunos, como Juan Cuesta desde las páginas de *Los Ecos*, barruntan ocultos peligros en la educación femenina:

> Es verdad que la instrucción de la mujer tiene sus peligros [...]. Porque la ciencia es el árbol del bien y del mal. [31-VIII-1864.]

Para conjurarlos, el autor aconseja que a la instrucción de la mujer preceda «siempre la educación moral y religiosa», pilar educativo básico, cuyo fin es hacer más llevadero el papel que a las mujeres les ha tocado representar en la vida. Por eso, insiste Robustiana Armiño, la educación debe extenderse a las mujeres de todas las clases sociales, incluso a aquellas que «no saben a dónde van» y que no comprenden los designios de Dios, «que premia los dolores pasajeros con felicidades eternas». La autora se asigna la tarea de integrar a esas mujeres por medio de la educación impartida en las escuelas dominicales y de las asociaciones de beneficencia:

> La mujer que abriendo los ojos a la luz acepta con resignación las penas y dolores que le han cabido en suerte sobre la tierra, es ya un hijo de la gran familia social, uno de los más nobles elementos de la civilización moderna. [*Idem*, 8-II-1865.]

La rebelde, la que se niegue a aceptar resignadamente su miseria, será vituperada desde las páginas de estas revistas. La educación femenina, dado su carácter eminentemente práctico, suscita dudas en torno a dónde es más conveniente que se reciba y quiénes deben ser sus preceptores.

Una lectora, madre de familia, consulta a la redacción de *La Educanda* cómo resolver la duda entre educar a su hija en el propio hogar o hacerlo en un colegio. J. M. de T. responde:

> No encuentro nada que tenga menos relación con la idea real y razonable de una mujer, que la de una joven educada en medio de otras en número de sesenta o más. [15-XI-1861.]

Pero no es el número el único inconveniente que ve la autora, sino el propio contenido de la instrucción que estos centros ofrecen: el dibujo, la música y las labores no absorben todo su pensamiento, que queda libre para cualquier devaneo, por lo que aconseja a la preocupada lectora que no separe de su lado a Elisa, su hija.

Simona Gil Martínez, desde *La Mariposa*, participa también de la idea de que la madre es el preceptor más adecuado para una joven, y el lugar más adecuado para recibirla el propio hogar, pero como esto, por variadas razones, no es posible:

> se hace de todo punto indispensable para las niñas los colegios de educación. [«Educación de la mujer», 2-IV-1867.]

Para otro colaborador de *La Educanda*, el preservar de una posible mancha en la honra a una joven, cuya buena reputación es indispensable para ser considerada en sociedad, sería ya un buen motivo para que la niña se educara bajo la atenta mirada de su madre.

La inclinación por un término u otro de la disyuntiva no es idéntica en las cuatro revistas, ni siquiera coincidente en los diversos artículos que cada una de ellas publica sobre este tema. Se critica la situación de la educación de las niñas; pero, en otros casos, se alaba la figura de la maestra. Así sucede en un artículo de *La Educanda* [22], desde el que se invita a las jóvenes a que elijan esa profesión acorde con su naturaleza y se exige la reforma del sistema educativo, que mantiene la instrucción femenina «en un estado poco lisonjero», lo que conlleva unas consecuencias gravísimas, ya que «el descuido de la educación femenina» está poniendo en peligro «la sacrosanta institución del matrimonio», puesto que los hombres temen casarse con esas jóvenes que han olvidado «el catálogo de sus deberes». La reforma de la

---

[22] «La instrucción pública de la mujer», 1-X-1862.

educación vendría, pues, por el camino de actualizar dichos deberes: «entonces regenerada y ennoblecida sabrá inspirar al hombre respeto y confianza».

Para finalizar este epígrafe, deleitémonos con unas jugosas líneas, fruto de la pluma de D. de L. N.:

> No se pretende una instrucción que lleve a la mujer a afectar sus sentimientos, ridiculizar sus maneras y desencajar su ser del lugar que en el mundo le deparó la Providencia Divina; la mujer [...] que, en una palabra, sólo se propone reemplazar al hombre sin atender a la peculiar grandeza de éste, es a no dudarlo un ente fastidioso y repugnante.
> No tema el hombre a la instrucción de la mujer; rey aquél de la creación, jamás abdicará en ella su cetro, y por otra parte la gloria aislada de la mujer sería para ella misma una gloria vestida de luto. Ser complementario del ser del hombre bástale a la mujer y con ello llegará al colmo de su felicidad. [«Educación de la mujer», *La Mariposa*, 16-II-1867.]

El matrimonio

Coinciden en destacar estas revistas el carácter indisoluble del vínculo matrimonial y, por tanto, todas ellas sostienen una postura beligerante contra el divorcio:

> El Cristianismo no se contentó con liberar a la mujer del triste cautiverio a que siempre había vivido sometida; hizo más, condenó el *divorcio* y proclamó el principio de indisolubilidad del matrimonio afianzando por este medio, no sólo su porvenir, sino el de la familia. [«La mujer», *Idem*, 16-VIII-1867.]

El porvenir de la mujer es el matrimonio, y el divorcio es algo inaceptable. Lo más curioso es que este párrafo está entresacado de un artículo en el que se reclama la «igualdad doméstica, civil y política, ¡Que Dios nos conceda pronto tan suspirados derechos!». El tema de los derechos «tan suspirados» ya había sido tratado en el segundo número de *La Mariposa*, precisamente en un artículo de título idéntico y que se expresabas en términos semejantes:

> Cuando el hombre-Dios enseñó estos celestiales principios echó evidentemente los cimientos de la igualdad social, puesto que la igual-

dad religiosa proclamada en su *divina doctrina* implica la igualdad doméstica, civil y política [23].

Ahora bien, la defensa más acérrima del matrimonio y la más violenta oposición al divorcio se deben a la pluma de Leandro A. Herrero [24]:

> Para que el poder de la mujer despliegue sus magnificencias soberanas en el hogar doméstico necesita una garantía eterna que se oponga constantemente a su destrucción: tal es el matrimonio.

En el incierto mundo de los negocios del siglo XIX, el matrimonio se define como un contrato ¡con garantía eterna! y, por si fuera poco, «el matrimonio no es ni más ni menos que la fórmula de la redención de la mujer y la garantía más eficaz de sus derechos legítimos e innegables». ¿Qué más se puede pedir? Por tanto, lo que se opone a este contrato de garantía eterna, es decir, la ley del «repudio», no es más que «la sanción de la liviandad pública», «germen total del desenfreno desvergonzado». El duelo a muerte de nuestro autor con el divorcio se prolonga a lo largo de todo el artículo:

> La libertad del corazón [...] es una monstruosidad repugnante, destinada a proteger el vuelo impuro del amor ilícito [...]. Así el repudio no puede legalizarse con esa decantada libertad de corazón [que] ha sido siempre motor de las anarquías sociales.

Así, pues, el divorcio es otro de los elementos que anticipan el caos. El paralelismo no es gratuito, si se tiene en cuenta que estos hombres y mujeres piensan, no sin razón, que la familia monogámica y patriarcal es la base de la sociedad burguesa. Cuando se pone en tela de juicio la estructura jerárquica y autoritaria de la familia, así como su carácter eterno e inmutable, se está cuestionando todo el sistema social, basado en los mismos valores de jerarquía y autoridad.

---

[23] *Idem*, 16-V-1867. Este artículo, como el anteriormente anotado, forma parte de una corta serie que, bajo el título «La mujer», reúne las únicas notas discordantes del concierto monocorde de las cuatro revistas que venimos analizando. En ellos se incluyen temas que no volverán a ser tratados por ninguna de ellas, como, por ejemplo, el trabajo femenino.

[24] «Estudios morales y políticos: el matrimonio», *La Violeta*, 4-IV-1865.

Por ello nuestro autor pone punto final a su artículo con las siguientes palabras:

> sin el matrimonio indisoluble no se puede realizar nada fecundo, ni la elevación de la mujer, ni la ventura del hombre, ni la organización de la familia.

La convicción de que la familia-tipo, es decir, la familia burguesa es absolutamente necesaria para la estabilidad y el progreso social queda plasmada también en el artículo «La civilización de las aldeas por medio de las mujeres», que publica *La Mariposa* (2-VI-1867). El anónimo autor se lamenta de la miseria en la que viven las mujeres de las comarcas españolas, sometidas a trabajos «propios de hombres». El desempeño de esas labores produce su degradación progresiva y su embrutecimiento, mientras «desconocen o desprecian los que son propios de las mujeres, ésos que dulcifican a todos los demás», es decir, las labores del hogar. Para paliar esa situación, la solución sugerida por *La Mariposa* es bien sencilla:

> Si la mujer abandonase los trabajos duros de la tierra a los hombres, y se limitara a los que son propios suyos en el interior de la casa, ¡qué diferencia se notaría!, ¡cómo prepararía con graciosa previsión las cosas para la hora del regreso del marido!

De forma tan simple trata la ingenua —o el ingenuo— articulista de adaptar las estructuras familiares y de trabajo de las familias campesinas a las estructuras de la familia de la burguesía urbana, ¡y todo por vía de la instrucción primaria de las niñas y jóvenes aldeanas!

Otro aspecto del matrimonio que hace correr ríos de tinta en sendas revistas es el tema de a quién corresponde la autoridad familiar y por qué. En todos los casos la respuesta se apoya en la palabra divina:

> Dios añadió: Hagámosle una compañera para que le ayude. Esto es, que conservando y marcando enérgicamente la primacía del hombre y su natural superioridad, le declaraba también que esta supremacía no es tan fuerte y tan elevada que no necesite apoyo, compasión y auxilio en la tierra[25].

---

[25] «Los designios con que Dios creó a la mujer deben ser realizados por la educación», *La Educanda*, año I, pág. 17.

Queda bien claro, pues, que el hombre goza de primacía natural sobre la mujer y que, por deducción, a él solo corresponde la autoridad de la familia, cual secreción de esa supremacía original.

En otro artículo [26], el mismo autor compara la autoridad del hombre-padre con la de Dios:

> El padre de familia ha sido en todos los tiempos el respetable símbolo de la autoridad primitiva y suprema [...], la más semejante a la autoridad de Dios.

Pues bien, esa autoridad sancionada por los siglos (y el principio de autoridad mismo) empieza a contestarse, se lamenta el autor, y esta «insubordinación» se contagia y se extiende a toda la estructura social: «todo el mundo quiere mandar y nadie obedecer».

Desde las páginas de la misma revista, L. R. y P. [27] coincide en su lamento por el desprestigio del principio de autoridad, que llega a afectar a las inocentes almas de las mujeres, quienes empiezan «a abrigar la tan perniciosa como vulgar preocupación de que la patria potestad es una odiosa tiranía», y de que la única forma de escapar de ella es contrayendo matrimonio. Y es que las jóvenes que no han sido convenientemente educadas piensan que el día del matrimonio es el soñado día de su emancipación y libertad: craso error, es el día «de la más completa negación de sí propia». Pues la mujer no sólo ha de depender del marido y sujetarse a unas normas establecidas por su autoridad, sino que, además, tiene que aceptar la anulación de su propia voluntad en favor del otro, de ese ser semejante nada menos que a un dios.

El mismo redactor, emboscado en las conocidas iniciales, se propone en otro artículo [28] definir el concepto de autoridad dentro de la familia. Según él, existen dos bloques jerárquicamente bien diferenciados en la familia: el de los padres, en el que descansa la autoridad doméstica, y el de los hijos, destinatarios de esa autoridad. Ahora bien, dentro del primer bloque jerárquico, «menester es que haya una voz preponderante que decida», voz que, no es difícil adivinar, correspon-

---

[26] «La autoridad paterna», *Idem*, año I, pág. 209.

[27] «Misión de la mujer en la familia», *Idem*, 5-XI-1861.

[28] «La autoridad del marido», *Idem*, 1-IV-1861.

de al padre, pues «la razón viril» reúne las cualidades necesarias para el ejercicio de la autoridad:

> El hombre tiene en la inteligencia más extensión, más continuidad, más imparcialidad que la mujer, y estas tres cualidades son las que convienen para el ejercicio de la autoridad.

Naturalmente.

El artículo continúa con apreciaciones ofensivas sobre las mujeres:

> La mujer razona poco; su razón es toda de sentimientos [...], hay pocas mujeres aun entre las más inteligentes que sean capaces de seguir un razonamiento abstracto durante un cuarto de hora [...]. El hombre es más apto para los grandes estudios, y, aunque no sepa mucho, *sabe más que la mujer en igualdad de condiciones* [subrayado mío].

La soberbia irracional del autor queda de manifiesto en el argumento subrayado. Para evitar el escándalo de alguna susceptible lectora, pasa a explicar lo natural de su razonamiento: las mujeres no envidian a los hombres la igualdad política, la igualdad civil es asunto de abogados y no de profanos como las lectoras y el propio escritor, y la igualdad con respecto a la autoridad ya ha sido suficientemente rebatida. Bien, ¿y entonces dónde queda ese principio de igualdad, reconocido por el cristianismo y tantas veces mencionado por el articulista?... Pues, sencillamente, en la igualdad moral, ya que la mujer está subordinada «en el orden del derecho, sin dejar de ser igual en el orden moral».

Y, con las siguientes consideraciones sobre el comportamiento de la mujer en el matrimonio, cerramos el epígrafe:

> La esposa debe conservar cuidadosamente el más delicado pudor [...]. Ninguna palabra atrevida debe salir de su boca [...], [ha de] ser sumisa, si es necesario, puesto que las leyes divinas y humanas le dicen: «Mujer, obedece a tu marido» [...]. Dios ha dado la mujer al hombre para constituir una familia y hacerle feliz, y ella debe aceptar este destino con la mejor voluntad.

Y resignación.

La mujer y el trabajo

La Educanda es la primera en publicar, en diciembre de 1861, unas «Consideraciones generales sobre la aptitud de la mujer para algunas profesiones». En el artículo se alaban sus cualidades para ejercer algunas profesiones, siempre que éstas no estén relacionadas con la vida pública, conlleven alguna autoridad ni entren en contradicción con sus características físicas e intelectuales. Es tal el cúmulo de limitaciones que, al finalizar su lectura, se llega a la conclusión de que las únicas profesiones que la sociedad les reserva son aquellas que «serían ridículas en el hombre, o no darían los resultados apetecibles». Entre otros trabajos que la revista considera oportunos para ser desempeñados por mujeres están dirigir y trabajar en talleres de ciertas industrias, y desempeñar el papel de maestra de primera infancia. Este último no tanto porque posea grandes cualidades pedagógicas, sino porque tal «oficio generaliza, por así decirlo, sus oficios de madre, y los ejerce directamente sobre la sociedad».

Por el contrario, *La Mariposa* se pronuncia de forma rotunda a favor del trabajo femenino, reivindicando el derecho de la mujer a acceder a todas las profesiones ostentadas por los hombres:

> Si exceptuamos el ejercicio de la guerra y algunos otros mecánicos, cuyo desempeño exige ciertas condiciones de fuerza física, todos los demás son tanto de la competencia de la *mujer* como de la del hombre, y aun en algunos casos es aquélla más a propósito que éste. [«La mujer», 2-II-1866.]

En el mismo artículo se comenta que existe en Madrid una imprenta dirigida por una mujer, Javiera Morales Barona, y cuya plantilla estaba compuesta exclusivamente por mujeres [29]. El entusiasmo que el hecho provoca en la articulista se manifiesta en las siguientes líneas:

---

[29] Se refiere a la Academia tipográfica. Dicha academia se sostenía gracias a las acciones —reintegrables en obras literarias u otros trabajos tipográficos— que suscribían sus más de 500 «protectores», de entre ellos unas 100 «señoras y señoritas» (Ángela Grassi, entre estas últimas) y por las suscripciones a la revista que componían las alumnas, el *Álbum de las Familias* (XI-1865/XII-1866), dirigida por Eleuterio Llofriu y Sagrera. Este *Álbum*, como la mayoría de la prensa destinada «a las familias», tenía en las mujeres sus lectoras más habituales; de ahí que se asemeje en su fisonomía y temática a las revistas estrictamente femeninas.

¡Gloria y honor a estas nobles hijas del pueblo, que venciendo graves dificultades, sobreponiéndose a la rutina, luchando contra necias preocupaciones, revolviéndose contra necios e inveterados y perjudiciales usos, colocándose a la altura de su ser y proclamándose iguales al hombre, que la tenía bajo la ridícula y abominable educación, han sabido realizar tan magnífico pensamiento!

Ahora bien, aunque la redacción se manifiesta de forma tan categórica a favor del derecho de la mujer a ocupar cualquier puesto de trabajo, nunca llega a resolver la contradicción entre el modelo de mujer tradicional: esposa-madre-de-familia; y ese otro de mujer «nueva» que trabaja fuera del hogar. De la lectura detenida de los diversos escritos publicados sobre este tema en la revista, parece desprenderse que el trabajo fuera del ámbito doméstico se reserva a las jóvenes —antes de contraer matrimonio—, a las viudas o a aquellas que jamás tendrán la oportunidad de gozar del destino esencial de la mujer, las solteras. Pues, la mujer casada cuya «casa es su mundo», sus hijos «su universo», y que vive apartada «del estrépito humano, extraña a los aplausos que exaltan a la mujer y la apartan de los deberes domésticos» [30], no parece encajar con esa otra mujer activa, alabada en la misma revista.

Otro artículo, pero éste debido a una pluma masculina, desarrolla el mismo tema: «Indicar la necesidad que existe en nuestra patria de dar trabajo a la mujer: es hoy nuestro objetivo» [31]. En él, el trabajo se considera emancipador y un dique a la corrupción de las costumbres, sobre todo el trabajo intelectual. El ejercicio de este último podría satisfacer las necesidades vitales de la mujer, por lo que deberían crearse escuelas de niñas, Normales de maestras, etc. Se lamenta el autor de que en nuestro país las mujeres no puedan alcanzar el grado de bachilleres como sucede ya en otras naciones occidentales:

¿Por qué no ha de abrir [España] las puertas del templo de las ciencias a la mujer como se las han abierto ya París, Lyon y Burdeos? [32]

[30] «La madre de familia», *La Mariposa*, 18-IV-1864.

[31] «Educación y trabajo para las mujeres», *Idem*, 16.06.1867.

[32] No comparte esta opinión Jeronimo Morán, quien, desde las páginas del primer número de *La Guirnalda* (1-I-1867), pone en guardia a las «lindas y laboriosas»

No participa de esta opinión doña Faustina Sáez [33], quien sigue manteniendo desde las páginas de su revista que a la mujer que no se conforme con vivir exclusivamente dedicada al hogar sólo le es lícito llenar su tiempo de ocio dedicándose a la literatura, nunca como profesión, sino como algo supeditado a su verdadera misión, pues no debe olvidar que «antes que literata es mujer y debe cumplir sus deberes de tal»; obligado es desengañarse, por otra parte, del absurdo empeño de hacer de la literatura una carrera, pues «es una ilusión, un sueño el querer hacer de la literatura una profesión [ya que] los españoles no tienen genio para consentir que sus mujeres pasen el día en el bufete y desatiendan sus obligaciones de casa».

El artículo que vengo comentando es un apunte biográfico laudatorio de una poetisa, Rogelia León, a la que Faustina presenta como modelo de mujer completa: dedicada a la literatura, cumple con ejemplaridad sus deberes de hija, «esposa modelo y madre amantísima». Ejemplo que deberían seguir aquellas que se dedican a la tarea de escribir, pues, de ese modo, se evitarían los comentarios masculinos contrarios a las literatas, basados en la actitud «poco previsora» de algunas que «se han lanzado en los brazos del azar, haciendo de la literatura una profesión y abandonando el recogimiento de la dama bien nacida por acudir a los centros donde los hombres tienen acaloradas discusiones». Tal acusación bien podría tener por destinataria a la escritora española más polémica de aquellos años, Gertrudis Gómez de Avellaneda, quien, efectivamente, abandonó el modelo preestablecido de escritora moderada (en la doble acepción del término) y escandalizó a los mojigatos, hombres y mujeres, con su audacia de querer penetrar en uno de los santuarios masculinos, la Real Aca-

---

jóvenes a las que se dirige sobre la perniciosa idea de la emancipación femenina: «No hace muchos días que daban los diarios la noticia de la elección de una *ciudadana* para diputado del Parlamento de uno de los Estados de América [*sic*], y aquí en Europa, donde la extravagancia sube menos de tono, ¿no hemos visto también que se ha dado a otra *ciudadana*, francesa por más señas, la investidura de *bachillera*? Como singularidad pase, así cual se presenta como fenómeno en los anales del género humano alguna que otra mujer que ha salido de su órbita para resplandecer con fulgores que le son extraños.»

[33] «La literatura en la mujer», *La Violeta*, 3-IX-1865.

demia de la Lengua, disputando a los hombres uno de los preciados sillones.

La mujer emancipada

Es bien poco, lógicamente, lo que se escribe sobre este tema, y, cuando se hace, es para concluir que la emancipación femenina tal y como, peyorativamente, la entienden es una más de las múltiples «locuras del siglo». Ejemplo de esta opinión es el artículo debido a la ultraconservadora pluma de la directora de *Los Ecos del Auseva*, que da título al epígrafe. En él, Robustiana reflexiona sobre cuál es la verdadera emancipación, porque, afirma la autora, hay una gran confusión en torno al término. Refiere que los hombres consideran que la emancipación de la mujer consiste en abandonar los deberes que le son propios, prescindir de las virtudes femeninas más apreciadas, ser atea, libertina..., y se pregunta quién tiene, en realidad, la culpa de que esa opinión esté tan extendida:

> ¿No es la mujer misma la que con sus propias excentricidades ha dado pábulo a que se la insulte y escarnezca? ¿No es ella la que ha querido medir brazo a brazo y conquistarse derechos que las más de las veces pueden hacer valer sin caer en la extravagancia y el ridículo? [...] sucede con frecuencia que las mujeres que más alto hablan de emancipación, no la conciben sino en la mujer *Bloomer*, en la mujer que bebe y fuma, que gasta pantalón y revólver, y que siempre que habla del hombre lo designa con el nombre de *tirano*. [18-IV-1865.]

Ésas son las verdaderas culpables de que otras mujeres, como la misma Robustiana, se vean en la desagradable circunstancia de oír palabras poco gratas en boca de sus reverenciados varones, como, por ejemplo, les sucedió a las redactoras de *Ellas*, acusadas, ¡qué ceguera!, de *bloomerismo*.

Pero no, ésa no es la verdadera emancipación. La emancipación «no debe cifrarse más que en el trabajo», pero... qué trabajo: la mujer emancipada «ayuda a sus padres [...], comparte con el marido el peso de los negocios, la educación de los hijos y las pesadumbres que traen consigo las vicisitudes de la vida». He ahí el «programa» de emancipación femenina propuesto por Robustiana que quiere creer, y hacer creer a las demás mujeres, que su papel en la sociedad ha cambiado sustancialmente. Cierto que la misma Robustiana es una mujer más activa y con más presencia en la vida social que sus antepasadas, pero el marco en el que desarrolla su actividad —y al que condena al resto de las mujeres de su clase— no es otro que el secular reducto doméstico.

La Mariposa, a pocos meses de distancia de una de las conmociones políticas y sociales más importantes del siglo, habla en los siguientes términos de la emancipación femenina:

> No se crea que nosotros predicamos la emancipación absoluta de la mujer hasta el punto de olvidar los lazos que la sujetan a la familia, y el sagrado deber que tiene de influir con su ejemplo de humanidad, de amor y ternura [...]. Nosotros lo que deseamos es su *emancipación intelectual*. [16-IV-1867.]

La utilización de este término puede llevar a engaño, pues ese deseo de emancipación, en realidad, se concreta en un tipo de trabajo intelectual vinculado con los aspectos considerados esenciales al propio sexo, o lo que viene a ser igual, fomentar desde las páginas de esta revista, dirigida por una maestra, la vocación por el magisterio, entendido como una mera «continuación de las funciones de madre de familia»[34].

No obstante, y como ya apuntamos en la introducción de este capítulo, *La Mariposa* dedica una serie de artículos a reivindicar la igualdad de derechos de la mujer y su capacidad para desarrollar actividades fuera del ámbito doméstico:

> No es posible que la mujer siga uncida al carro de la esclavitud, ni que su misión aun viviendo enteramente libre se reduzca a hilar, coser, zurcir, limpiar la casa, etc[35].

Y se reclama que la mujer

> no esté relegada exclusivamente al hogar, que la concedan todos sus legítimos derechos, que además de *mujer* sea también *ciudadana*[36].

---

[34] HERRERO, Leandro Ángel, «Importancia de la misión de las maestras de primera enseñanza y necesidad de su formación especial», *La Violeta*, 21-IX-1864.

[35] «La mujer, su presente, su pasado y su porvenir», 2-V-1866.

[36] *Ibidem.*

Es también *La Mariposa* la única que, de forma accidental, se refiere a la prostitución. En «La modista» [37], el tema se desarrolla a manera de cuadro de costumbres, cuya protagonista es una figura arquetípica que resume las características de todo un grupo social. A la modista se le buscan unos orígenes modestos: su padre suele ser albañil, carpintero, obrero o empleado; y su madre, una pobre mujer que, haciendo faenas domésticas en otros hogares, aporta al suyo una pequeña ayuda económica, y cuyo objetivo en la vida es que «la niña se eduque y, si es posible, posea una dote cuando se case». Pero la espada de Damocles del paro pende sobre esta familia de pobres y honrados trabajadores, y la hija se ve obligada a ser modista. La joven, casi una niña, sufre de diez a doce horas de trabajo agotador que, únicamente después de varios años de oficio, le permitirá ganar de cuatro a seis reales al día. Situación que, a no dudar, ofrece un buen caldo de cultivo para que la prostitución arraigue en esas pobres y desvalidas obreras.

Hasta aquí la génesis de la futura «enfermedad» se ciñe bastante a la realidad, pero cuando la ¿autora? pasa a enumerar las causas de ese mal comete el mismo error que muchas otras cometieron antes: la causa primera y principal es la falta de instrucción religiosa y moral, y sólo después serán considerados el hambre, la falta de trabajo, etc. Pero en donde la falta de realismo y el conservadurismo que anima la revista se hacen más patentes es en el momento de ofrecer soluciones:

> ¿Qué se debe a la obrera? ¿Qué necesita la modista? Mucha caridad, enseñanza, amor fraternal, compasión, cariño y justicia.

El lugar que ocupa la justicia en esta relación de soluciones es suficientemente significativo como para hacer algún comentario.

Otros temas

La variedad de contenidos es más bien escasa, pero, de vez en cuando, aparece algún artículo que nos confirma en nuestra opinión sobre la ideología que, subterránea, aflora cuando menos se espera.

---

[37] 2-XI-1867.

El carácter de revistas creadas por y para las clases medias urbanas se manifiesta en la crítica de aquellos padres que tratan de imitar a la aristocracia en lo relativo a la educación de los hijos:

> Quédese el lujo, el placer y esa educación que con tanta ansia como regocijo acoge la clase media para la gente de la aristocracia, para esa clase que, protegida por la fortuna, pasa la vida sin haber gozado un solo día de la felicidad que proporciona el trabajo. [«Errores», *La Mariposa*, 16-IX-1867.]

Carácter que queda reforzado en otro artículo en el que por enésima vez se critica la costumbre, que parece no estar dispuesta a abandonar la escena histórica, de criar con nodrizas a los hijos:

> ¡Qué abuso tan irritante y escandaloso, pervertir la nobleza natural del hombre que acaba de nacer, corromper su cuerpo y su alma, que los mejores auspicios empezaban a formar, dándole un alimento degenerado y bastardo! [...] ¿Cómo se tolera que los hijos se infesten con una sangre impura, y que su cuerpo y su alma reciban la vida que anima a un cuerpo y un alma corrompidos? [«Sobre la costumbre de criar a los hijos con nodrizas», 16-X-1867.]

Los argumentos en contra no han variado, ni ha mejorado un ápice la estima social de las nodrizas.

La doble moral sexual tampoco ha experimentado cambio alguno: sigue presente en las relaciones sociales y pesa incluso en la decisión de que las jóvenes se instruyan fuera de la atenta mirada de sus madres:

> La sociedad tolera al hombre mucho mal y algún bien: con tal de que haya en él lo esencial, fácilmente satisface [...]. En una joven, no sólo el mal, sino la apariencia del mal, ofenden a la reputación de toda la vida: no les es permitido pasar por faltas para llegar a la prudencia. [«Para la madre la educación de las hijas es obra más difícil que la de los hijos», *La Educanda*, 15-III-1862.]

Y esa misma moral es la que obliga a las jóvenes a desarrollar una serie de «virtudes» que la conviertan en una mercancía grata y segura de colocar en el mercado matrimonial. La inocencia —ignorancia o estupidez diríamos hoy— es una de las más apreciadas. La joven inocente se define como aquella que sabiendo poco de lo que debe ignorar, no desea saber más y espera contenta y apacible que la vida y el corazón le revelen insensiblemente sus secretos. [«La virtud más peculiar de las jóvenes», *Idem*, 1-VII-1862.]

GERTRUDIS GÓMEZ DE AVELLANEDA: ACERCA DE LA MUJER

Me propongo terminar este análisis de la prensa femenina insuflando de aire fresco sus últimas páginas. Se trata de unos artículos publicados por la Avellaneda en el *Álbum cubano de lo Bello y lo Bueno*, periódico que dirigió en La Habana durante su última estancia en la isla (1860-64) [35]. Ya apunté en otro lugar que dicho periódico no se halla en ninguno de los depósitos de fuentes consultados, pero sí he podido deleitarme con su lectura gracias a la recopilación que de ellos se hace en la edición de 1871 de sus obras completas.

Gertrudis Gómez de Avellaneda, con pluma ágil e irónica, va recorriendo todas las facetas de la actividad humana en las que la mujer muy bien puede participar, a pesar de las múltiples dificultades e incluso prohibiciones que la sociedad le impone [36].

---

[35] A su regreso a la isla de Cuba, la Avellaneda funda en La Habana, en 1860, una «revista quincenal de moral, literatura, bellas artes y modas». Dedicada al bello sexo», titulada *Álbum Cubano de lo Bueno y lo Bello* (FIGUEROLA Y CANEDA, Domingo, *Gertrudis Gómez de Avellaneda. Biografía, bibliografía e iconografía...*). A dicho «Álbum» se refiere también José Augusto Escoto en su *Gertrudis Gómez de Avellaneda, cartas inéditas y documentos relativos a su vida en Cuba de 1859 a 1864*, págs. 252-253, proporcionándonos la lista de colaboradores con que contó el periódico. Ángel Mestre en unos *Camafeos*, publicados en La Habana, en 1865 (*vid.* BRAVO VILLASANTE, C., *Una vida romántica: la Avellaneda*, págs. 215-217) también menciona dicho periódico.

[36] Artículos dedicados por su autora «al bello sexo», cuyos títulos son los siguientes: «*La mujer* considerada respecto al sentimiento y a la importancia que él le ha asignado en los anales de la religión»; «*La mujer* considerada respecto a las grandes cualidades de carácter de que se derivan el valor y el patriotismo»; «*La mujer* considerada respecto a su capacidad para el gobierno de los pueblos y la administración de los intereses públicos»; «*La mujer* considerada particularmente en su capacidad científica, artística y literaria».

Me detendré en el artículo en el que se considera a la mujer «particularmente en su capacidad científica, artística y literaria». En cuanto a la capacidad científica, la Avellaneda reconoce que «sería absurdo pretender hallar gran número de celebridades en esa mitad de la especie racional para la que están cerradas todas las puertas de los graves institutos, reputándose hasta ridícula la aspiración de su alma a los estudios profundos. La capacidad de la mujer para la ciencia no es admitida a prueba por los que deciden soberanamente su negación». Y, no obstante, Gertrudis dispone de una lista de celebridades científicas femeninas. Pero donde su artículo adquiere mayor virulencia y amarga ironía es en las líneas que dedica a la mujer que ha penetrado en el ámbito de la literatura, no sin arrostrar graves dificultades y soportar que el «exclusivismo varonil» considere a la literata como una «intrusa y usurpadora, tratándola, en consecuencia, con ojeriza y desconfianza, que se echa de ver en el alejamiento en que se las mantiene de las academias *barbudas*» [37]. Con mordaz ironía, prosigue perorando sobre las academias, «corporaciones de gente de letras cuyo primero y más importante título es el de tener *barbas*», y:

> Como desgraciadamente la mayor potencia intelectual no alcanza a hacer brotar de la parte inferior del rostro humano esa exuberancia animal que requiere el filo de la navaja, ella ha venido a ser la única e insuperable distinción de los literatos varones, quienes —viéndose despojados día a día de otras prerrogativas que reputaban exclusivamente suyas— se aferran a aquélla con todas sus fuerzas de *sexo*

[37] No olvida la Avellaneda su frustración por no haber podido acceder a uno de los sillones de la Real Academia de la Lengua , a pesar del esfuerzo para convencer a los miembros de la Academia de que inclinasen el voto a su favor. En una carta enviada a un poderoso e influyente amigo (*vid*. BRAVO VILLASANTE, C., *op. cit.*, pág. 176), en la que ruega que ninguno de sus amigos falte a la reunión en que se decidirá la suerte de la vacante, dice:
«No podrá menos de desear que alcance alguna honrosa distinción la pobre mujer poeta, que se ve privada por su sexo de aspirar a ninguna de las gracias que están alcanzando del Gobierno sus compañeros literarios, no cediendo a ninguno en laboriosidad y en amor a las letras, y que hallará justo y debido y honroso para la Academia el compensarme en cierto modo, mostrando que no es en España un anatema ser mujer de alguna instrucción; que el sexo no priva del justo galardón al legítimo merecimiento».

fuerte, haciéndola prudentísimamente el *sine qua non* de las académicas glorias.

Continúa el artículo con una alusión a George Sand [38], cuyo

> nombre varonil figuraría entre los más notables de la Academia francesa, pero, ¡oh dolor!, se supo demasiado pronto que eran postizas las *barbas* de aquel gran talento verdadero, y he aquí que la falta de apéndice precioso jamás podrá ser subsanada por toda la gloria del Byron francés.

Más adelante, anuncia la publicación en Francia de dos libros escritos por sendas mujeres y comenta:

> Las mujeres parecen decididas, por fin, a tomar en sus manos sus propios intereses, y preciso es confesar que —aparte de la fuerza que puedan tener los argumentos contenidos en los dos libros mencionados— ellos por sí mismos son dos argumentos irrefutables en favor de la igualdad intelectual de ambos sexos.

Y concluye el artículo, y con él la serie dedicada a la mujer, con las siguientes palabras:

> En las naciones en que es honrada la mujer, en que su influencia domina en la sociedad, allí seguro que hallaréis civilización, progreso, vida pública.
> En las naciones en que la mujer está envilecida, no vive nada que sea grande; la servidumbre, la barbarie, la ruina moral es el destino inevitable a que se hallan condenadas.

No me resisto, para finalizar, a transcribir las palabras con las que que Zorrilla, su declarado admirador, en *Recuerdos del tiempo viejo*,

---

[38] La Avellaneda sentía una enorme admiración por George Sand, con quien fue comparada en muchas ocasiones, hecho que causaba un profundo pesar a Fernán Caballero quien, en una carta a su amigo Latour, después de confesarle que, a pesar de sus caracteres diametralmente opuestos, eran buenas amigas, comentaba: «ya sabía que George Sand había vuelto a ser el espíritu fuerte que era escribiendo una novela contra el santo sacramento de la penitencia... Dios quiera que su ejemplo no influya en Gertrudis Avellaneda, porque George Sand es su fetiche» (en BRAVO VILLASANTE, C., *op. cit.*, págs. 225-226).

después de cuarenta años, rememora la presentación de la poetisa al
Parnaso Poético:

> Nada había de áspero, de anguloso, de masculino, en fin, en aquel
> cuerpo de mujer, y de mujer atractiva: ni la coloración subida de la
> piel, ni espesura excesiva en las cejas, ni bozo que sombreara su
> fresca boca; pero lo era sin duda por un error de la naturaleza, que
> había metido por distracción una alma de hombre en aquella envol-
> tura de carne femenina. [42]

---

[42] *Vid*. BRAVO VILLASANTE, C., *op. cit.*, pág. 67.

CONCLUSIONES

El análisis de los periódicos, opúsculos, epistolarios... escritos por las mujeres y los hombres artífices de la prensa femenina me ratifica en la idea aventurada en la «Presentación» de que, para llegar a conocer la condición social de la mujer en el siglo XIX, es necesario recurrir a otras y muy variadas fuentes documentales, razón por la cual las conclusiones a las que he llegado deben entenderse restringidas al seguimiento del conflicto que en la sociedad del ochocientos se producía entre el modelo de mujer propagado y difundido por los estratos dominantes de la sociedad, y el grado de aceptación o repulsa que dicho modelo generaba entre las mujeres a quienes pretendía aplicarse.

La educación de la mujer

Una primera conclusión es que los elementos más activos de la sociedad del ochocientos manifiestan un deseo de cambio en la consideración social de la mujer, del que se hacen portavoces las redactoras de la prensa femenina. Pero este deseado cambio implica, necesariamente, una mejora sustancial de la educación femenina. Por dos razones. Por una parte, se difunde cada vez más la creencia de que en la primera infancia se configura el carácter del futuro hombre y de la futura mujer; y por otra, se constata que la mujer —madre, abuela, aya, hermana mayor—, analfabeta en el noventa por cien de los casos, era la que orientaba los pasos en esa etapa crucial del ser humano. De forma que, mientras se iba abriendo paso el convencimiento de la necesidad de una sólida base educativa en los primeros años de la vida, se constataba la falta de preparación de quienes la llevaban a cabo.

Esta contradictoria situación impulsa a los ideólogos de la época a plantear, partiendo del supuesto de la igualdad moral de ambos sexos, el derecho de la mujer a acceder a una educación de calidad, que le permita cumplir con la tarea asignada por la sociedad. Educación claramente diferenciada de la que debía recibir el varón: proyectado éste al dominio de la esfera del mundo, gracias a su mayor inteligencia y fortaleza, tanto física como espiritual; restringida aquélla al ámbito del hogar, para cuyas tareas está especialmente capacitada, gracias a sus peculiares dotes de sensibilidad, abnegación, sentido del sacrificio y, también, por qué no decirlo, a esa inteligencia práctica que, si bien no es apta para acometer funciones de responsabilidad, autoridad y decisión, sí encuentra un campo idóneo de desarrollo en las funciones domésticas, donde la responsabilidad, la autoridad y la toma de decisiones —que también existen— se ejercen en un tono menor, más apropiado a la falta de carácter de la mujer, cuyos frágiles hombros no podrían soportar la responsabilidad, por ejemplo, de declarar la guerra o decretar la paz, decisiones que afectan a la suerte de miles de personas; y todo ello atendiendo al interés general y no a los mudables caprichos de la vanidad —femenina, por supuesto—. Con arreglo a tales supuestos, su educación tendría que:

> Basarse en la propia naturaleza de la mujer, entendiendo que naturaleza, para ellos, no es sino biología, es decir, estructura genética. A la mujer no se la considera individuo sino elemento de la especie.
>
> Tener presentes cuáles son los deberes de la mujer, derivados de su propia naturaleza, definida como mera biología.
>
> No escapar del marco para el que fue creada la mujer, intermediaria entre la naturaleza y la cultura. Por consiguiente, nada de estudios superiores, sólo meros instrumentos prácticos que impidan que se desvíe de los deberes emanados de esa peculiar biología.

En conclusión, una educación moralista y utilitaria, en la que la especulación científica, la investigación y la creatividad no encuentran lugar. La imaginación, la fantasía y todos aquellos elementos que pudieran desestabilizar el modelo educativo son eliminados, bien con prohibiciones expresas, bien con la obligación de realizar tareas domésticas o labores manuales que ocupen sus pensamientos y las ejerciten para desempeñar su destino futuro. A lo que hay que añadir una auténtica intoxicación de lecturas instructivas y moralistas, tremendamente aburridas, por lo demás.

Del amor y el matrimonio

La segunda conclusión se refiere a la relación, a través del amor, de los dos mundos bien diferenciados de lo masculino y lo femenino. El amor entre hombre y mujer, y muy a pesar de las heroínas románticas ignorantes del deber de la especie, sólo es posible y está legitimado en el matrimonio, que se define como la unión destinada a la procreación, es decir, a la continuidad de la especie, y descargada de todo contenido erótico.

Ahora bien, esta unión que, según sus defensores, hunde sus raíces en una naturaleza atemporal que parece perderse en la noche de los tiempos, en la realidad cotidiana del ochocientos se encontraba claramente desprestigiada. Se había convertido en uno de tantos negocios del siglo cotizables en bolsa. La virginidad, el valor más apreciado en una mujer, no era más que la garantía y la confirmación de que el esposo había hecho un buen negocio. Para la mujer preservarse virgen hasta el matrimonio era el mejor seguro para conseguir un buen partido y la consideración de la sociedad que, descaradamente, mantiene una doble moral sexual, cerrando los ojos ante las experiencias sexuales del hombre antes y después del matrimonio, siempre que evite el escándalo.

De nuevo una situación contradictoria llevará a los defensores del matrimonio a replanteárselo y redefinirlo, basándose en los principios considerados connaturales al mismo y adaptándolos al siglo. Uno de los pilares en los que fundamentar la reforma será considerar que la unión ha de basarse en el amor y no en el interés. No por ello dejará de considerarse el amor como un sentimiento descargado de contenido erótico y sexual, ni dejará de exigirse que la mujer llegue virgen al matrimonio. Tampoco se cuestionará la doble moral sexual ni se entrará en el escabroso tema de la prostitución, socialmente admitida como un mal necesario, precisamente, para que puedan existir mujeres «honradas». Otro pilar del matrimonio «reformado» será la comprensión entre los esposos. Ambos habrán de tener muy claro su destino individual dentro de esta unión. Ella limitará su influencia al ámbito del hogar, donde será reina y señora —reinado en cierto sentido aparente, pues también en este ámbito el poder último de decisión recae sobre el varón—. Él, por el contrario, estará abierto al mundo exterior del trabajo y la política: la vida pública, en definitiva. Tampoco habrán de olvidar que en el matrimonio, como en toda sociedad, tiene que existir una autoridad. Él, representante delegado de la autoridad divina, detentará la matrimonial. Ella, sumisa y obediente, comprenderá el alto valor de estas virtudes y se las inculcará a sus hijos —en especial a sus hijas— desde la más tierna infancia.

La posible novedad en este «eterno matrimonial» sea, tal vez, que se insta a la mujer a que no permanezca pasiva e indiferente a los éxitos, intereses, problemas e incertidumbres del marido, y cumpla el nuevo papel de «ángel del hogar», consejera, amiga y distribuidora de bálsamos cuando el guerrero regrese a casa, cansado de la dura batalla que libra diariamente en el mundo.

Del amor maternal

Otro de los atributos que conforma el modelo de mujer ideal del siglo XIX es el amor maternal que, como todo lo que define a lo femenino, hunde sus raíces en la naturaleza biológica; es algo que se transmite en la herencia genética, que pertenece a la especie y que, por tanto, es ineludible. Cuando los hechos desmientan este principio —control de la natalidad, abortos clandestinos, abandono de recién nacidos a las puertas de las inclusas, malos tratos, infanticidios, etc.— se recurrirá a considerar a las autoras como monstruos que no merecen el nombre de mujeres, aunque, excepcionalmente, estos hechos se justifiquen por la desesperada situación social de aquellas desgraciadas criaturas.

Cuando el amor maternal no puede encontrar su salida natural en la procreación, se transforma en amor-caridad: el amor de la mujer-madre-de-los-seres-desvalidos de la sociedad. Con esta variante del mito del amor materno, aquellas mujeres que no han podido cumplir con su legítimo destino de esposas y madres, es decir, las mujeres célibes, pueden ver realizadas sus aspiraciones amorosas, dentro de la legitimidad, a través del ejercicio de la caridad.

Precisamente, ese activismo caritativo servirá de inconsciente coartada para escapar del asfixiante marco doméstico a muchas mujeres casadas, a quienes, a pesar de la mistificación, su función de esposas y madres no les bastaba para justificar su encierro entre las tan acogedoras como aburridas paredes del hogar. Al fin y al cabo, no se trataba más que de un pequeño margen de proyección social en unas tareas menores que el hombre juzgaba acordes con el instinto maternal.

Institutrices y maestras: otra forma de amor maternal

La labor realizada por institutrices y maestras de primera enseñanza será percibida por la sociedad de mediados del ochocientos como una variante más del omnímodo amor maternal. La tarea educativa que la mujer desarrollaba en el hogar podía hacerse extensiva a la sociedad, ya que se la consideraba especialmente dotada para relacionarse con las ingenuas almas infantiles —pues algo de ingenuidad e infantilismo era consustancial al alma femenina—. Este hecho que, en sí mismo, no tiene nada de novedoso, ya que es una redundancia más del modelo de mujer-madre va a ser, sin embargo, de capital importancia, ya que abrirá una vía de desarrollo profesional para las jóvenes de la pequeña burguesía, garantizándoles una cierta independencia económica.

Aunque, desde sus orígenes, la profesión de maestra tuviera un valor comparativamente menor que la de maestro, pues a éste se reservaban las materias que exigían mayor nivel de conocimientos y prestigio social, el hecho mismo de que las mujeres pudieran tomar parte activa en un ámbito tan importante para la sociedad como el educativo fue un progreso que daría sus frutos con el tiempo.

De la mujer y la literatura

La literata, figura que no era totalmente desconocida en la historia, adquiere en el siglo pasado unas dimensiones desconocidas, en cuanto al número cada vez mayor de mujeres que escriben y la altura literaria que llegan a alcanzar algunas de ellas. Pues bien, el modelo ideal de mujer del ochocientos puede asumir esa nueva faceta del hacer femenino, siempre y cuando la mujer que escriba no olvide los que se consideran sus sagrados deberes, emanados de su naturaleza biológica, y lo haga como mero divertimiento del espíritu —cultivando aquellas áreas que no exijan un gran esfuerzo intelectual o una gran experiencia de la vida y sí, por el contrario, se armonicen con su mayor sensibilidad y su natural inclinación pedagógica—. La poetisa que escriba ligeros poemas, la escritora que narre historias en las que el más puro amor, la amistad, la abnegación, la caridad... salgan siempre victoriosos, y en las que los vicios, la miseria no hallen lugar... historias, en definitiva, con un alto contenido «moral», será legitimada por la sociedad.

El contramodelo

Las mujeres que escapan a la definición del arquetipo personalizan el contramodelo que esa misma sociedad se forja. Contramodelo que se define adornado con los atributos más negativos: orgullo, inmodestia, vanidad, inmoralidad, locura, en fin. Pero lo que la sociedad no perdona a este contramodelo es, por encima de todo, el que haya renegado de su condición de elemento de especie para reivindicar su condición de individuo, que la sociedad patriarcal le niega. He ahí su gran pecado. La mujer, ser inteligente, debe ser igual al hombre en derechos. Las diferencias sexuales no pueden condicionar la igualdad civil, política y social de ambos seres. El futuro de la mujer no está determinado, como no lo está el del hombre, de antemano, sino que cada ser humano puede crear el suyo propio, para lo cual es absolutamente necesario que la mujer goce de libertad de elección, sin presiones sociales, para decidir cuál ha de ser su futuro.

El contramodelo femenino, aquella mujer que deseaba que el resto de su sexo participara en las profesiones y cargos monopolizados por el hombre, que exigía para sí los mismos derechos que eran patrimonio exclusivo de aquellos —no así las obligaciones que estaban «socializadas»—, no era una abstracción, no era la otra cara teórica de la moneda. No eran muchas, bien es cierto, pero eran ya una realidad en los años centrales del siglo, tan reales que hicieron gastar ríos de tinta a sus detractores, obligados a redefinir continuamente su modelo de mujer y arrastrados, para no perderlo todo, a ceder en aspectos considerados marginales. Esas conquistas, aunque en sus orígenes insignificantes, irán abriendo, poco a poco, un camino que aún hoy no se ha recorrido en su totalidad.

Modelo y contramodelo se mantendrán en conflicto a lo largo del siglo. Aquél, propagado por el sistema que lo creó; éste, perseguido y marginado. Ni siquiera la revolución triunfante de 1868 asimilará formalmente la igualdad de sexos y otorgará el sacrosanto sufragio universal, al igual que en el 48 francés, exclusivamente a los hombres.

Como última conclusión, por lo demás bastante obvia, diremos que el modelo de mujer «ángel del hogar», forjado por la sociedad del moderantismo y propagado por la prensa femenina, es un modelo sólo aplicable a las clases medias. Para la inmensa mayoría de las mujeres, las de las clases trabajadoras, actúa como inalcanzable fórmula de asimilación.

RELACIÓN DE PERIÓDICOS CONSULTADOS

Álbum del Bello Secso, Madrid, imprenta de *El Panorama Español*, 1843 [HMM AH15/5 (n.º 2709)].

Álbum de las Familias, El, «Revista semanal de Literatura, Artes e Industrias», Madrid, imprenta «Academia tipográfica de señoritas» de doña Javiera Morales, 1866 [BNM Z/2912 (comprende los n.ºs 30 al 49)].

Buen Tono, El, «Periódico de Modas, Artes y Oficios», Madrid, imprenta Ferrer y Cía., 1839 [HMM A/970].

Correo de las Damas, El, La Habana (Cuba), imprenta del Gobierno de Capitanía General de La Habana e imprenta de Pedro Nolasco Palmer, 1811 [HMM AH4/4 (n.º 779); BNM Z/3195].

Correo de las Damas, El, «Periódico de Modas, Artes y Literatura», Madrid, imprenta de Sancha e imprenta y libería «que fue de Bueno», 1833-1835 [BNM D/606].

Correo de la Moda, El, «Periódico del Bello Sexo, Modas, Literatura, Bellas Artes, Teatros, etc,», Madrid, Establecimiento tipográfico militar, 1851-1861 [HMM 3/1; BNM D/6019].

Defensor del Bello Sexo, El, «Periódico de Literatura, Moral, Ciencias y Moda. Dedicado exclusivamente a las mujeres», Madrid, Sociedad tipográfica de Hortelano y Cía., 1845-1846 [HMM AH9/15 (n.º 1811)].

Ecos del Auseva, Los, «Revista de Caridad, Amenidad, Instrucción, Moralidad, Beneficencia». A partir del n.º 26, *La Familia*, Madrid, imprenta Srs. Martínez y Bogo, 1864 [BNM D/5027].

Educanda, La, «Periódico de Señoritas, dedicado a las madres de familia, maestras y directores de colegios», Madrid, imprenta de M. Campo Redondo 1861-1865 [HMM 133/3; BNM 11 753].

Elegancia, La, «Boletín de Gran Tono; Museo de las Modas de París, Londres y Madrid», Madrid, 1846-1847 [HMM AH19/5 (n.º 3238)].

Elegancia, La, Irún, 1860-1864 [HMM AH3/6 (n.º 648)].

Ellas, «Organo Oficial del Sexo Femenino»; *Gaceta del Bello Sexo*, «Revista de Literatura, Educación, Novedades, Teatros y Modas» (8-XII-1851); *Álbum de Señoritas*, «Periódico de Literatura, Educación, Música, Teatros y Moda»(30-I-52); *Álbum de señoritas y Correo de la Moda* (8-I-1853), Madrid, imprenta de la calle Cervantes, 38, y de F. S. Mandiorla, 1851-1853 [HMM AH10/5 (n.º 2020-2020.30); BNM D/510].

Espigadera, La, «Correo de las Señoras. Periódico ameno e instructivo entretenimiento, con exclusión de materias políticas», Madrid, 1837 [HMM A/466].

Espósito, El, «Periódico de Literatura, Teatros y Moda. A beneficio de la Casa de Maternidad de esta ciudad», Córdoba, 1845 [BNM: 3/77414].

Gaceta de las Mujeres, «Redactada por ellas mismas»; *La Ilustración, Album de Damas* (a partir del n.º 8), Madrid, imprenta de V. Castelló, 1845 [HMM Carp. 126].

Gobierno representativo y constitucional del bello sexo español, Madrid, Compañía Tipográfica, 1841 [HMM AH15/3 (n.º 2674)].

Guirnalda, La, «Periódico quincenal dedicado al bello sexo», Madrid, imprenta de Fortanet, J. Noguera y J. M. Pérez, 1867-1883 [BNM D/6019].

Ilusión, La, «Periódico de ciencias, literatura, bellas artes y modas. Dedicado al bello sexo», Madrid, imprenta de José M.ª Alonso; después, imprenta de Operarios, 1849-1850 [HMM AH20/4 (n.º 3355)].

Mariposa, La, «Periódico de literatura y modas», Madrid, imprenta de F. de Paula Mellado, y en la de Omaña, 1839-1840 [HMM AH5/1 (n.º 861)].

Mariposa, La, «Periódico dedicado a las señoras, especialmente a las profesoras de instrucción primaria», Madrid, imprenta de Pedro Montero; luego, imprenta de Francisco Abienzo, 1866 [BNM Z/19424].

Meteoro, El, «Periódico semanal de literatura, artes, ciencias, modas y teatros». Cádiz, 1843-1846 [HMM AH7/5 (n.º 1418)].

Moda, La, «Revista semanal de literatura, teatros, costumbres y moda», Cádiz, imprenta de *El Comercio*, 1842-1927 (desde 1870 se publica en Madrid). Sucesivamente: *La Moda Elegante* (1863) «Periódico de las familias que tiene la alta honra de contar como primera suscriptora a S.M. la Reina (Q. D. G.)...» *La Moda Elegante Ilustrada* (1864 y ss.) [HMM 643-646/3; BNM D/6028, D/6089 y D/1038].

Moda o recreo semanal del bello sexo, La, La Habana (Cuba), 1829-1830 [HMM AH14/4 (n.º 2532)].

Mujer, La, «Periódico escrito por una sociedad de señoras y dedicado a su sexo», Madrid, imprenta de José Trujillo, hijo, 1851-1852 [BNM D/2328].

Nuevo Pensil de Iberia, El (antes, *Pensil gaditano*, luego, *Pensil de Iberia*), «Periódico de literatura, ciencias, artes y teatros», Cádiz, imprenta y litografía de Filomeno F. de Arjoma, 1857-1859 [HMM AH7/6 (n.º 1466-1467)].

Pensil del Bello Sexo, El, «Periódico semanal de literatura, ciencias, educación, artes y modas, dedicado exclusivamente a las damas», Madrid, imprenta de José de Rebolledo, 1846 [HMM AM4 3/1].

Periódico de las Damas, Madrid, imprenta de León Amarita, 1822 [HMM AH2/1 (n.ºs 226-228)].

Psiquis, La, «Periódico del bello sexo». Valencia, imprenta de Manuel López, 1840 [BNM 3/77414].

Tocador, El, «Gacetín del bello sexo», Madrid, imprenta del Establecimiento artístico-literario de Marini y Cía., 1844-1845 [HMM AH7/5 (n.º 1435); BNM D/5042; 3/77414].

Vergel de Andalucía, El, «Periódico dedicado al bello sexo», Córdoba, Establecimiento tipográfico de Fausto García Tena, 1845 [BNM 3/77414].

Violeta, La, «Revista hispano-americana. Literatura, ciencias, teatros y modas», Madrid, 1862-1866 [HMM AH/10 (n.ºs 1907-1909); BNM Z/2942].

FICHAS TÉCNICAS DE PERIÓDICOS CONSULTADOS

REGISTRO DE IDENTIFICACIÓN
   Título: *Álbum del Bello Secso.*
   Subtítulo: No tiene.
   Cabecera: No tiene.
   Residencia administrativa: ¿?
   Periodicidad: No se trata de una publicación periódica.
   Fecha inicial y último número: 1843.
   Difusión: ¿?
   Precio: ¿?
   Formato: 30 cm. × 20 cm.
   Número de páginas: Todo el álbum contabiliza 32.
   Número de columnas: 1.
   Nombre y dirección del impresor: Imprenta del *Panorama Español.*
   Lugar de conservación: Hemeroteca Municipal de Madrid (HMM) AH15/5
   (n.º 2709).

Expediente de identidad
   Estructura jurídico-financiera: ¿?
   Condiciones de distribución: ¿?
   Redacción: Gertrudis Gómez de Avellaneda, Antonio Flores Elgóibar, Vicente
   Díez Canseco e Inocencio M.ª Riesco Le Grand.

Morfología del periódico
   Elementos de estructura: Litografías en color de «Litografías Bachiller» (Preciados, 16), firmadas por Miranda, representando la figura protagonista de cada
   uno de los artículos. Ilustraciones con el retrato de la autora o del autor, en
   blanco y negro.
   Unidades redaccionales: Exclusivamente una: los artículos de costumbres que
   integran el volumen.

REGISTRO DE IDENTIFICACIÓN
   Título: *El Correo de las Damas.*
   Subtítulo: No tiene.
   Cabecera: Tomo, número, página (numeración corrida para encuadernar), título
   y fecha. La cabecera se separa del texto por una orla de cadeneta.
   Residencia administrativa: ¿?
   Periodicidad: No se indica (del 10 al 20 de abril se publican cuatro números).
   Fecha inicial y último número: El primer número que se conserva es el 8
   (miércoles 10-IV-1811) y el último, el 67 (lunes 4-XI-1811).
   Difusión: La Habana (Cuba).
   Precio: 5 rs. al mes.
   Formato: 18 cm. × 14 cm.
   Número de páginas: 4.
   Número de columnas: 1.
   Nombre y dirección del impresor: Imprenta del Gobierno y Capitanía General
   de La Habana, y Pedro Nolasco Palmar.

Lugar de conservación: (HMM) AH4/4 (n.º 779); Biblioteca Nacional de Madrid (BNM) Z/3195.

Expediente de identidad

Estructura jurídico-financiera: ¿?
Condiciones de distribución: En la librería de la misma imprenta.
Redacción: Simón Bergaño y Villegas, Joaquín José García, Amira Zelasgón y Ramona Poneita.

Morfología del periódico

Elementos de estructura: Carece de litografías e ilustraciones.
Unidades redaccionales: No existen unidades fijas. Componen los ejemplares artículos, cartas, comentarios y poesías de corte romántico.

REGISTRO DE IDENTIFICACIÓN

Título: *El Buen Tono*.
Subtítulo: «Periódico de modas, artes y oficios».
Cabecera: Título y subtítulo.
Residencia administrativa: El editor se halla en la calle del Barco, 26, 4.º ppal.
Periodicidad: Sale los días 15 y último de cada mes.
Fecha inicial y último número: 15-I-1839 / 30-VI-1839.
Difusión: Madrid y provincias.
Precio: Números sueltos, 4 rs. de vellón. Suscripciones: en Madrid 6 rs. al mes; en provincias, 8.
Formato: Cuartilla.
Número de páginas: 8.
Número de columnas: 2.
Nombre y dirección del impresor: Imprenta de Ferrer y Cia.
Lugar de conservación: (HMM) A/970.

Expediente de identidad

Estructura jurídico-financiera: Editor responsable, Gerónimo Ferrer.
Condiciones de distribución: En Madrid, en la calle de la Cruz y Príncipe; en provincias, en las administraciones de Correos y en «las principales librerías».
Redacción: Antonio Torija y Carrese, y Gerónimo Ferrer y Valle.

Morfología del periódico

Elementos de estructura: Figurines, los de los días 15, de muebles, carruajes, etc. Los de fin de mes, de moda de señora y caballero.
Unidades redaccionales: No se especifican, pero en todos se repiten: una sección de modas, de industria de obradores (modistas y sastres). Aparecen anuncios sueltos y comentarios de «funciones patrióticas y diversiones públicas», así como de cafés, confiterías, etc. Una sección se dedica a literatura.

REGISTRO DE IDENTIFICACIÓN

Título: *Correo de las Damas*.
Subtítulo: «Periódico de Modas, Bellas Artes, Amena Literatura, Música, Teatros, etc.».

Cabecera: Número, año (1, 2 ...) y fecha. Dibujo de un cupido sobre el título, acompañado de una leyenda latina y su traducción: *Fermosis levitas semper amicas fuit*, «Las bellas gustan de ligereza y variedad».
Residencia administrativa: Redacción en la calle del Turco, esquina a la de Alcalá. El 21-VIII-1833 cambia a la calle de Preciados, 12, 2.ª
Periodicidad: Durante el año 1833 salía todos los miércoles. Desde 1834 publica seis números al mes: los días 5, 10, 15, 20, 25 y 30.
Fecha inicial y último número: 3-VI-1833. El 7-I-1835 inicia su segunda época. Según *El Eco del Comercio*, la publicación estuvo suspendida por algunos meses.
Difusión: Madrid y 15 provincias, según el «Prospecto».
Precio: Números sueltos, 5 rs. Existía una suscripción parcial (sin figurines) por 24 rs. al trimestre y la completa por 54 rs. al trimestre; 100 al semestre; y 190 al año. El precio en provincias se incrementaba en 4rs.
Formato: 22,5 cm. × 13 cm. En 1835, 22,5 cm. × 14,5 cm.
Número de páginas: 8, con numeración seguida para encuadernar. A partir del 20-III-34 se numera por ejemplar.
Número de columnas: 2.
Nombre y dirección del impresor: Los primeros números, en la Imprenta de Sancha. A partir del 9-XII-1833 (n.º 24), en la Imprenta y Librería de Bueno, Carmen, 2. El 15-II-1834 (n.º 34) en la de D.F. Pascual, Jardines, 61. Se modifica el grabado de cabecera. El 7-I-1835 (n.º 1, año 3) en la de Fuertes y Cía. Se introducen variaciones en las unidades redaccionales. El 7-IV-1835 (n.º 13, año 3) se vuelve a la de Sancha, y varía algo el precio. El n.º 36, 28-IX-1835, se imprime en la Imprenta de Cruz González. Nuevo cambio en 7-XI-1835 (n.º 49, año 3) a la imprenta de D. J. Palacios. Lugar de conservación: (HMM) AH4/4 (n.º 779); (BNM) D/606.

Expediente de identidad

Estructura jurídico-financiera: Probable editor propietario, D. Ángel Lavaña.
Condiciones de distribución: En Madrid se compran los números sueltos y se verifican las suscripciones en las librerías de Razola, en la calle de la Concepción Jerónima; Millana, en Preciados;y en Hermoso y Denné. Más adelante, en la de la Viuda de Paz, en la calle Mayor; en el despacho del Compilador, en Preciados, y en la Redacción del periódico. En provincias en las oficinas de los Boletines Oficiales.
Redacción: Los artículos se publican sin firma. Sólo aparecen, hasta el 9-XII-1833, las iniciales D. M. J. de L.

Morfología del periódico

Elementos de estructura: Figurines de señora, caballero, prendidos, estampas de trajes regionales, vestidos de niños, libreas, carruajes, muebles, etc. En el n.º 39, año 3 (21-X-1835), en que cambia la redacción, el contenido e incluso el precio se anuncian además partituras de música.
Unidades redaccionales: En el prospecto se anuncian unas unidades fijas que a lo largo del tiempo cambiarán, si no en el contenido, sí en la situación dentro de la publicación. Una sección de «amena literatura» cuyos artículos pueden ser de costumbres, cuentos, poesías, anécdotas, relatos de viajes, música y «juicios sobre obras de literatura al gusto de las señoras». Otra, de modas, española y francesa, generalmente, en la que se detallan las características de los figurines.

Otra, dedicada a las «mujeres célebres». Comentarios de teatros, bailes y noticias diversas, más la dedicada a «chismografía» (comentarios sobre la actualidad en una tertulia de señoras), son las otras secciones de carácter fijo.

REGISTRO DE IDENTIFICACIÓN

Título: *El Correo de la Moda.*
Subtítulo: «Periódico del bello sexo. Modas, Literatura, Bellas Artes, Teatros, etc. Fundado el 1 de noviembre de 1851». A partir de 1857, «Álbum de señoritas. Periódico de Literatura, Educación, Música, Teatros y Moda».
Cabecera: Título, subtítulo, año de publicación, número y fecha.
Residencia administrativa: Concepción Jerónima, 1.
Periodicidad: Salía dos veces al mes.
Fecha inicial y último número: 1-VII-1851 / 26-XII-1886.
Difusión: Madrid, provincias, Portugal y Ultramar.
Precio: En Madrid, 6 rs. la suscripción mensual; 7, en provincias; Portugal y Ultramar, 50, al semestre, y 96, al año. Los números sueltos con figurín, 6 rs., y 4 sin figurín.
Formato: 4.º prolongado, en papel satinado y esmerada impresión.
Número de páginas: 16, con numeración seguida para encuadernar.
Número de columnas: 2.
Nombre y dirección del impresor: Establecimiento tipográfico militar, a cargo de Anselmo Mateo. Barquillo, 8.
Lugar de conservación: (HMM) 3/1; (BNM) D/6019.

Expediente de identidad

Estructura jurídico-financiera: Director durante la primera época, Francisco Castelló. Editor responsable y director posterior, P. J. de la Peña.
Condiciones de distribución: No aparecen.
Redacción: Habituales con sección fija: Antonio Pirala, Ángela Grassi, Dolores Cabrera y Heredia, y Aurora Pérez Mirón. Firmas habituales: Antonio Trueba y Enrique Castillo y Alba. Colaboran con poesías, novelas, variedades: Faustina Sáez de Melgar, Pilar Simués de Marco, Vicenta García Miranda...

Morfología del periódico

Elementos de estructura: Figurines de *Le Moniteur de la Mode*, de París (firmados por P. M. Louis y M. Gollschalk).
Unidades redaccionales: Habituales, pero sin sección fija: Modas; Revista de teatros; Cuadros de costumbres; Novelas; Anécdotas; Poesías; Biografías de mujeres célebres; artículos sobre Religión y Moral; y Anuncios. En 1856, el índice recoge las siguientes secciones fijas: Instrucción, Instrucción histórica, Poesías, Novelas, Variedad y Moda.

REGISTRO DE IDENTIFICACIÓN

Título: *El Defensor del Bello Sexo.*
Subtítulo: «Periódico de Literatura, Moral, Ciencias y Moda. Dedicado exclusivamente a las mujeres».
Cabecera: Título, subtítulo, número de página y un grabado, enmarcado entre adornos y leyendas tales como: Castidad, Pudor, Sensibilidad, Beneficencia; o

Docilidad, Obediencia, Fidelidad, Prudencia... Los dibujos vienen firmados por A. Pérez.

Residencia administrativa: Calle del Olivo, 36, 4.º, prpal; el 15-III-1846 cambia a Príncipe, 4, 4.º, 2.ª

Periodicidad: Semanal. Salía los domingos.

Fecha inicial y último número: 14-IX-1845 / 5-IV-1846, fecha en que *La Ilustración. Álbum del Bello Sexo* se encarga de cubrir las suscripciones de aquél. Sufre una suspensión desde el 23-XI-1845 hasta el 1-II-1846, sin que se expliquen los motivos.

Difusión: Madrid, provincias y Ultramar.

Precio: (según las normas de suscripción aparecidas tres números antes de su desaparición) 5 rs. al mes en Madrid, 7 en provincias y 10 en Ultramar; 13 rs. al trimestre en Madrid, 20 en provincias y 28 en ultramar; 24 rs. al semestre en Madrid, 36 en provincias y 54 en Ultramar; y 49 rs. por la suscripción anual en Madrid, 70 en provincias y 100 en Ultramar.

Formato: 25 cm. × 17 cm. En los últimos números (22 y 29 de marzo de 1846) el papel y el formato son diferentes.

Número de páginas: 8, con numeración seguida para encuadernar.

Número de columnas: 2, enmarcadas en guirnaldas y grecas que dejan paso, el 16-XI-1845, a unas líneas paralelas.

Nombre y dirección del impresor: Sociedad Tipográfica de Hortelano y Cía. Pasadizo de San Ginés, 3.

Lugar de conservación: (HMM) AH9/15 (n.º 1811).

Expediente de identidad

Estructura jurídico-financiera: Propietario y director, José de Souza, tras las desavenencias habidas entre éste y Antonio Gutiérrez León, socio capitalista, en que se pactó acabar con el *Pensil del Bello Sexo* y volver a la publicación de *El Defensor del Bello Sexo*. El 22-II-1846 Souza anuncia que se ha asociado a Francisco Núñez Urquisu y Andrés Viña, quienes, el 8-III-1846, se presentan (en «Advertencia») como los propietarios exclusivos, a los que se suma Isidro Ruiz de Albornoz.

Condiciones de distribución: No aparecen.

Redacción: Director, José de Souza, luego, Isidro Ruiz de Albornoz. Redactores y colaboradores: Antonio Pirala, Luis Rivera, Gertrudis Gómez de Avellaneda, Vicenta García Miranda, Amalia Fenollosa de Mañé, Vicente Rodríguez García, Eugenia Fca., J. M. Gómez Colón, E. B. Sandoval, Damián M. Zayón, J. M. Bremón, A. de Gironella, José Manuel Caballero, Ramón de Cannedo, Adelaida Ribero y Sixto Sáenz de la Cámara. Corresponsales: en La Habana (Cuba), José María Morales; en Matanzas (Cuba), Juan Rodríguez; en Puerto Rico, José Pastrana, y en Canarias, Nicolás Ponver.

Morfología del periódico

Elementos de estructura: Grabados de A. Pérez. Patrones y figurines, procedentes de *Modes de Paris* y *Petit Courrier des Dames*. Otros, sin procedencia especificada, vienen firmados por G.ᵉ Montant d'Oloran.

Unidades redaccionales: Una unidad fija es el artículo que ocupa las primeras páginas de todos los números de la publicación sobre educación, moralidad... de la mujer. El resto de las unidades son variables y no ocupan un lugar definido en la publicación. Se componen de artículos sobre mujeres célebres —procedentes del *Diccionario de mujeres célebres*— o apuntes biográficos; poesías, cuentos, etc. La moda ocupa una sección que desaparece el 4-XI-1845 y que reaparece el 1-III-1846. Un apartado dedicado a anuncios breves y una especie de crónica de sociedad componen el resto del contenido.

REGISTRO DE IDENTIFICACIÓN

Título: *Ecos del Auseva.*
Subtítulo: «Revista de Caridad, Amenidad, Instrucción, Moralidad, Beneficencia».
Cabecera: Título, subtítulo, pág., y, a partir del número 42, «bajo la protección de SS. MM.». Se añaden adornos.
Residencia administrativa: No aparece.
Periodicidad: Salía el 8, 16, 24 y último día de cada mes.
Fecha inicial y último número: 8-VI-1864. No se conoce la fecha del último número.
Difusión: Madrid, provincias, Portugal, Ultramar y en el extranjero.
Precio: 18 rs. trimestre, en Madrid y provincias; 26, en Portugal; y 34, en Ultramar y en el extranjero; y 66 rs. al año, en Madrid y provincias; 100, en Portugal; y 120, en Ultramar y el extranjero.
Formato: Aproximadamente una holandesa.
Número de páginas: 8, con numeración independiente por ejemplar.
Número de columnas: 1.
Nombre y dirección del impresor: Srs. Martínez y Bogo; Manzana, 3, entresuelo.
Lugar de conservación: (BNM) D/5027.

Expediente de identidad

Estructura jurídico-financiera: Editor responsable, Zoilo Cuesta. Directora, Robustiana Armiño de Cuesta.
Condiciones de distribución: No se especifican.
Redacción: Juan Cuesta y Ckemer, Robustiana Armiño de Cuesta. Colaboradoras: Faustina Sáez de Melgar, Emilia Llanos y Ruiz de Gibert, Antonia Díaz de Lamarque, Carolina Coronado, Fernán Caballero, Sofía Tartilán de Escobar, Emilia Serrano de Wilson.

Morfología del periódico

Elementos de estructura: Al ser una revista de carácter benéfico, carece de los elementos típicos de las revistas femeninas de modas.
Unidades redaccionales: A partir del n.º 6 (16-VIII-1864) se anuncia la inclusión de artículos que «tienen por objeto el perfeccionamiento de la educación de la mujer, por desgracia tan abandonada en España».

REGISTRO DE IDENTIFICACIÓN

Título: *La Educanda.*
Subtítulo: «Revista quincenal de Educación, Enseñanza y Modas». A partir del año III: «Revista de Señoritas, dedicada a las madres de familia, maestras y directoras de colegios».
Cabecera: Título, subtítulo, año (I, II, III...), fecha y número.
Residencia administrativa: No aparece.
Periodicidad: Salía los días 8, 16, 24, y último de cada mes.

Fecha inicial y último número: el primer número conservado es del 1-I-1861.
Difusión: Madrid.
Precio: No se explicita.
Formato: A partir del tercer año de publicación, tamaño holandesa (algo menor que el de los años anteriores).
Número de páginas: 8, con numeración seguida para encuadernar.
Número de columnas: 1.
Nombre y dirección del impresor: Imprenta de M. Campo Redondo, Olmo, 14.
Lugar de conservación: (HMM) 133/3; (BNM) 11753.

Expediente de identidad

Estructura jurídico-financiera: Editor propietario y director, P. J. de la Peña. Editor responsable, León Morán.
Condiciones de distribución: No se explicitan.
Redacción: Hasta el año III, solo aparecen artículos firmados por iniciales. A partir del 24-V-1864, Antonio Pirala, Ángela Grassi, Micaela de Silva o Camila Avilés, Aurora Pérez Mirón, Joaquina García de Balmaseda, Sara y Román Roldán y Fernández, y E. Hernández. Colaboran con poesías y otros trabajos: Antonia Díaz de Lamarque y Vicenta Villaluenga.

Morfología del periódico

Elementos de estructura: Al ser una revista de educación, carece de elementos propios de la prensa femenina de modas.
Unidades redaccionales: El índice de 1861 subdivide la publicación en las siguientes unidades: «Educación, Enseñanza metódica, Moral y Estética, Conocimientos útiles, Novelas, Cuentos, Leyendas, Labores y Modas».

REGISTRO DE IDENTIFICACIÓN

Título: *La Elegancia*.
Subtítulo: «Boletín de Gran Tono; Museo de las Modas de París, Londres y Madrid».
Cabecera: Título, subtítulo. No aparece la fecha.
Residéncia administrativa: No aparece.
Periodicidad: No se especifica.
Fecha inicial y último número: Septiembre 1846. Fecha final, año 1847.
Difusión: No se especifica.
Precio: No se especifica.
Formato: Aproximadamente una holandesa.
Número de páginas: 8, con numeración seguida para encuadernar. Finaliza en la página 288, en la que se comunica que la publicación se suspende, «aunque por poco tiempo».
Número de columnas: 2.
Nombre y dirección del impresor: No aparece.
Lugar de conservación: (HMM) AH19/5 (n.º 3238).

Expediente de identidad

Estructura jurídico-financiera: Desconocida.
Condiciones de distribución: No se especifican.

Redacción: Carlos de Pravia, A. Badía y una larga lista de colaboradores espo-
rádicos: Sixto Saénz de la Cámara, José Manuel Carvallo, Gregorio Dávila,
Juana Zárraga, Dolores Gómez de Salazar, Luis Rivera, Amalia Fenollosa, Jesús
Sicilia, Micaela de Silva y Collas, Juliana García Suelto, José Ramón de Caleras,
Manuel Azcutia, Mariano Mantilla, Felipa Morell de Campos, J. Eugenio de
Hartzembusch, Tomás Serrano Server y otros.

Morfología del periódico

Elementos de estructura: Grabados y figurines de modas; partituras musicales
y patrones.

Unidades redaccionales: Sin sección fija: poesías, biografías de Victor Hugo,
Eugenio Sué, Mariano José de Larra y Casimiro de la Vigne; de la pluma de
Micaela de Silva, «artículos morales».

REGISTRO DE IDENTIFICACIÓN

Título: *Ellas. Gaceta del Bello Sexo* (8-XII-1851); *Álbum de Señoritas* (30-I-52);
Álbum de señoritas y Correo de la Moda (2.ª época, (8-I-1853).

Subtítulo: «Órgano Oficial del Sexo Femenino»; «Revista de Literatura, Educación, Novedades, Teatros y Modas»; «Periódico de Literatura, Educación,
Música, Teatros y Modas».

Cabecera: Título, subtítulo, época, lugar, fecha y número. A partir del 8-X-1851,
se añade el n.º de pág. y se enmarca en adornos; el 30-I-1851 desaparece el
número de página.

Residencia administrativa: No aparece.

Periodicidad: Semanal.

Fecha inicial y último número: 8-IX-1851 / 1-XII-1853.

Difusión: No se explicita.

Precio: No se explicita.

Formato: 25 cm. × 16,5 cm.; *El Álbum de Señoritas y Correo de la Moda,* 27 cm. ×
17,5 cm.

Número de páginas: 8, con numeración seguida para encuadernar, que se interrum-
pe con los cambios de título.

Número de columnas: 2, sin ningún adorno en *Ellas,* «Órgano Oficial del Sexo
Femenino»; enmarcadas y con adornos en las esquinas, en adelante.

Nombre y dirección del impresor: Imprenta Cervantes y F. S. Mandiorla. A
partir del 30-XI-1852, M. Campo Redondo y Aguilar, Huertas, 42; a partir del
8-I-1853, Imprenta de *El Correo de la Moda,* a cargo de Agustín Puigros Vega;
el 12-IV-1853, de nuevo Imprenta de M. Campo Redondo y Aguilar.

Lugar de conservación: (HMM) AH 10/5 (n.ºs 2020-2020.30); (BNM) D/510.

Expediente de identidad

Estructura jurídico-financiera: Se desconoce.

Condiciones de distribución: No se explicitan.

Redacción: Alicia Pérez de Gascuña, directora (según Ossorio y Bernard). Amalia Fenollosa, Ángela Grassi, Dolores Cabrera y Heredia, Robustiana Armiño
de Cuesta, Vicenta García Miranda, Luisa Núñez de C., Emilia Pallarés, Matilde
López, Josefa Maestre, Emilia de T., «La Huérfana Numantina», Salomé Abellá,
Venancia López, Juana M.ª Díaz, María Belianis, Paz de Vera, Juana Irene P.

de V., Manuela Morán, Marquesa del Surco, Pilar Rayán, María Gil y «La Alavesa».

Morfología del periódico
Elementos de estructura: Litografías y figurines a todo color, procedentes de *Le Moniteur des Modes*, de París.
Unidades redaccionales: Primera unidad fija: artículo de educación moral. Segunda, sección de literatura: poesías, cuentos, etc. Tercera, sección de modas. Y cuarta, crónica de teatros, que adoptará diversos títulos a lo largo de la publicación. Existen otras secciones variables.

REGISTRO DE IDENTIFICACIÓN
Título: *La Espigadera.*
Subtítulo: «Correo de las señoras. Periódico ameno e instructivo entretenimiento con exclusión de materias políticas».
Cabecera: Título, subtítulo.
Residencia administrativa: No aparece.
Periodicidad: Se desconoce.
Fecha inicial y último número: Sólo se conservan en los depósitos de fuentes consultados los números 13 y 14.
Difusión: No se explicita.
Precio: No se explicita.
Formato: Aproximadamente una cuartilla.
Número de páginas: 24.
Número de columnas: 1.
Nombre y dirección del impresor: ¿?
Lugar de conservación: HMM A/466.

Expediente de identidad
Estructura jurídico-financiera: ¿?
Condiciones de distribución: ¿?
Redacción: ¿?

Morfología del periódico
Elementos de estructura: ¿?
Unidades redaccionales: ¿?

REGISTRO DE IDENTIFICACIÓN
Título: *Gaceta de las Mujeres*; a partir del n.º 8 (2-XI-1845) *La Ilustración, Álbum de Damas.*
Subtítulo: «Redactada por ellas mismas» (para la *Gaceta*).
Cabecera: Título, subtítulo, lugar, fecha, número y un grabado representando una figura de mujer junto a una columna sobre la que está inscrita la siguiente leyenda: «Vuestra existencia está en el corazón».
Residencia administrativa: Luna, 4, prpal.
Periodicidad: Semanal, sale los domingos.
Fecha inicial y último número: 14-IX-1845 / 2-XI-1845.
Difusión: No se explicita.

Precio: No se explicita.
Formato: 28 cm. × 20 cm.
Número de páginas: 8.
Número de columnas: 2. Capitulares profusamente adornadas.
Nombre y dirección del impresor: Imprenta de V. Castelló.
Lugar de conservación: (HMM) Carpeta 126.

Expediente de identidad

Estructura jurídico-financiera: Se desconoce.
Condiciones de distribución: No se explicitan.
Redacción: Gertrudis Gómez de Avellaneda, R. G. y M. A. y C. Colaboradoras: Carolina Coronado, Josefa Moreno Martos, Dolores Gómez Cádiz de Velasco y la «posible» colaboración de la Condesa de Merlin; Nicomedes Pastor Díaz, Duque de Frías, Juan Nicasio Gallego, Ramón de la Sagra y «otros de menor importancia literaria».

Morfología del periódico

Elementos de estructura: No contiene ningún elemento propio de la prensa femenina de modas.
Unidades redaccionales: Primera unidad fija: artículo de educación moral. Segunda, artículo sobre «la mujer juzgada por los grandes escritores de ambos sexos» (traducción). Tercera, «Álbum de bellas»: cuentos, poesías, etc. Cuarta, «Gacetilla religiosa» (anuncio de todos los oficios religiosos de Madrid). Quinta, «Variedades»: anécdotas, modas, anuncios, etc. Y sexta, crónica teatral o crónica de la semana.

REGISTRO DE IDENTIFICACIÓN

Título: *Gobierno Representativo y Constitucional del Bello Sexo Español.*
Subtítulo: «Sesiones de las Cortes Femeninas» (en el n.º 4); «Sesión del Senado Femenino Español» (en el n.º 5).
Cabecera: No tiene.
Residencia administrativa: Amnistia, 12, 4.º, 3.ª.
Periodicidad: Mensual. En el cuadernillo III se anuncia su salida dos veces al mes.
Fecha inicial y último número: II-1841 / VI-1841.
Difusión: En Madrid y provincias.
Precio: 4 rs., en Madrid, llevado a casa; 5, en provincias, franco de porte.
Formato: Cuadernillos de cuatro pliegos, en 8.º marquilla. A partir del n.º 3, 2 pliegos quincenales.
Número de páginas: 30, con numeración seguida para encuadernar.
Número de columnas: 1.
Nombre y dirección del impresor: Compañía Tipográfica.
Lugar de conservación: (HMM) AH15/3 (n.º 2674).

Expediente de identidad

Estructura jurídico-financiera: Editor responsable, Tomás González.
Condiciones de distribución: En provincias, suscripción abierta en las administraciones de Correos. En Madrid, en las librerías Cuesta y Villarreal.
Redacción: Todos los cuadernos carecen de firma. La única firma conocida es la del editor responsable.

Morfología del periódico
Elementos de estructura: Portada y contraportada. En el cuadernillo de febrero-marzo aparece un grabado, en blanco y negro, que representa el salón de las Cortes femeninas.
Unidades redaccionales: Una única unidad redacional, cuyo tema es el desarrollo de los debates de las Cortes femeninas.

REGISTRO DE IDENTIFICACIÓN
Título: *La Guirnalda.*
Subtítulo: «Periódico quincenal dedicado al Bello Sexo».
Cabecera: Título, subtítulo, número, año y fecha.
Residencia administrativa: Jacometrezo, 7 y 9, 4.° y 3.°; Barco, 2, duplicado, 4.°, 3.ª (a partir de 1872).
Periodicidad: Quincenal (1 y 16 de cada mes).
Fecha inicial y último número: 1867-1883.
Difusión: Madrid, provincias y Ultramar.
Precio: 4 rs. al mes, en Madrid; 14, en provincias, por tres meses; 20 rs. extranjero y Ultramar, por trimestre. En 1872, 12 rs. al trimestre, en Madrid; 28, en provincias; 48 rs. por un año, en Madrid; 50, en provincias y 80, en Ultramar.
Formato: 21 cm. × 29 cm.
Número de páginas: 8.
Número de columnas: 2.
Nombre y dirección del impresor: Tipografía Lezcano y Roldán. Imprenta de Fortanet, J. Noguera y J. M. Pérez (a partir de 1872).
Lugar de conservación: BNM D/6019.

Expediente de identidad
Estructura jurídico-financiera: Propietario, Vicente Oliveras Biec. Director, Jerónimo Morán.
Condiciones de distribución: En la oficina de la administración, en Durán, Carrera de San Jerónimo; en San Martín, Puerta del Sol; en Moya y Plaza, y en Calleja y Cía., en Carretas. En provincias, en las oficinas de sus corresponsales (sin determinar).
Redacción: Jerónimo Morán y Vicente Oliveras Biec. Sólo aparece una firma femenina, Elvira Cornellás.

Morfología del periódico
Elementos de estructura: Grabados y figurines, en blanco y negro.
Unidades redaccionales: Un sección fija sobre educación, moral, etc., de la mujer, a cargo de J. Morán; otra de educación religiosa, con artículos «aprobados por la censura eclesiástica», a cargo de V. Oliveras Biec. Modas, pasatiempos, y noticias varias completan los números.

REGISTRO DE IDENTIFICACIÓN
Título: *La Ilusión.*
Subtítulo: «Periódico de Ciencias, Literatura, Bellas Artes y Modas. Dedicado al Bello Sexo».

Cabecera: Título, subtítulo, lugar de publicación, año, fecha y número, con un pequeño dibujo, en blanco y negro.

Residencia administrativa: Leones, 8, 4.º, 2.ª.

Periodicidad: Semanal, salía los domingos.

Fecha inicial y último número: 16-IX-1846 / 23-VI-1850.

Difusión: Madrid, provincias y Ultramar.

Precio: 4 rs. al mes, en Madrid; 5, en provincias; y 8, en Ultramar; 10 rs. al trimestre, en Madrid; 13, en provincias; y 22, en Ultramar; 19 rs. al semestre, en Madrid; y 22, en provincias; 36 rs. por un año, en Madrid; y 40, en provincias. Más 1 real por figurín (2, en Ultramar). Figurines sueltos, 3 rs.

Formato: 26 cm. × 18 cm.

Número de páginas: 8, con numeración seguida para encuadernar.

Número de columnas: 2, separadas por doble raya y con adornos en las esquinas.

Nombre y dirección del impresor: Imprenta de José M.ª Alonso, Salón del Prado, 8 (el n.º 1); Imprenta «que fue de Operarios» a cargo de A. Cubas, Factor, 9 (los n.ᵒˢ 2 al 19); Imprenta de B. González, Madera Baja, 8 (del 27-I, al 31-III); Estudio Literario-Tipográfico de D. Saavedra y Cía., Flor Baja, 3 (del n.º 31 al último ejemplar).

Lugar de conservación: (HMM) AH20/4 (n.º 3355).

Expediente de identidad

Estructura jurídico-financiera: Se desconoce.

Condiciones de distribución: En Madrid, en la librería extranjera de Baillieri, Príncipe, 2; y en la redacción.

Redacción: Miguel Ortiz. Colaboran: Luis de Morla, S. Martín, Ubaldo Pasarón, Luis Ribera, Juan de Ariza, Robustiana Armiño, Josefa Moreno Nartos, Gaspar Núñez de Arce (cuando contaba dieciséis años), Faustino Jouve, Juan Leandro Jiménez y Jiménez, Amalia Fenollosa, Carolina Coronado, José Martín Moraleda y Espinosa, y Dolores Cabrera y Heredia.

Morfología del periódico

Elementos de estructura: Grabados, en blanco y negro, que salpican toda la publicación; figurines, en colores; y patrones de tamaño natural.

Unidades redaccionales: Editorial sobre educación, moral, etc. Una sección sobre «mujeres célebres». Un folletín por entregas. Poesías. Y variedades: modas, teatros, bailes, anuncios varios, etc.

REGISTRO DE IDENTIFICACIÓN

Título: *La Mariposa.*

Subtítulo: «Periódico de Literatura y Modas».

Cabecera: Título, subtítulo, número, página, fecha, forma de suscripción. Anuncio de los figurines y patrones. Precio, y un dibujo, en blanco y negro, de una mariposa.

Residencia administrativa: No aparece.

Periodicidad: Decenal, salía los días 10, 20 y 30. A partir del 20-X-1839 (n.º 20), pasa a ser semanal. Salía los jueves.

Fecha inicial y último número: 10-IV-1839 / 25-VI-1840.

Difusión: Madrid y provincias.

Precio: 5 rs. al mes, en Madrid, y 6, en provincias («franco de porte»). Existía una suscripción económica, sin figurines, por 2 rs., en Madrid, y 4, en provincias. Los números sueltos, 3 rs., en Madrid. A partir del n.º 20 se encarece el producto, como consecuencia del cambio de empresa. Se suprimen las suscripciones sin figurines, y los números sueltos costarán 10 rs., en Madrid, y 12, en provincias. La suscripción mensual en Madrid será de 12 rs.

Formato: 23 cm. × 15 cm.

Número de páginas: 8, con numeración seguida para encuadernar.

Número de columnas: 2, desprovistas de adornos.

Nombre y dirección del impresor: Imprenta de F. de Paula Mellado e imprenta de Omaña, a partir del 10-IX-39.

Lugar de conservación: (HMM) AH5/1 (n.º 861).

Expediente de identidad

Estructura jurídico-financiera: Se desconoce.

Condiciones de distribución: En Madrid, en la librería extranjera de la calle de la Montera. En provincias, en las Comisiones de La Agencia Literaria «establecidas en las principales administraciones de Correos y librerías del reino».

Redacción: Gregorio Romero Larrañaga, director hasta el cambio de empresa editora, y J. Gelebert y H.

Morfología del periódico

Elementos de estructura: Dos figurines de la Librería Extranjera al mes: uno de señora y otro de caballero. Patrones de tamaño natural, sin regularidad.

Unidades redaccionales: «Modas» y «Álbum»: revista de teatros, anuncios de obras literarias, museos, etc. (ambas fijas). Otra unidad, compuesta por narraciones, poesías, biografías, etc., variable.

REGISTRO DE IDENTIFICACIÓN

Título: *La Mariposa.*

Subtítulo: «Periódico dedicado a las señoras y especialmente a las profesoras de Instrucción Primaria. Bajo la dirección de la Srta. doña Fernanda Gómez, maestra superior».

Cabecera: Título, subtítulo, año, fecha y número. En el centro, el dibujo, en blanco y negro, de una mariposa a cuyos lados se inscriben unas leyendas que explican el contenido de la publicación.

Residencia administrativa: Imperial, 14, Colegio; a partir del 2-V-1867 (n.º 25), plaza. de Bilbao, 8.

Periodicidad: Quincenal, salía el 2 y el 16 de cada mes.

Fecha inicial y último número: 2-V-1866 / ¿?

Difusión: Madrid, provincias y extranjero.

Precio: 4 rs. al mes, en Madrid. En provincias, 14 rs. al trimestre; 26, al semestre; y 50, al año. En el extranjero, 22 rs. al trimestre, cuyo pago se verificaba o en sellos o en «libranzas».

Formato: 27 cm. × 19 cm.

Número de páginas: 8, con numeración independiente por ejemplar.

Número de columnas: 2, desprovistas de adornos.

Nombre y dirección del impresor: Imprenta de Pedro Montero, plazuela del Carmen, 1; e imprenta de Francisco Abienzo, Luciente, 11, a partir del 2-VII-1866 (n.º 5).
Lugar de conservación: (BNM) Z/19424.

Expediente de identidad

Estructura jurídico-financiera: Administrador y editor responsable, Alejandro Gómez.
Condiciones de distribución: En la administración y redacción, y en todas las librerías (en Madrid).
Redacción: Fernanda Gómez, directora y posiblemente autora de los artículos editoriales. Simona Gil y Martínez, Andrés Ru:ьómez e Ibarra, Eugenio de Hartzembusch, Eladia Bautista y Patier, E. L. y Sagrera, y José Gutiérrez y Abascal.

Morfología del periódico

Elementos de estructura: Patrones y figurines (sustraídos de la colección consultada a punta de cuchilla), pliegos de dibujos, y hojas de labores.
Unidades redaccionales: Una unidad fija de artículos editoriales sobre educación, moral, etc.; una segunda, «Gacetilla», de anécdotas, noticias curiosas, etc.; una tercera, de explicación de los dibujos y patrones; y una cuarta, sin carácter fijo, en que se recogen artículos de «divulgación científica», poesías y novelas de costumbres.

REGISTRO DE IDENTIFICACIÓN

Título: *La Moda* (1842) *La Moda Elegante* (1863) *La Moda Elegante Ilustrada* (1864 y siguientes).
Subtítulo: «Revista semanal de Literatura, Teatros, Costumbres y Modas»; «Periódico de las familias».
Cabecera: Título, subtítulo, número, lugar de publicación, fecha y precio.
Residencia administrativa: No se especifica, pero se suscribe en los mismos puntos que *El Comercio*.
Periodicidad: Semanal, salía los domingos.
Fecha inicial y último número: Abril 1842 / año 1927.
Difusión: Cádiz y provincias; más adelante, toda la Península, «las Américas españolas» y los demás Estados americanos. También en Europa (corresponsales en Francia, Inglaterra, Alemania, Bélgica y Portugal).
Precio: Hasta 1861, 4 rs. al mes para los suscriptores de *El Comercio* y 6, a los no suscriptores; 7 rs., en provincias, «franco de porte». En 1861, la edición económica: 2 rs. el número suelto, más 3 rs. el patrón; y 30 rs. al trimestre; 50, al semestre; y 95, al año; la edición de lujo: 4 rs. el número suelto; 45, al trimestre; 80, al semestre; y 140, al año. En 1863, se diversifican los precios, en función del número de figurines, patrones y dibujos de labores. Con 40 figurines iluminados al año, 12 tapicerías en colores en «punto de Berlín», 24 patrones tamaño natural: 16 rs. al mes; 45, al trimestre; 80, al semestre; y 160, al año. Con 12 figurines y 24 patrones: 12 rs. al mes; 35, al trimestre; 65, al semestre; y 120, al año. Sin figurines y con 12 patrones: 8 rs. al mes; 22, al trimestre; 42, al semestre; y 80, al año.

Formato: Varía según las épocas de su larga vida.
Número de páginas: *Idem.*
Número de columnas: *Idem.*
Nombre y dirección del impresor: Imprenta de *El Comercio*, Vestuario, 97.
Lugar de conservación: HMM 643-646/3 y BNM D/6028; D/6089 y D/1038.

Expediente de identidad

Estructura jurídico-financiera: En 1863, editor, Abelardo de Carlos; editor responsable, Felix Prichard. Directores, Abelardo de Carlos y Pilar Sinués de Marco (1862), y Francisco Flores Arenas (1863).
Condiciones de distribución: No aparecen.
Redacción: Pilar Sinués de Marco, Francisco Flores Arenas y Antonio de Trueba. Colaboran: Emilia Carlem, Emmelina Raymond, Elisa Lasteche, Margarita Pérez de Celis, Luisa Pérez de Zambrana, Eloísa González, Isabel Campo Arredondo, Ángela Mazzini, Amalia Domingo y Soler, Julio Nombela, Manuel Palacio y José Selgas...

Morfología del periódico

Elementos de estructura: Profusión de grabados en color y blanco y negro. Figurines, patrones y «dibujos de labores de aguja, incluso los de tapicerías en colores; crochet, caneras, etc.».
Unidades redaccionales: Una unidad dedicada a la moda: explicación de figurines, patrones y pliegos de dibujos. Otra de variedades: anécdotas, anuncios... Y otras unidades variables de artículos, poesías, traducciones, etc.

REGISTRO DE IDENTIFICACIÓN

Título: *La Mujer.*
Subtítulo: «Periódico escrito por una sociedad de señoras y dedicado a su sexo». Del 1 de enero en adelante: «Defensor y sostenedor de los intereses de su sexo. Redactado por una sociedad de jóvenes escritoras».
Cabecera: Título, subtítulo, época, fecha y número.
Residencia administrativa: No aparece.
Periodicidad: Salía todos los domingos.
Fecha inicial y último número: 1851 / IX-1852.
Difusión: Madrid y provincias.
Precio: 4 rs. al mes, en Madrid. En provincias, 10 rs. dos meses («francos de portes»).
Formato: 32 cm. × 21,5 cm.
Número de páginas: 6, con numeración independiente por ejemplar.
Número de columnas: 2, desprovistas de adornos.
Nombre y dirección del impresor: Imprenta de José Trujillo, hijo, calle de M.ª Cristina, 8.
Lugar de conservación: BNM D/2328 (se conserva a partir del n.º 32, 7-III-1852).

Expediente de identidad

Estructura jurídico-financiera: Se desconoce.
Condiciones de distribución: En Madrid, en las librerías de Monier y Cuesta; en provincias, en las Administraciones de Correos y en sus corresponsales (no se especifican).

Redacción: Directora, Ángela Grassi. Josefa Moreno Nartos, Robustiana Armiño, Rogelia León, Natalia B. de Ferrant, Vicenta Villaluenga, Enriqueta Lozano, Venancia López Villabrille, Cecilia González, Ángela Monjón de Mass, María Verdejo y Durán.

Morfología del periódico

Elementos de estructura: Carece de patrones y figurines u otros elementos característicos de la prensa femenina.

Unidades redaccionales: Una unidad fija de artículos editoriales sobre educación, moral, etc.; una revista de modas, poesías, historias, leyendas... Y una tercera unidad de anuncios de carácter benéfico y otros que anuncian obras o éxitos de mujeres escritoras.

Registro de identificación

Título: *El Nuevo Pensil de Iberia* (3.ª época, antes: *El Pensil Gaditano*). A partir de 1859 (4.ª época), *El Pensil de Iberia*.

Subtítulo: «Periódico de Literatura, Ciencias, Artes y Teatro». A partir de 1859, «Revista Universal Contemporánea».

Cabecera: Título, subtítulo, época, fecha y número.

Residencia administrativa: No aparece.

Periodicidad: Salía los 10, 20 y 30 de cada mes (suspendido los meses de enero, febrero y marzo de 1859).

Fecha inicial y último número: 10-X-1857 / 10-VIII-1859.

Difusión: Cádiz y el resto de España.

Precio: 3 rs. al mes, en Cádiz. En el resto de España, 10 rs. por tres meses; 19, al semestre, y 35, al año.

Formato: Folio.

Número de páginas: 8.

Número de columnas: 4.

Nombre y dirección del impresor: Imprenta y tipografía de Filomeno F. de Arjona, calle de la Torre, 27; e Imprenta y Litografía del *Boletín del Comercio*, en el número 4 de la 3.ª época.

Lugar de conservación: (HMM) AH7/6 (n.ºs 1466-1467).

Expediente de identidad

Estructura jurídico-financiera: Editor responsable, Pedro Luis Carniego.

Condiciones de distribución: No se especifican.

Redacción: En el número 1 de la 4ª época se publica la lista de redactoras y redactores: Margarita Pérez de Celis, M.ª Josefa Zapata, Rosa Butler, Rosa Marina, Antonio J. Cervera, Antonio Quiles, Antonio Negrete, Antonio Domingo de la Vega, Federico Ferredón, Fernando Beltrán, Fernando Garrido, Francisco Pi i Margall, Francisco P. de Puente, Joaquín Fiol, Joaquín Martínez, José Bartorelo, José Francisco Vich, Manuel Jiménez, Narciso Monturiol, Roberto Robert, Romualdo Lafuente, Roque Barcia y Sixto Sáenz de la Cámara.

Morfología del periódico

Elementos de estructura: Carece de los elementos propios de la prensa femenina.

Unidades redaccionales: Sin lugar fijo: artículos, poesías, traducciones de originales franceses, noticias de teatro (en el espacio habitual «Revista teatral»), variedades, anuncios.

REGISTRO DE IDENTIFICACIÓN

Título: *El Periódico de las Damas*

Subtítulo: No tiene.

Cabecera: Título.

Residencia administrativa: Plazuela de Santiago, 1.

Periodicidad: Salía los lunes.

Fecha inicial y último número: 1-I-1822 / 24-VI-1822.

Difusión: Madrid y diecisiete provincias más.

Precio: En Madrid, los números sueltos 3 rs. y medio; al mes, 3 pts.; 8, al trimestre; 14, al semestre; y 25, al año. En provincias, 5 reales más, por envío franco de porte.

Formato: Cuadernillo de 16,5 cm. × 10,5 cm.

Número de páginas: 48 por ejemplar.

Número de columnas: 1.

Nombre y dirección del impresor: C. Martínez, imprenta en la calle de la Greda; a partir del cuadernillo IX: Imprenta de León Amarita, Carrera de San Francisco, 1. En el n.° XII, el despacho y la imprenta se trasladan a la Plazuela de Santiago, 1.

Lugar de conservación: HMM AM2/ (n.ᵒˢ 226-228).

Expediente de identidad

Estructura jurídico-financiera: Fundador, director y propietario, León Amarita.

Condiciones de distribución: Se distribuye en Madrid en las librerías de Collado y de Cruz y Miyar. En Cádiz, en la de Picardo; en Valencia, en la de Ildefonso Monpié; en Málaga, en la de Cámara; en Bilbao, en la de García; en Zaragoza, en la imprenta Ventura; en Vitoria, en la librería de Bavirio; en Granada, en la de Sanz; en Jaén, en la de Bernard; en Logroño, en la de Olázaga; en Badajoz, en la de Patrón e hijo; en Salamanca, en la de Blanco; en San Sebastián, en la de José Ángel Satrústegui; y en la Calzada, en la de Miguel Mateo.

Redacción: León Amarita y Lucas Alemán y Aguado.

Morfología del periódico

Elementos de estructura: Si bien en los cuadernillos conservados no aparece ningún elemento aparte del texto, en *Apuntes para un catálogo de la prensa madrileña*, Hartzembusch indica que los figurines provenían de *L'Observateur des Modes*, de París.

Unidades redaccionales: Una primera unidad de artículos sobre cuestiones relativas a la mujer; una segunda, relatos o anécdotas de tipo histórico-moralizante; una tercera, poesías; una cuarta, comentarios sobre modas; una quinta, denominada «Charada»; y una sexta, de noticias políticas sobre las Cortes extraordinarias de 1822 y otras enviadas de provincias.

REGISTRO DE IDENTIFICACIÓN
   Título: *La Psiquis.*
   Subtítulo: «Periódico del Bello Sexo».
   Cabecera: Título, subtítulo, número y año.
   Residencia administrativa: No aparece.
   Periodicidad: No se especifica.
   Fecha inicial y último número: (sólo se conserva, en BNM, un ejemplar).
   Difusión: Valencia.
   Precio: 2 reales.
   Formato: 22 cm. × 14,5 cm.
   Número de páginas: 8.
   Número de columnas: 1, con el texto enmarcado y con pequeños adornos de guirnaldas.
   Nombre y dirección del impresor: Manuel López.
   Lugar de conservación: (BNM) 3/77414 (solamente se conserva el n.º 16 del año 1840, en un volumen con periódicos de 1845, entre ellos *El Vergel de Andalucía, El Tocador,* etc.).

Expediente de identidad
   Estructura jurídico-financiera: Se desconoce.
   Condiciones de distribución: No aparecen.
   Redacción: Se desconoce.

Morfología del periódico
   Elementos de estructura: ¿?
   Unidades redaccionales: ¿?

REGISTRO DE IDENTIFICACIÓN
   Título: *El Tocador.*
   Subtítulo: «Gacetín del Bello Sexo. Periódico semanal de Educación, Literatura, Anuncios y Modas».
   Cabecera: Título, subtítulo, número, tomo y fecha.
   Residencia administrativa: No aparece.
   Periodicidad: Del primer número al cuarto, salió en domingo. A partir del quinto, el jueves.
   Fecha inicial y último número: 14-VII-1844 / 27-II-1845.
   Difusión: En Madrid y provincias.
   Precio: En Madrid, llevado a casa, 6 reales al mes; 16, al trimestre; y 30, al semestre. En provincias: 8 rs. al mes; 22, al trimestre; y 40, al semestre.
   Formato: 22 cm. × 14,5 cm.
   Número de páginas: 16, con numeración seguida para encuadernar.
   Número de columnas: 1.
   Nombre y dirección del impresor: Establecimiento artístico y literario de Manini y Cía.
   Lugar de Conservación: (HMM) 7/5 (n.º 1435); (BNM) D/5042 y 3/77414.

Expediente de identidad
   Estructura jurídico-financiera: Se desconoce.

Condiciones de distribución: En Madrid se suscribía en el Establecimiento artístico y literario de Manini y Cía., plazuela de Santa Catalina de los Donados, 1, 4.° pral.; en la librería de Brun, frente a la obra de San Felipe; en la de Razola, calle de la Concepción Jerónima; en la de Denné, Hidalgo y Cía., en la calle de la Montera; en la de Villa, plazuela de Santo Domingo; en el almacén de música de Moscardó, Preciados, 16; en la litografía Bachiller, y en la perfumería Sanahuja, Relatores, 5. En provincias, en las Comisiones del establecimiento artístico... y en todas las administraciones de Correos y estafetas.

Redacción: A. Ribot i Fontsere, Miguel Ángel Príncipe. Colaboran: A. V., Melania Waldor, José Antonio de Escalante, Andrés Avelino Benítez, Ayguals de Izco, José Ferrer, A. Pirala y Carolina Alvarez Luna.

Morfología del periódico

Elementos de estructura: Figurines «iluminados» (2 por la suscripción normal y 2 más, a real cada uno. De éstos, 3 de señora y 1 de caballero).

Unidades redaccionales: Una primera unidad, sección fija, de artículos sobre educación moral, dedicados a las madres y basados en *Emilio,* de Rousseau. Cuando desaparece esta sección ocupa su lugar las novelas por entregas. Una segunda, dedicada a la Moda; tercera unidad: poesías; cuarta, folletín traducido del francés; quinta, «Doña Celestina en el Tocador o secretos útiles al Bello Sexo»; sexta, bibliografía; y una séptima unidad, sin sección fija, de artículos variados, anuncios «relativos al bello sexo y a precios convencionales», etc.

REGISTRO DE IDENTIFICACIÓN

Título: *El Vergel de Andalucía.*

Subtítulo: «Periódico dedicado al Bello Sexo».

Cabecera: Título, subtítulo, año y fecha.

Residencia administrativa: No aparece.

Periodicidad: Semanal.

Fecha inicial y último número: 19-X-1845 (sólo se conservan, en la BNM, 9 números a partir de esa fecha).

Difusión: Córdoba.

Precio: 16 reales al trimestre.

Formato: 21 cm. × 14 cm.

Número de páginas: 8, con numeración seguida para encuadernar.

Número de columnas: 1, con sencillos adornos.

Nombre y dirección del impresor: Establecimiento tipográfico de Fausto García Tena, Librería, 2.

Lugar de Conservación: BNM 3/77414.

Expediente de identidad

Estructura jurídico-financiera: Se desconoce.

Condiciones de distribución: En Córdoba, en la redacción de *El Bazar Literario.* Suscripción exclusiva para mujeres.

Redacción: La Adalia (seudónimo), Carolina Coronada, Adela García, Robustiana Armiño, Ángela Grassi, Manuela Cambronero, Amalia Fenollosa, M. Soriano Fuertes y R. García A. de López.

Morfología del periódico

Elementos de estructura: Carece de figurines.

Unidades redaccionales: Una primera unidad, sección más o menos fija, de artículos sobre educación moral, derechos, etc., de la mujer; una segunda sección de poesías y artículos relativos a la mujer.

REGISTRO DE IDENTIFICACIÓN

Título: *La Violeta.*

Subtítulo: «Revista Hispano-Americana. Literatura, Ciencias, Teatros y Modas».

Cabecera: En la margen izquierda del título se especifican las condiciones de publicación: se publica todos los domingos; pliego de 16 páginas, tamaño aproximado de un folio, a dos columnas. Novelas, láminas, figurines y patrones. En la margen derecha, precios de suscripción. Bajo el escudo central, que enmarca el título, el subtítulo.

Residencia administrativa: Postigo de San Martín, 9, 3.º decha.

Periodicidad: Semanal.

Fecha inicial y último número: 7-XII-1862 / 1866.

Difusión: Madrid, provincias, Ultramar y extranjero.

Precio: 8 reales al mes, en Madrid; 9, en provincias; 27, al trimestre; 52, al semestre; y 100, al año. En Ultramar y extranjero: 8 pesetas al mes.

Formato: Folio, aproximadamente.

Número de páginas: 16, con numeración seguida para encuadernar.

Número de columnas: 2.

Nombre y dirección del impresor: No aparece.

Lugar de Conservación: HMM: AH10/1 (n.º 1907-1909).

Expediente de identidad

Estructura jurídico-financiera: Editor responsable y propietario, Valentín Melgar; directora y propietaria, Faustina Saéz de Melgar.

Condiciones de distribución: No aparecen.

Redacción: Directora y redactora principal, Faustina Sáez. Autor de todo lo no firmado (a partir del 30-X-1864), Enrique Domenech. Colaboradoras: Rogelia León, Joaquina Carnicero, Francisca Carlota de Riego Pica, Amalia Díaz, Ana María Franco, Elena G. de Avellaneda, Lorenza Carrasco, Antonia Díaz Lamarque, Fernán Caballero, Amalia Moreno y Guerrero, Ángela Grassi, M.ª Josefa Zapata, Pilar Sinués de Marco. Secretario de Redacción, Enrique Domenech y Juan Molina (a partir del n.º 135).

Morfología del periódico

Elementos de estructura: Laminas, figurines, dibujos de labores y patrones.

Unidades redaccionales: Una primera sección de artículos educativos. Una segunda, de modas: otra sección de poesías, cuentos, narraciones, denominada «Revista de la semana»; y una unidad, sin sección fija, de variedades, anécdotas, etc.

BIBLIOGRAFÍA

1. Historia de la prensa

ACOSTA MONTORO, José, *Periodismo y literatura* (2 vols.), Madrid, Ed. Guadarrama, 1973.

ADLER, L., *A l'Aube du féminisme: Les premières journalistes (1830-1850)*, París, Payot, 1979.

BALESTRERI, L., «Il settimanale genovese *La Donna* (1855-56) nel quadro del giornalismo femminile del Risorgimento», en *Rassegna storica del Risorgimento*, oct-dic. 1952.

BARRÈRE, Bernard, y otros, *Metodología de la historia de la prensa española*, Madrid, Siglo XXI, 1982.

CENDÁN PAZOS, F., *Historia del derecho español de prensa e imprenta, 1502-1966*, Madrid, Editora Nacional, 1974.

DANCYGER, Irene, *A world of women. An illustrated history of women's magazines*, Londres, Gill and Macmillan, 1978.

DARDIGNA, Anne Marie, *La presse «feminine». Fonction idéologique*, París, Maspero.

DELGADO, M.ª José, «La prensa en la Rioja en el s. XIX, algunas notas para su estudio», en *Homenaje a Tuñón de Lara*, tomo III, 1973.

FRANCO RUBIO, Gloria, «Contribución a la prensa del siglo XIX: *El defensor del Bello Sexo*», en *Tiempo de Historia*, año VII, n.º 75, II-1981, págs. 100-105.

GÓMEZ APARICIO, Pedro, *Historia del periodismo español* (4 vols.), Madrid, Editora Nacional, 1967.

GONZÁLEZ BLANCO, Edmundo, *Historia del periodismo, desde sus comienzos hasta nuestra época*. Madrid, 1919.

KLEIN-LATAUD, Christine, «De la voix de femmes à la citoyenne: les femmes prennent la parole. Étude de la presse féministe française du XIXe siècle», en *Documentation sur la Recherche Féministe* DRF. vol. 14, n.º 2 (VI/VII 1985), Toronto, 1985.

MARRADES, Isabel, «Feminismo, prensa y sociedad en España», en *Papers*, n.º 9, págs. 89-134, Barcelona, 1970.

MARSA VANCELLS, Plutarco, *La mujer en el periodismo*, Madrid, Torremozas, 1987.

PERINAT, Adolfo, y MARRADES, Isabel, *Mujer, prensa y sociedad en España. 1800-1939*, Madrid, Centro de investigaciones sociológicas, 1980.

—, *Imagen de la mujer en la prensa femenina española*, Barcelona, 1977

ROIG CASTELLANOS, Mercedes, *La mujer y la prensa desde el siglo XVII a nuestros días*, Madrid, imprenta Tordesillas, 1977.

—, *La mujer en la historia a través de la prensa en Francia, Italia y España. SS. XVIII y XIX*, Madrid, Instituto de la Mujer, 1989.

RUBIO CREMADES, Enrique, «Análisis de la publicación *El Pensil del Bello Sexo*», en [MAYORAL, Marina] *Escritoras románticas...*, págs. 95-103.

SEGURA, Isabel, y SELVA, Marta, *Revistes de dones (1864-1935)*, Barcelona, Edhasa, 1984.

SEOANE, M.ª Cruz, *Historia del periodismo en España, II. El siglo XIX*, Madrid, Alianza Editorial, 1983.

SIMÓN PALMER, M.ª del Carmen, «Revistas españolas femeninas en el siglo XIX», en *Homenaje a don Agustín Millares Carlo*, Gran Canaria, Caja Insular de Ahorros, 1975, págs. 401-45.

SULLEROT, Evelyne. *La presse féminine*, París, 1963.

—, *Histoire de la presse féminine en France, des origines à 1848*, París, 1966.

TARRÍO VARELA, Anxo, «Un caso de travestismo (¿ideológico?)-literario en la Compostela de 1841: *El Iris del Bello Sexo*», en [MAYORAL, Marina] *Escritoras románticas...*, págs. 105-118.

TOBAJAS, Marcelino, *El periodismo español (notas para su historia)*, Madrid, Forja, 1984.

TORRENT, J., y TASIS, R, *Història de la prensa catalana*, Barcelona, Bruguera, 1966.

—, *La prensa de Barcelona (1641-1967)*, Barcelona, Bruguera, 1969.

VALLS, Josep-Frances, *Prensa y burguesía en el siglo XIX español*, Barcelona, Anthropos, 1988.

Veinticuatro diarios (Madrid, 1830-1900) artículos y noticias de escritores españoles del siglo XIX. Seminario de Bibliografía Hispánica de la Facultad de Filosofía y Letras de Madrid, Madrid, 1952-1957.

WEILL, G., *El periódico. Orígenes, evolución y función de la prensa periódica*, Méjico, Uteha, 1972.

ZAVALA, Iris M., *Románticos y socialistas. Prensa española del siglo XIX*, Madrid, Siglo XXI, 1972.

2. Catálogos y galerías de periódicos y periodistas

GOROSTIZA, Manuel Eduardo, *Galería en miniatura de los más célebres periodistas, folletistas y articulistas de esta capital*, Madrid, 1832.

HARTZEMBUSCH, J. E., *Apuntes para un catálogo de la prensa madrileña, desde el año 1661 al 1870*, Madrid, 1894.

INSTITUTO BIBLIOGRÁFICO HISPÁNICO. *Catálogo Colectivo de Publicaciones Periódicas en Bibliotecas Españolas*, Madrid, Ministerio de Educación y Ciencia.

OSSORIO Y BERNARD, Manuel, *Ensayo de catálogo de los periodistas españoles del siglo XIX*, Madrid, 1903.

PÉREZ CALVO, Juan, *Galería de la prensa y colección de retratos de los periodistas de España, hechos al daguerrotipo*, Madrid, 1846.

TRAMOYERES BLASCO, L., *Periódicos de Valencia. Apuntes para formar una biblioteca de los publicados, de 1526 hasta nuestros días*, Valencia, 1884.

ZAMORA LUCAS, F., y CASADO JORGE, M., *Publicaciones periódicas existentes en la Biblioteca Nacional*, Dirección de Archivos y Bibliotecas, Madrid, 1952.

3. Catálogos bibliográficos.

BRULLET, Tina, y otros, *La dona: repertori bibliogràfic, 1970-1984*, Bellaterra (Barcelona), Universidad Autónoma, 1986.

CAPEL, Rosa M.ª, *Mujer española y sociedad. Bibliografía (1900-1984)*, Madrid, Instituto de la Mujer, 1984.

COLOMA RUIZ, Pilar, *Cataleg de la bibliografia feminista recopilada a las bibliotecas de la ciutat de Valencia*, Valencia, Centro de documentació, recerca i iniciativa de les dones, 1985.

COSSÍO, José María, «Bibliografía decimonónica: Zorrilla, la Avellaneda y Alarcón», en *Boletín Biblioteca Menéndez Pelayo*, t. 34, 1958.

CRIADO Y DOMÍNGUEZ, Juan P., *Literatas españolas del siglo XIX. Apuntes bibliográficos*, Madrid, Imp. A. Pérez Dubrull, 1889.

DÍAZ SÁNCHEZ, Pilar, *Las mujeres en la historia de España. Siglos XVII-XIX. Bibliografía comentada*, Madrid, Instituto de la Mujer, 1988.

DURÁN, M.ª Ángeles, «Mujeres, misóginos y feministas en la literatura española (Comentarios a/y un millar de referencias bibliográficas a modo de epílogo)», en *IV Jornadas de Investigación Interdisciplinaria*, Zaragoza, 1986, págs. 412-488.

Escritoras españolas contemporáneas, Madrid, Suc. de Hernando, 1889.

Escritoras románticas españolas [ed. a cargo de MAYORAL, Marina], Madrid, Fundación Banco Exterior, 1990.

FERRERAS, J. I., *Catálogo de novelas y novelistas españoles del siglo XIX*, Madrid, Cátedra, 1979.

GRECO, O., *Bibliografía femminile italiana del XIX secolo*, Venecia, 1870.

MARTÍN DE LA CÁMARA, Eduardo, *Catálogo bio-bibliográfico de escritoras españolas de los S. XIX y XX* [s.l.], 1919.

MOLINS, A. Elías de, *Diccionario biográfico y bibliográfico de escritores y artistas catalanes del siglo XIX*, Barcelona, 1889.

OVILO OTERO, Manuel, *Manual de biografías y bibliografía de los escritores españoles del siglo XIX*, París, 1859 (2 vols.).

PARADA, Diego, *Escritoras y eruditas españolas*, Madrid, Minuesa, 1881.

ROKISKI LÁZARO, Gloria, *Bibliografía de la poesía española del siglo XIX (1801-1850)*, Madrid, CSIC, 1988.

SERRANO Y SANZ, Manuel, *Apuntes para una biblioteca de escritores españoles*, Madrid, B.A.E., tomos CCLXVIII y ss.

—, *Apuntes para una biblioteca de escritoras españolas desde el año 1401 al 1833*, Madrid, 1915 (2 vols.).

—, *Antología de poetisas líricas*, Madrid, 1915 (2 vols.).

SIMÓN PALMER, M.ª del Carmen, «La mujer del siglo XIX, notas bibliográficas», en *Cuadernos bibliográficos*, XXXI, Madrid, 1974, págs. 141-98; XXXII, Madrid, 1975, págs. 109-50; XXXVII, Madrid, 1978, 44 págs.; XXXVIII, Madrid, 1979, 31 págs.

—, *Mujer española en la sociedad del siglo XIX. Notas bibliográficas, III*, Madrid, Raycar, 1978 [Separata de Cuadernos Bibliográficos].

—, *Escritoras españolas del siglo XIX. Manual bio-bibliográfico*, Madrid, Ed. Castalia, 1991.

TRELLES, Carlos, *Bibliografía cubana de los siglos XIX y XX*, Matanzas, Quirós y Estrada, 1914-16 (3 vols.).

4. Biografías, semblanzas, retratos. La mujer en la literatura y el arte.

ALARCÓN Y MELÉNDEZ, S. J., *Una celebridad desconocida (Concepción Arenal)*, Madrid, Razón y Fe, 1914.

ANDRÉS, Ramón, «Ángela Grassi, o el cielo de mejor suerte», en [MAYORAL, Marina] *Escritoras románticas...*, págs. 143-154.

ARIAS de COSSÍO, Ana M.ª, «La imagen de la mujer en el Romanticismo español», en [PEÑA, Carmen] *La imagen de la mujer...*, págs. 113-119.

BERBEITO Y CERVIÑO, M.ª, *Concepción Arenal. Breviario humano (Antología de pensamientos)*, Madrid, Aguilar, 1949.

BERNAL, Emilia, «G. Gómez de Avellaneda: su vida y su obra», en *Cuba Contemporánea*, n.º 37, año XIII, La Habana.

BRAVO-VILLASANTE, Carmen, *Una vida romántica, la Avellaneda*, Barcelona, Edhasa, 1967.

—, «La mujer como autora literaria», en *Historia 16*, n.º 145, año XIII, mayo 1988.

CALVO AGUILAR, Isabel, *Antología biográfica de escritoras españolas*, Madrid, Biblioteca Nueva, 1954.

CAMPOAMOR, Clara, *El pensamiento vivo de Concepción Arenal*, Buenos Aires, Losada, 1939.

CASAS FERNÁNDEZ, Manuel, *Concepción Arenal. Su vida y su obra*, Madrid, Librería Victoriano Suárez, 1936.

CASCALES MUÑOZ, J., «Carolina Coronado. Su vida y sus obras», en *La España Moderna*, n.º 268 (IV-1911), págs. 40-64.

CASTELAR, Emilio, *Galería histórica de mujeres célebres*, Madrid, 1886-1889 (8 vols.).

CASTILLO DE GONZÁLEZ, Aurelia, «Biografía de Gertrudis Gómez de Avellaneda», en *Revista Cubana*, t. V, 1887.

CATENA, Elena, «Concepción Arenal, romántica progresista», en [MAYORAL, Marina] *Escritoras románticas...*, págs. 197-205.

COLOMA, Luis, *Retratos de antaño*, Madrid, 1895 (2 vols.).

CORONADO, Carolina, «Gertrudis Gómez de Avellaneda», en *La Discusión*, 5-VIII-1857 y 29-V-1858.

—, «Galería de poetisas españolas contemporáneas. Introducción», en *La Discusión*, 1-V-1857.

—, «Las poetisas españolas. D.ª Josefa Massanés», en *La Discusión*, 21-VI-1857.

CORTÉS, José Domingo, *Poetisas americanas. Ramillete poético del bello sexo hispano-americano* [s.l], 1875.

COTARELO Y MORI, Emilio, *La Avellaneda y sus obras: Ensayo biográfico y crítico*, Madrid, Tipografía de Archivos, 1930.

CRUZ DE FUENTES, Lorenzo, *La Avellaneda. Autobiografía y cartas de la ilustre poetisa*, Huelva, 1907.

DIEGO, Estrella de, «Prototipos y antiprototipos de comportamiento femenino a través de las escritoras españolas del último tercio del siglo XIX», en *IV Jornadas de investigación interdisciplinaria*, Zaragoza, Universidad, 1986, páginas 233-250.

—, *La mujer y la pintura del XIX español (cuatrocientas olvidadas y algunas más)*, Madrid, Cátedra, 1987.

DORADO, Pedro, *Concepción Arenal. Estudio biográfico*, Madrid, La España Moderna [s.a.].

Enciclopedia biográfica de la mujer, Barcelona, 1967.

ESCOTO, José Augusto, Gertrudis Gómez de Avellaneda. Cartas inéditas y documentos relativos a su vida en Cuba de 1859 a 1864. Colección ilustrada por..., Matanzas, La Pluma de Oro, 1911.

EZQUERRA DEL BAYO, *Retratos de mujeres españolas del siglo XIX,* Madrid, 1924.

FERNÁNDEZ DE LOS RÍOS, Ángel, *Álbum biográfico. Museo universal de retratos y noticias de las celebridades de todos los países en las ciencias, la política, las letras, las artes, la industria, las armas, etc.*, Madrid, Oficinas del *Seminario Pintoresco Español*, 1849.

FERNÁNDEZ VAAMONDE, Emilio, *Mujeres. Semblanzas poéticas*, Madrid, Impr. del Cuerpo de Artillería, 1897.

FERRERAS, Juan Ignacio, «La novela decimonónica escrita por mujeres», en [MA-YORAL, Marina] *Escritoras románticas...*, págs. 17-24.

FIGAROLA CANEDA, Domingo, *Gertrudis Gómez de Avellaneda. Biografía, bibliogafía e iconografía, incluyendo muchas cartas inéditas o publicadas escritas por la gran poetisa o dirigidas a ella y sus memorias*, Madrid, Soc. Gen. Esp. de Librería, 1929.

—, *La condesa de Merlin*, París, 1928.

Galería universal de biografías y retratos de los personajes más distinguidos en política, armas, religión, letras, ciencias, desde 1848 a nuestros días, Madrid, Elizalde y Cía., 1868 (2 vols.).

GARCÍA, Domitila, *Álbum poético fotográfico de escritoras cubanas*, La Habana, 1868.

GÓMEZ DE AVELLANEDA, Gertrudis, «Apuntes biográficos de la Sra. Condesa de Merlin», en *Revista de Madrid*, Madrid, 1844.

—, *Autobiografía y cartas*, Madrid, Impr. Helénica, 1914 [2.ª ed. corregida y aumentada].

—, «Rasgo biográfico de la ilustre poetisa camagüeyana, excelentísima D.ª Gertrudis Gómez de Avellaneda, viuda de Sabatier, escrito por ella misma», en *El Almendares*, La Habana, 1853, t. III, págs. 125-127.

—, *Obras literarias de la sta...* Colección completa, Madrid, Impr. Rivadeneyra, 1871.

—, y PÉREZ DE ZAMBRANA, Luisa, «Galería de mujeres célebres», en *El Álbum Cubano de lo Bueno y lo Bello*, La Habana, 1860.

GÓMEZ DE LA SERNA, Ramón, «Mi tía Carolina Coronado», en *Biografías completas*, Madrid, Aguilar, 1959.

GONZÁLEZ EMPRESATI, Carlos, *La juventud de Amalia Fenollosa, poetisa romántica*, Castellón de la Plana, Sociedad Castellonense de Cultura, 1965.

HARTER, Hugh A., *Gertrudis Gómez de Avellaneda*, Boston, Twayne, 1981.

HEINERMANN, Theodor, *Cecilia Böhl de Faber (Fernán Caballero) y Juan Eugenio Hartzembusch. Una correspondencia inédita*, Madrid, Espasa-Calpe, 1944.

HERRERA DE HERRERA, Manuela, condesa de la Mortera, *Escritoras cubanas; composiciones escogidas de las más notables escritoras de la Isla de Cuba* [s.l.], 1893.

HERRERO, Javier, *Fernán Caballero, un nuevo planteamiento*, Madrid, 1968.

HUERTA POSADA, Ramón de la, «Escritoras y artistas españolas», en *Álbum Iberoamericano*, Madrid, 1897.

KIRKPATRICK, Susan, «La "hermandad lírica" de la década de 1840», en [MAYORAL, Marina] *Escritoras románticas...*, págs. 25-41.

—, *Las románticas. Escritoras y subjetividad en España, 1835-1850*, Madrid, Cátedra, 1991.

LAFFITTE, M.ª, condesa de Campo Alange, *Concepción Arenal (1820-1893). Estudio biográfico documental*, Madrid, Revista de Occidente, 1973.

LANDA, Juan, *Hombres y mujeres célebres de todos los tiempos y de todos los países*, Barcelona, 1877-1882.

LAZO, Raimundo, *Gertrudis Gómez de Avellaneda: la mujer y la poetisa lírica*, Méjico, Ed. Porrúa, 1972.

LÓPEZ ARGÜELLO, Alberto, *Epistolario a Fernán Caballero. Una colección de cartas inéditas de la novelista*, Barcelona, 1922.

MAÑACH, Francisco, *Concepción Arenal, la mujer más grande del S. XIX*, Buenos Aires, Impr. de Juan Alsina, 1907.

MARSA VANCELLS, Plutarco, *La mujer en la literatura*, Madrid, Torremozas, 1987.

MARTÍNEZ OLMEDILLA, Augusto, *Mujeres del romanticismo español. Anecdotario*, Bilbao, 1948.

MONREAL DE LOZANO, Luciana C., *Españolas y americanas ilustres*, Madrid, E. Raso, 1908.

MONTESINOS, José F., *Fernán Caballero: ensayo y justificación*, Berkeley y Los Ángeles, University of California Press, 1961.

NAVAS RUIZ, Ricardo, «Discurso feminista y voz femenina: las poesías de María Josefa Massanés», en [MAYORAL, Marina] *Escritoras románticas...*, págs. 177-195.

NELKEN, Margarita, *Las escritoras españolas*, Barcelona, 1930.

OSSORIO Y BERNARD, Manuel, *Apuntes biográficos de artistas españoles del siglo XIX*, Madrid, Ramón Moreno, 1868-69.

PEÑA, Carmen, *La imagen de la mujer en el arte español*, Madrid, Universidad Autónoma, 1984.

RUIZ SILVA, Carlos, «Ángela Grassi: una aproximación», en [MAYORAL, Marina] *Escritoras románticas...*, págs. 155-166.

PORPETTA, Antonio, y JIMÉNEZ FARO, Luzmaría, *Carolina Coronado (Apunte biográfico y Antología)*, Madrid, Torremozas, 1983.

SALIDO y PÉREZ MATEOS, *Ellos y ellas. Semblanzas de vapor*, Cádiz, 1894.

SALILLAS, AZCÁRATE y SÁNCHEZ MIGUEL, *D.ª Concepción Arenal y sus obras*, Madrid, Libr. Victoriano Suárez, 1894.

SANMARTÍN Y AGUIRRE, J., «Escritoras contemporáneas. D.ª Ángela Grassi», en *El Álbum de las Familias*, 25-VIII-1866.

SANDOVAL, Adolfo de, *Carolina Coronado y su época*, Zaragoza, Librería General, 1929.

SANTA CRUZ Y MONTALVO, Mercedes, duquesa de Merlin, *Mes premières douze années*, París, 1831 [traducida por Agustín de Palma, *Mis primeros doce años*, 1838].

SIMÓN PALMER, M.ª del Carmen, «Escritoras españolas del siglo XIX o el miedo a la marginación», en *Anales de Literatura Española de la Universidad de Alicante*, 1985, págs. 477-490.

—, «Panorama general de las escritoras románticas españolas», en [MAYORAL, Marina] *Escritoras románticas...*, págs. 9-16.

SINUÉS NAVARRO, Pilar, *Galería de mujeres célebres. Colección de biografías escritas por...*, Madrid, 1862.

—, «Gertrudis Gómez de Avellaneda», en *El Correo de la Moda*, 28-I-1861.

TORRES NEBRERA, Gregorio, *Carolina Coronado*, Mérida, Editora Regional de Extremadura, Cuadernos Populares, n.º 13, 1986.

VAILLANT, René E. E., *Concepción Arenal*, Nueva York, Instituto de las Españas, 1926.

VALDÉS CRUZ, Rosa, «En torno a la tolerancia de pensamiento de la Avellaneda», en *Cuadernos Hispanoamericanos*, vol. 127, n.º 380 ,II-1982.

VALENCINA, fray Diego, *Cartas de Fernán Caballero. Coleccionadas y anotadas por el muy reverendo...*, Madrid, 1919.

VALERA, Juan, *Las mujeres y las Academias. Cuestión social inocente por Eleuterio Bilogyno* [seud.], Madrid, Fernando Fe, 1891.

VILARRUBIAS, Felió A., *Noticia de una colección de papeles de José Massanés (1777-1857) y Josefa Massanés (1811-1887)*, Barcelona, Diputación Provincial, 1966.

VILLAVERDE, Cirilo, «La señorita Gertrudis Gómez de Avellaneda», en *El Faro Industrial*, La Habana [s.a.].

5. La mujer y las leyes

CANALES E IBÁÑEZ, «Juicio crítico de las reformas jurídico-sociales que al presente reclaman, en favor de la mujer, los partidarios de su completa emancipación», en *Discursos inaugurales de los cursos universitarios*, Madrid, 1884.

CAMPOAMOR, Clara, *La situación jurídica de la mujer española* [s.l.], 1938.

CEPEDA, Paloma, «La situación jurídica de la mujer en España durante el Antiguo Régimen y el régimen Liberal», en [GARCÍA NIETO, Carmen] *Ordenamiento jurídico...*, págs. 181-195.

FERREIRO LAGO, Ramón, *Condición jurídica de la mujer. Estudio filosófico, histórico y del Código Civil*, Valladolid, 1902.

FRANCOS RODRÍGUEZ, *La mujer y la política española*, Madrid, 1920.

GACTO, Enrique, «Entre la debilidad y la simpleza. La mujer ante la ley», en *Historia 16*, n.º 145-extra, año XIII, mayo 1988.

GARCÍA NIETO, Carmen, *Ordenamiento jurídico y realidad social de las mujeres*, Madrid, Universidad Autónoma, 1986.

GÓMEZ MANPASO, Valentina, «La mujer y el derecho en la España del S. XIX: Concepción Arenal», en [GARCÍA NIETO, Carmen] *Ordenamiento jurídico...*, páginas. 239-246.

GÓMEZ MORÁN, Luis, *La mujer en la historia de la legislación*, Madrid, 1949.

KRUG, Charles, *La femme et le droit civil français* [s.l.], 1890.

LABAULAYE, *Recherches sur la condition civile et politique des femmes* [s.l.], 1843.

PERROT, Michelle, *L'impossible prison* [Recherches sur le système pénitentiaire au XIXe siècle, réunies par...], París, Seuil, 1980.

6. Mujer y sociedad

ACUÑA VILLANUEVA, Rosario, *Tiempo perdido (algo sobre la mujer)* [s.d.].

—, *Consecuencias de la degeneración femenina* (Conferencia en el Fomento de las Artes), Madrid, 1888.

A. G., «Las mujeres», en *El Nacional*, 17,18 y 20-XII-1840.

ALONSO Y RUBIO, Francisco, *La mujer desde el punto de vista filosófico, social y moral: sus deberes en relación con la familia y la sociedad*, Madrid, 1963.

ARENAL, Concepción, *La mujer del porvenir* [en *Obras completas*], Madrid, 1913.

—, *La mujer de su casa* [s.l.], 1881.

—, «Estado actual de la mujer en España», en *La España Moderna*, año VII, t. LXXXI, 1884.

BARCIA CABALLERO, *Misión docente y misión social de la mujer*, La Coruña, 1914.

BARGONI, A., *La donna*, Turín, 1877.

BEBEL, Augusto, *La mujer en el pasado, el presente y el porvenir*, Barcelona, 1927.

BELGIOIOSO, Cristina, «Delle presente condizione delle donne e del loro avvenire», en *Nuova Antologia de Firenze*, Florencia, 1866.

CATALINA, Severo, *La mujer, apuntes para un libro*, Madrid, 1862.

CARANZARO, C., *La donna italiana nelle scienze, nelle lettere e nelle arti*, Florencia, 1890.

CINSKI, J., El porvenir de las mujeres (seguido de [MORLA, Joaquina] Una palabra a las españolas), Cádiz, 1841.

«Ensayo sobre el carácter, costumbres y espíritu de las mujeres en las diversas épocas históricas», en *Mundo Militar*, n.° 101, año III, 13-X-1861.

CHERNER, Matilde, «Las mujeres pintadas por sí mismas», en *La Ilustración de la mujer*, 1875.

D'AGUANNO, *La missione sociale della donna secondo i dati dell'antropologia e della sociologia*, Milán, Dumolard, 1894.

ESTÉVEZ Y ROMERO, Luis, *¿Cuáles de las legislaciones actuales satisfacen mejor las exigencias de la justicia respecto a lo que debe ser la condición de la mujer, así en el orden social como en el de la familia?*, La Habana, 1879.

FENOLLOSA, Amalia, «La mujer», en *El Genio*, 27-X-1844.

FERRICCI, C. F., *Una buona madre*, Florencia, 1884.

FLAQUER, Rafael, «La función social de la mujer a través de la prensa madrileña, 1868-1874», en [GARCÍA NIETO, Carmen] *Ordenamiento jurídico...*, páginas 279-287.

FRONTAURA, Carlos: *Las mujeres y los hombres*, Madrid, Imp. *El Día*, 1860.

GARCÍA BALMASEDA, Joaquina, «Derechos y deberes de la mujer», en *El Museo Universal*, t. XIII, 1869, págs. 379-380.

—, *La mujer sensata*, Madrid, Imp. de *La Correspondencia*, 1881.

GAY, Narciso: *La mujer, su pasado, su presente y su porvenir*, Barcelona, 1857.

GÓMEZ DE CÁDIZ, Dolores, «Cartas a María sobre la emancipación de la mujer y si debe o no tomar la iniciativa en las declaraciones de amor», en *El Museo Universal, t. VI, 1862, págs. 171-174 y 187-188*.

GONZALO MORÓN, Fermín, «La mujer», en *El Museo Universal*, t. VI, 1862, pág. 178.

—, «El destino de la mujer», en *Revista de España y del Extranjero*, n.° 9, 1844, páginas. 474-480.

HAVEL, J. E., *La condition de la femme*, París, A. Colin, 1966.

HAVELOCK, Ellis, *La femme dans la societé* [s.l.], 1929.

LANDA, Juan, *La mujer juzgada por los grandes escritores de ambos sexos*, Barcelona, 1870.

LOPE PELEGRÍN, Juan, «De las mujeres», en *El Español*, 14-VI-1836, págs. 3 y 4.

LLANOS Y ALCARAZ, Adolfo, *La mujer en el s. XIX. Hojas de un libro*, Madrid, 1864.

MAIOCCHI, E., *La donna*, Milán, 1890.

MARINA, Rosa, *La mujer y la sociedad*, Cádiz, Imprenta de La Paz, 1857.

MAZZINI, G., *L'amore e la missione della donna. Pensieri*, Génova, 1914.

MERCEY, Mad. de, *La mujer cristiana desde su nacimiento hasta su muerte*, Madrid, 1865.

MICHELET, Jules, *La Femme*, París, 1860.

Misión de la mujer, La... o sea influencia sobre la condición política y social del género humano. Traducida al francés de la novena edición inglesa, por madame Trebicka, y al español por la señorita Ventura Rubiano y Santa Cruz, Valencia, 1845.

MOZZONI, Ana María, *La donna e i soui rapporti sociale*, Milán, 1864.

Mujer, La... *juzgada por los grandes escritores de ambos sexos, o la mujer ante Dios, ante la naturaleza, ante la ley y ante la sociedad. Rico y precioso mosaico de todas opiniones emitidas sobre las mujeres*, Barcelona [s.a.].

—, «La mujer», en *La América*, 8-IV-1862.

—, «La mujer no es inferior al hombre», en *El Nuevo Pensil de Iberia*,10-XII-1858.

—, *Las mujeres españolas, portuguesas y americanas tales como son en el hogar doméstico, en los campos, en las ciudades, en el templo, en los espectáculos, en el taller y en los salones. Descripción y pintura del carácter, costumbres, trajes, usos, religiosidad, belleza, defectos, preocupaciones y excelencias de la mujer de cada una de las provincias de España, Portugal y América española. Obra escrita por los primeros literatos de España, Portugal y América*, Madrid, Imprenta de Miguel Gijarro, 1872 (2 vols.).

—, *Las mujeres españolas, americanas y lusitanas pintadas por sí mismas. Estudio completo de la mujer en todas las esferas sociales, sus costumbres, su educación, su carácter, influencia que en ella ejercen las condiciones sociales y el espíritu general del país al que pertenecen. Obra dedicada a la mujer por una mujer*, Barcelona, Faustina Sáez de Melgar editora, 1866.

—, *Las mujeres, su condición e influjo en el orden social*, Barcelona, 1831.

MUÑOZ GAVIRIA, José, *Para ejemplos de querer y abnegación, la mujer*, Jaén, 1868.

NICOTRI GUAJANA, Gaspare, *Le donne e il progresso morale*, Roma, Tip. Tiberina, 1897.

PAREJO SERRADA, Antonio, *Influencia de la mujer en la regeneración social*, Guadalajara, La Aurora, 1880.

PASTOR, L. M., «La mujer», en *Panorama*, 1-III-1839 y 24-I-1839.

PÉREZ MENDOZA, María, *Misión social de la mujer*, Valencia [s.a.].

PI I MARGALL, «La misión de las mujeres en la sociedad», en *Conferencias dominicales sobre la educación de las mujeres*, Madrid, 1869.

PUIG PÉREZ, José, «Breves consideraciones sobre los derechos de la mujer en el Estado», en *El Museo Universal*, XII, 1858, pág. 298.

QUILES, Antonio, «La mujer», en *La Verdad*, n.º 21, 1-VI-1859.

RIEGO PICA, Francisca Carlota, *La misión de la mujer, cartas de...*, Madrid, 1882.

RIERA, Joaquín V., *La mujer. Breves rasgos descriptivos*, Nueva York, 1856.

Romances de señoras: selección de romances de ciego relativos a la vida, costumbres y propiedades atribuidas a las mujeres, Barcelona, Alta Fulla, 1981.

ROUSSEL, M, *El sistema físico y moral de la mujer* [s.l.], 1846.

SÁEZ, Gil, «Influencia de las mujeres en la civilización», en *El Salmantino*, 25-III-1843.

SABATER, Pedro, «La mujer», en *El Semanario Pintoresco Español*, 2.ª etapa, n.º 4, 1842, págs. 115 y 116.

SERRANO DE TORNEL, Emilia [Baronesa de Wilson, seud.], *América y sus mujeres. Estudios hechos sobre el terreno*, Barcelona, Fidel Giro, 1890.

SINUÉS Y NAVARRO, Pilar, «La mujer. Estudios morales», en *La Moda*, págs. 244-249, 278-282; 319-323; 362-366; 411-415; 456-462, año 1857.

—, *El ángel del hogar, estudios morales acerca de la mujer* [s.l.], 1862.

—, *Memorias de una joven de clase media.* [Recopiladas por...], en Biblioteca de señoritas, Madrid, Imprenta de E. Moro [s.a.].

—, *Hija, esposa y madre* [s.l.], 1863.

—, *La mujer de nuestros días, obra dedicada a las madres y a las hijas de familia*, Madrid, 1872.

—, *Verdades dulces y amargas. Páginas para una mujer*, Madrid, 1882.

VILLOTA, Paloma de, «Los motines de Castilla la Vieja de 1856 y la participación de la mujer. Aproximación a su estudio», en *Nuevas perspectivas sobre la mujer* [Actas de las I Jornadas de Investigación Interdisciplinaria], Madrid, Seminario de Estudios de la Mujer de la Universidad Autónoma, 1982, págs. 136-162.

VV.AA., *Mujer y sociedad en España (1700-1975)*, Madrid, Ministerio de Cultura, 1982.

ZAPATA, M.ª Josefa, «A la civilización del siglo XIX», en *La Buena Nueva*, 30-I-1866.

—, «Fe, Esperanza y Caridad. Las tres amigas. Cuadros de costumbres sociales en civilización», en *La Buena Nueva*, 8,16,28-II-1866 y 8,15-IV-1866.

7. Mujer y educación

AMAR BORBÓN, Josefina, *Discurso sobre la educación física y moral de las mujeres*, Madrid, 1790.

—, *Importancia de la instrucción que conviene dar a las mujeres*, Zaragoza, 1784.

ARENAL, Concepción, *La educación de la mujer* [Informe presentado al Congreso pedagógico de 1892], *Obras completas*, t. XI, Madrid, 1894-96 (14 vols.).

BARRAU, Th. H., *Influjo de la familia en la educación o Teoría de la educación pública y privada*, Barcelona, Luis Tasso, 1860.

BATTIRELI MERCURI, G, *Sull'educazione della donna e suoi primi doveri. Pensieri racolti da diversi autori e dedicate alle giovinette italiane per uso delle scuole elementari*, Bolonia, 1877.

BELLOCH, C. de, *¿Cuál es la verdadera educación e instrucción de la mujer que no necesita trabajar para vivir?*, Barcelona, 1919.

BERTONI JOVINE, D., *Presenza femminile nella scuola*, Rinascita, 1961.

—, *Storia della scuola popolare in Italia*, Turín, 1954.

BESTARD DE LA TORRE, Vizcondesa de Barrantes, *Plan nuevo de educación de una señorita al salir del colegio*, Madrid, Imp. de A. Marzo, 1898 [2.ª ed.]

BIANCHINI, M., *La donna nell'infanzia e nell'adolescenza. Studi educativi*, Brescia, 1885.

BONATELLI, P., *Lineamenti di educazione e di storia dell'educazione femminile*, Florencia, 1924.

BRAVI, V., «Anna M.ª Mozzoni: la bataglia per l'istruzione femminile e la polemica con Anna Kuliscioff», en *Studi di Storia dell'Educazione*, Roma, 1985, n.º 2, págs. 69-74.

CABEZA, Felipa M., *La señorita instruida o sea Manual del bello sexo* (texto para las escuelas femeninas) [s.l.], 1854-55 (2 vols.).

CAMPAN, Mademoiselle Jeanne Louise, *Tratado de la educación de las niñas según sus diversas edades y condiciones*, Barcelona, Biblioteca del Maestro, 1825 (2 vols).

CARDERERA, Mariano, y D.ª F. de A. P., *Ciencia de la mujer al alcance de las niñas*, Madrid, 1855.

—, *Guía del Maestro de primera enseñanza..., con un apéndice sobre la educación de la mujer*, Madrid, Imp. de A. Vicente, 1852.

Cartas sobre la educación del bello sexo, corregidas y aumentadas de su original, publicadas en Londres, La Habana, Impr. del Gobierno, 1829.

CARRERAS, Vicente Ferrer, *Carta espiritual o aviso a las niñas*, Barcelona, Imprenta Viuda de Miró, 1871.

CLEMENCIA, M., *Bases precisas para la educación de la mujer* [s.l.], 1884.

CIEZA GARCÍA, J.A., «Mentalidad y educación en España durante el primer tercio del siglo XIX», en *Historia de la Educación*, n.° 5, Salamanca, 1986, págs. 298-316.

Conferencias dominicales sobre la educación de las mujeres, Madrid, 1869.

CONNELLY, Joan, «La enseñanza superior de la mujer en España. Relaciones entre universitarias españolas y estadounidenses, 1877-1980», en *Nuevas perspectivas sobre la mujer* [I Jornadas de Investigación...], págs. 196-205.

CONTEL BAREA, M.ª Concepción, *Catálogo de obras antiguas sobre educación (1759-1940)*, Madrid, Ministerio de Educación y Ciencia, 1981.

COSTALES, Manuel, *Educación de la mujer* [s.l.], Biblioteca del Maestro, 1852.

—, *Libro de lectura para los niños*, La Habana, 1846 [1.ª edición; 8.ª ed. 1869].

Discurso traducido del idioma francés al castellano sobre la proposición siguiente: Qué clase de educación es más propia a la mujer para que procure la felicidad del hombre en sociedad, Madrid, 1821.

DUPUY, *Instrucción de un padre a su hija sobre las materias más importantes de religión, costumbres y modo de portarse en el mundo*, Barcelona, A. Bergnes y Cía., 1831 (2 vols.).

ECHEGARAY, José, «Estudio de las ciencias físicas en la educación de la mujer», en *Conferencias dominicales...*, Madrid, 1869.

«Educación de las mujeres», en *El Español*, 23-II-1836, pág. 2.

«Eficacia interna de la formación de maestras en el s. XIX», en *Historia de la educación*, Salamanca, 1986, n.° 5, págs. 235-250.

Espejo de las damas y de la juventud o lecciones de todas las virtudes que honran a los dos secsos, Madrid, Imp. José del Collado, 1833

FOLLIERO DE LUNA, Cecilia, *Breve dissertazione sull'instruzione donnesca ed esortazione alle mie concittadine a sperarla* [s.d.]

GABRIEL FERNÁNDEZ, N., «El acceso de la mujer gallega a la cultura escrita del siglo XIX», en *Bordón*, Madrid, 1984, n.° 253, págs. 437-448.

GARCÍA CORONADO, Domitila, *Consejos y consuelos de una madre a su hija*, La Habana, Librería de J. Valdepares, 1880. [Declarada de texto de lectura en los colegios de Cuba y Puerto Rico, 1893.]

—, *Método de lectura y breves nociones de instrucción primaria elemental*, La Habana, Imp. Los niños huérfanos, 1886.

GARCÍA DEL REAL, Matilde, *La escuela de niñas*, Madrid, 1890.

GAVILÁN CURTO, Paula, *La niña en el hogar doméstico* [s.l.], 1859.

GÓMEZ FERRER, Guadalupe, «El trabajo doméstico en los manuales escolares (Contribución al conocimiento de las mentalidades de las clases medias) [análisis del contenido de *La ciencia al alcance de las niñas* de Mariano Carderera]», en *VI Jornadas de Investigación Interdisciplinaria*, Madrid, Universidad Autónoma, 1987, págs. 137-147.

LETAMENDI, Agustín de, *Mi opinión sobre la educación de las mujeres*, Madrid, 1833.

LÓPEZ CORDÓN, M.ª Victoria, «La literatura religiosa y moral como conformadora de la mentalidad femenina», en *Actas de las III Jornadas de Investigación Interdisciplinaria*, Madrid, Universidad Autónoma, 1984.

MANJARRÉS, *Guía de señoritas en el gran mundo*, Barcelona, 1854.

Manual para uso de la Hijas de la Caridad empleadas en las escuelas y obradores, Madrid, Imp. de Hernando y Cía., 1897.

MARIANI, E., *La maestra*, Rocca San Casciano, Establ. Tip. Cappelli, 1895.

MARTÍNEZ ESQUIVIAS, E. D., *Defensa del bello sexo e importancia de su educación*, Madrid, 1881.

MORET, Segismundo, *Sobre la educación de la mujer*, Madrid, 1879

—, «La influencia de la madre», en *Conferencias dominicales...*, Madrid, 1869.

MOZZONI, Ana María, «Delle scienze morali considerate in ordine alla educazione della donna», en *Il dovere*, 18-III-1871.

ORTEGA LÓPEZ, Margarita, «Casa o convento. La educación de la mujer en las edades moderna y contemporánea», en *Historia 16*, n.º 145, año XIII, mayo 1988.

ORTIZ DE LA PUEBLA, *El libro de las madres*, Barcelona [s.a.].

PAJARÓN SOTOMAYOR, Rocío, *La educación física de la mujer en España. Perspectivas de la segunda mitad del siglo XIX*, Madrid, UAM, 1987.

PARDO BAZÁN, Emilia, «La educación de los hombres y las mujeres. Sus relaciones y diferencias», en *Actas de las sesiones del Congreso Nacional Pedagógico* [s.l.], 1882.

PAULA Y CANALEJAS, F. de, «La educación literaria de la mujer», en *Conferencias dominicales...*, Madrid, 1869.

PAZ, Abdón, *La biblia de las mujeres*, Madrid, 1867.

PENADES POBLET, J., *La educación de la mujer según los ilustres moralistas e higienistas de ambos sexos*, Barcelona, 1878.

PESTAÑA, Alicia (Cäel, seudónimo), *O que deve ser a instrução secundaria da muller?*, Lisboa, 1892.

PIGORINI-BERI, Caterina, *Sull'instruzione femminile*, Roma, 1889.

POLACO, Dr., *Lo que deben saber todas las mujeres. Conocimientos prácticos que debe poseer la mujer de su casa y en la sociedad. Prejuicios y preceptos de la vida fisiológica de la mujer y de la primera edad del niño* [versión española del Dr. Arias Carvajal], Barcelona [s.a.].

POUIN DE LA BARRE, *L'éducation des femmes*, París, 1765.

POVEDA, Ana María, *Manual de señoritas* [traducido del francés por...], Madrid, Enciclopedia Hispanoamericana, t. XXXIV, 1835.

PRADA Y DELGADO, Juan de Dios de la, «La educación de la mujer y la historia de otras mujeres», en *Conferencias dominicales...*, Madrid, 1869.

REGLAMENTOS DE COLEGIOS, *Establecimiento de educación de señoritas*, Madrid, 1848.

—, *Establecimiento de educación de señoritas autorizado por S. M. y dirigido en Madrid [...] por D.ª Rosalía Puig d'Ollers*, Madrid, 1828.

—, *Antiguo colegio de señoritas titulado Tepa, dirigido por D.ª Rita Griñón*, Madrid, 1861.

RODRÍGUEZ, Gabriel, «Influencia de las ciencias económicas y sociales en la educación de la mujer», en *Conferencias dominicales...*, Madrid, 1869.

RUBIO, Juan, *Consejos a los maestros de primeras letras*, La Habana, Impr. de Gobierno, 1832.

SAAVEDRA Y MORAGAS, Eduardo, «Aptitud de la mujer para el estudio de las Ciencias Exactas» [Discurso], en *Academia de las Ciencias*, t. II.

SÁEZ, Faustina, *Deberes de la mujer* [Colección de artículos sobre educación], Madrid, 1866.

—, *Educación cristiana y social de la mujer* [s.d.].

—, *Manual de la joven adolescente* [s.l.], 1883.

SAIZ, Concepción, *La revolución de 1868 y la cultura femenina. Un episodio nacional que no escribió Galdós*, Madrid, 1929.

SALUSTIO, Dr., *Cartas a una joven sobre lo que debe de saber antes de casarse*, Madrid, 1865.

—, *La mujer tal cual debe ser*, Madrid, 1868.

SANROMÁ, Joaquín María, «La educación social de la mujer», en *Conferencias dominicales...*, Madrid, 1869.

SCANLON, Gareldine M., «Revolución burguesa e instrucción femenina», en *Nuevas perspectivas sobre la mujer* [I Jornadas de investigación interdisciplinaria...], págs. 163-174.

Secretos de utilidad y recreo, Barcelona, Imp. de Cristina Segura [s. a.].

SEGARRA, Juan Bautista, *Silabario de las niñas* [s.l.], Biblioteca del maestro [s.a.].

—, *Aguinaldo a las niñas* [s.d.].

SERRANO DE WILSON, E., *Almacén de señoritas*, París, 1865.

SIMÓN PALMER, M.ª del Carmen, «Libros de religión y moral para la mujer española del siglo XIX», *Primeras Jornadas de Bibliografía*, Federación Universitaria Española, Madrid, 1977, págs. 355-85.

SINUÉS Y NAVARRO, Pilar, *Un libro para las madres*, Madrid, Of. de *La Moda Elegante*, 1887.

TORRES CAMPOS, Rafael, *Reforma de la enseñanza de la mujer y la reorganización de la Escuela Normal de Maestras*, Madrid, 1884.

TURIN, Yvonne, *La educación y la escuela en España de 1874 a 1902*, Madrid, 1967.

ULLIAC TREMADURE, Sofía, *Bibliothèque de la jeune fille. Quelques leçons d'histoire naturelle*, París, Desforgues [s.a.].

VARONA, Enrique José, «Las niñas en la Segunda Enseñanza», en *Revista Cubana*, 31-III-1887 [reproducido en *Artículos y discursos de...*], La Habana, 1891.

WILHELMI DE DAVILA, Bertha, *Aptitud de las mujeres para todas las profesiones*, Madrid, 1893.

YEVES, Carlos, *El mentor de las niñas*, Madrid, Lib. Hernando, 1882.

ZULOAGA SANTOS, Daniel, «Educación de la mujer», en *Discursos inaugurales de los cursos universitarios* [s.l.], 1883.

8. Mujer y trabajo

Actas VI Jornadas de Investigación Interdisciplinaria sobre la mujer: El trabajo de las mujeres: S. XVI-XX, Madrid, Universidad Autónoma, 1987.

ANADÓN, Juana, y FERNÁNDEZ, Antonia, «El profesorado femenino de la Escuela Normal Central de Maestras de Madrid (1858-1900)», en *VI Jornadas...*, Madrid, 1987.

—, «La formación de maestras en la Escuela Normal Central, 1858-1900», en [OTERO CARVAJAL] *Madrid en la sociedad...*, págs. 395-413.

ARENAL, Concepción, «El trabajo de las mujeres», en *Boletín del Instituto Libre de Enseñanza*, vol. XV, Madrid, 1891.

—, «Del servicio doméstico», en *Ibidem*.

BLUNDEN, Katherine, *Le travail et la vertu. Femmes au foyer: une mystification de la Révolution Industrielle*, París, 1982.

COMTE D'HAUSSONVILLE, *Les travaux des femmes à domicile*, París, 1908.

DIEGO, Estrella de, «La educación artística en el siglo XIX: todo menos pintoras. La mujer profesora de dibujo», en *VI Jornadas...*, págs. 227-233.

ECHARRI, María de, *El trabajo a domicilio*, Sevilla, 1909.

—, *Diario de una obrera*, Sevilla, 1912.

FERRER I BOSCH, M.ª Antonia, y MUINOS VILLAVERDE, M.ª Jesús, «Economía y mujer campesina en la Cataluña del siglo XIX. Lectura de los protocolos notariales», en *VI Jornadas...*, págs. 93-101.

FUENTES BETANCOURT, Emilio de los Santos, *Memoria sobre la conveniencia de reservar a las mujeres ciertos trabajos que están en manos de los hombres, determinando al mismo tiempo cuáles son éstos*, Santiago de Cuba, Impr. de Espinal y Díez, 1868.

GUILBERT, Madelaine, *Les femmes et l'organisation dans l'industrie*, París, 1966.

GUTIÉRREZ LLORET, Rosa Ana, «Mujer y trabajo en Alicante. Aproximación a un estudio de la población trabajadora femenina en el s. XIX», en *VI Jornadas...*, págs. 219-227.

JOVELLANOS, Melchor Gaspar de, *Informe sobre el libre ejercicio de las artes*, Madrid, 1785.

LANGA LAORGA, Alicia, «La marginalidad del trabajo femenino a través de las fuentes literarias», en *VI Jornadas...*, págs. 165-175.

LEROY-BEAULIEU, P., *Le travail des femmes au XIXe siècle*, París, 1873.

LOBATO, Dolores, y PISONERO, María, «Rechazo y obligatoriedad del trabajo de la mujer en *El Norte de Castilla* del S. XIX», en [GARCÍA NIETO, Carmen] *Ordenamiento jurídico...*, págs. 267-278.

LOPÉZ AYALA, Ángeles y Braulio, «Mujer y trabajo», en *Historia 16*, n.º 145, año XIII, mayo 1988.

MUJER, trabajo de la, *Catálogo de mujeres célebres*, Archivo Histórico Nacional, en Consejo de Castilla, Sala de Alcaldes de Casa y Corte (fols. 242-245).

PAULIS, Juan, *Las obreras de la aguja*, Barcelona, 1913.

PÉREZ BOTIJA, Margarita, *El trabajo femenino en España*, Madrid, Ed. Com. Esp. de Ediciones, 1961.

PERROT, M. (sous la direction de...), «Travaux de femmes dans la France du XIXe siècle», en *Le Mouvement Social*, oct-dic. 1978.

PINCHBECK, Ivy, *Women workers and the industrial revolution 1750-1850*, Londres, 1930.

POISSON, C., *Le salaire des femmes*, Saumur, 1906.

PROUDHON, P. J., *La Pornocratie ou les femmes dans les temps modernes*, París, 1875.

RUIZ DE QUEVEDO, M., y TORRES CAMPOS, R., *La mujer en el servicio de Correos y Telégrafos*, Madrid, 1883.

SALLARES I PLA, Juan, *El trabajo de las mujeres y los niños: estudio sobre sus condiciones actuales*, Sabadell, 1892.

SAN MARTÍN, A., «Trabajo de las mujeres», en *La clase obrera española a finales del siglo XIX*, Madrid, Zix, 1970.

SÁNCHEZ CARRERA, M.ª del Carmen, «Aproximación al estudio del trabajo de la mujer en el servicio doméstico en el Madrid de finales del siglo XIX», en *VI Jornadas...*, págs. 127-136.

SIMON, J., *L'ouvrière*, París, 1891, 9.ª ed. [1.ª ed. de 1863].

SULLEROT, E., *Historia y sociología del trabajo femenino*, Barcelona, Península, 1970.

YETANO, A., *Maestras, enfermeras y monjas. El modelo religioso de profesionalización femenina en el siglo XIX*, Barcelona, I Col.loqui d'Història de la Dona, 1986.

ZANCADA, Práxedes, *El trabajo de la mujer y el niño*, Madrid [s.a.]

9. Amor, matrimonio y familia

ACONA MARTÍNEZ, Manuel, *La familia*, Madrid, 1875, 3.ª edición [1.ª ed. de 1872].

ADAM, Juliette, *Idées antiprodhoniennes sur l'amour, la femme et le mariage*, París, Taride, 1858.

AGUILAR SÁNCHEZ, José M., *El matrimonio*, Valladolid, 1862.

ALEMÁN, M., y otros, *El amor*, Valencia, Biblioteca de Estudios, Colección popular de ayer, hoy y mañana [s.a.].

ÁLVAREZ ANGULO, Tomás, *La mujer, el matrimonio y la familia a través de la historia* [Conferencia pronunciada en la Sorbona en 1954], Madrid, Gráficas Malar.

ÁLVAREZ OSSORIO, Florencio, «Algunas consideraciones generales sobre el matrimonio», en *Conferencias dominicales...*, Madrid, 1869.

AMAR BORBÓN, Josefina, *Ramillete de escogidos consejos que la mujer debe tener presentes en la vida de matrimonio*, Madrid, 1784.

ARBIOL, Antonio, *La familia regulada con doctrinas de la Sagrada Escritura*, Madrid, 1805.

BARTORELO Y QUINTANA, José, «Misión de la pareja humana sobre la tierra», en *La Buena Nueva*, 15-XII-1865.

BAS Y CORTÉS, V., *El casamiento, estudio acerca del modo de verificarlo con acierto*, Madrid, 1876 [2.ª edic.].

CARBONERO Y SOL, León, *Tratado teórico práctico del matrimonio de sus impedimentos y dispensas*, Madrid, 1877 [2.ª ed.].

CASAS GASPAR, E., *Costumbres españolas de nacimiento, noviazgo, casamiento y muerte*, Madrid, 1974.

CERRONI, Umberto, *La relación hombre-mujer en la sociedad burguesa*, Barcelona, Ariel, 1976.

CICHI, S., *La donna esclusa (storia del matrimonio e della famiglia)*, Milán, Domus, 1974.

CLARET, Antonio María [San], *Avisos saludables a las casadas*, Vich, Imp. José Trullás, 1846.

ESTRADA Y ZENEA, Ildefonso, *Alerta a los maridos. Observaciones y pensamientos sobre el matrimonio, el amor y la mujer por un maestro en el arte que enseñaba Ovidio*, Matanzas, Impr. Aurora del Yumurí, 1890.

FERRÁNDIZ, A., y VERDÚ, V., *Noviazgo y matrimonio en la burguesía española*, Madrid, 1975.

Fisiología del matrimonio o meditación de filosofía ecléctica sobre la felicidad y la desgracia conyugal [¿Balzac?], Barcelona, 1841.

FLANDRIN, J. L., «Contraception, mariage et relations amoureuses dans l'Occident chrétien», en *Annales ESC*, nov.-dic. 1969.

—, *Orígenes de la familia moderna*, Barcelona, Crítica, 1979.

FLORES, Antonio, *Historia del matrimonio. Gran colección de cuadros vivos matrimoniales pintados por varios solteros malogrados en la flor de la inocencia*, Madrid, 1852.

FRONTAURA, Carlos, *Galería de matrimonios*, Madrid, 1868 (2 vols.).

FUENTES BETANCOURT, Emilio de los Santos, *El matrimonio*, Jalapa (Méjico), Impr. del Gobierno, 1889.

GARCÍA BLANCO, Antonio M., «Educación conyugal de la mujer», en *Conferencias dominicales...*, Madrid, 1869.

GAUME, J. (Presbítero), *Historia de la sociedad doméstica en todos los pueblos antiguos y modernos, o sea influencia del Cristianismo en la familia*, Madrid, 1848-1849 (2 vols.).

GAY, J., *Bibliographie des ouvrages relatifs à l'amour aux femmes, au mariage, etc.*, París, 1893-99.

GONZÁLEZ BLANCO, E., *La familia en el pasado, en el presente y en el porvenir*, Valencia, Tipografía P. Quiles, 1930.

GORI, P., *La donna e la famiglia*, Roma, 1900.

GUERRERO Y PALLARÉS, Teodoro, *Diccionario filosófico del amor y las mujeres*, Madrid, Impr. de don Luis García, 1848.

—, *Anatomía del corazón. Estudio social*, La Habana, Impr. El Iris, 1867.

—, *Lecciones familiares. Páginas de la infancia y la adolescencia*, Puerto Rico, 1869 [4.ª ed., Madrid, 1871].

—, *Lecciones familiares. Páginas morales en prosa*, Madrid, Impr. de Tello, 1876.

KEY, Ellen, *Amor y matrimonio*, Valencia, Ed. Estudios, 1907.

LAPIE, Paul, *La femme dans la famille* [s.l.], 1908.

MAITRON, J., «Les penseurs sociaux et la famille dans la première moitié du XIXᵉ siècle», en *Renouveau des idées sur la famille*, INED, n.º 18, PUF, 1954.

MARINA, Rosa, «La mujer adúltera», en *El Pensil de Iberia*, n.º 6, 30-V-1859.

PASCUAL DE SAN JUAN, Pilar, *Los deberes maternales* [2.ª ed. con una carta-introducción por Fernán Caballero], Barcelona, Bastinos, 1875.

PEÑALVER, Nicolás, *La familia y la propiedad*, Barcelona, 1837.

Pequeñas miserias del matrimonio, Málaga, 1849.

PÉREZ ESCRICH, Enrique, *La mujer adúltera. Novela de costumbres*, Madrid, 1864 (2 vols.).

PROUDHON, P. G., *Amor y matrimonio*, Barcelona, Ed. Gané Hermanos [s.a.].

RECLUS, Elies, *El matrimonio en el pasado y en el presente*, Valencia, Biblioteca de estudios [s.a.].

Reglamento de la Agencia de Matrimonios titulada Museo de la Juventud..., Madrid, Sancha, 1835.

SAUVY, A., y otros, *Historia del control de nacimientos*, Barcelona, Península, 1972.

VV. AA., «Amor y sexualidad en España», en *Historia 16*, n.º 136, Madrid, 1987.

VV. AA., *La familia en la España mediterránea, siglos XVI-XIX*, Barcelona, Crítica, 1987.

VILLABRILLE, Francisco F., *La familia, su origen y organización, individuos que la componen y sus recíprocos deberes*, Madrid, 1854.

10. Mujer y prostitución

ALBERT, C., y otros, *La prostitución*, Colección popular ayer, hoy y mañana, Valencia, Biblioteca de Estudios [s.a.].

ALHOY, M., *Physiologie de la lorette*, París, Aubert, 1841.

ARAUJO, Fernando, «La trata internacional de blancas», en *La Escuela Moderna*, Madrid, julio 1902 (n.º 163).

ARON, Jean Paul, *Misérable et glorieuse, la femme du XIXᵉ siècle*, París, Fayard, 1980.

BERAUD, F. F. A., *Les filles publiques de Paris et la Police qui les régit*, París, Deforges, 1839 (2 vols.).

BENABOU, Erica-Marie, «Amours vendus à Paris a la fin de l'Ancien Régime», en *Aimer en France, 1760-1860*, Clermont-Ferrand, 1980.

BOLLOUGH y otros, *The History of Prostitution*, Nueva York, University Books, 1964.

BORGUIERE, André, «Histoire et sexualité», en *Annales ESC*, julio-agosto 1974.

BURET, E., *De la misère des classes labourieuses en Anglaterre et en France*. París, Paulin, 1840 (2 vols.).

COSSÍO, Manuel de, «La trata de blancas en España», en *Boletín Real para la Represión de la Trata de Blancas*, Madrid, enero-diciembre 1911.

CUEVAS DE LA CRUZ, Matilde, «Prostitución y legislación en el siglo XIX. Aproximación a la consideración social de la prostituta», en [OTERO CARVAJAL] *Madrid en la sociedad...*, págs. 163-175.

CAPEL, Rosa, «La prostitución en España: notas para un estudio socio-histórico», en *Mujer y sociedad en España (1700-1975)*, Madrid, Dirección General de Juventud, 1982, págs. 267-301.

DALLAYRAC, Dominique, *Histoire de la prostitution*, París, Laffont.

DELVAU, A., *Grandeur et décadance des grisettes*, París, A. Desloges, 1848.

DÍAZ, Ana (seud. de Pedro González Blanco), *Guía de cortesanas de Madrid*, Madrid, Biblioteca Hispana [s.a.].

DUFOUR, Pierre (seud. de Paul Lacroix), *Histoire de la prostitution chez tous les peuples du monde depuis l'Antiquité la plus reculée jusqu'à nos jours*, París, Seré, 1851-53 (6 vols.).

DUMAS, Alexandre (padre), *Filles, lorettes et courtisanes*, París, Dolin, 1843.

ESLAVA, Rafael, *La prostitución en Madrid. Apuntes para un estudio sociológico*, Madrid, 1900.

ESQUIROS, A., *Les Vierges folles*, París, A. le Gallois, 1840.

FLEXNER, Abraham, *La prostitución en Europa*, Lausamine, 1919.

FOUCAULT, M., *Histoire de la sexualité* [t. 1 *La Volonté de savoir*], París, Gallimard, 1976 [versión española en Madrid, Siglo XXI].

GALLARDO, Mariano, *Sexo, la prostitución y el amor*, Toulouse, Ed. Universo [s.a.].

LASAGRA, Ramón, *Notas para la historia de la prostitución en España*, Madrid, 1850.

LEGOUVE, E., *Histoire moral des femmes*, París, G. Sandré, 1849.

MICHAUD, Stéphane, «La prostitution comme interrogation sur l'amour chez les socialistes romantiques (1830-1840)», en *Aimer en France, 1760-1860*, Clermont-Ferrand, 1980.

NAVARRO FERNÁNDEZ, Dr., *La prostitución en la villa de Madrid*, Madrid, 1909.

PARENT-DUCHATELET, Alexandre, *La prostitution à Paris au XIXe siècle* [Texto presentado y anotado por Alain Corbin], París, Seuil, 1981.

PERATONER, A., *El sexo no fornicar. Estudio tomado de los más eminentes teólogos, filósofos e higienistas sobre los estragos que la prostitución y los excesos venéreos acarrean al individuo, a la familia y a la sociedad*, Barcelona, 1880.

PÉREZ BALTASAR, Dolores, *Mujeres marginadas. Las casas de recogidas de Madrid*, Madrid, 1984.

RESTIF DE LA BRETONNE, *Le Pornoghraphe ou Idées d'un honnête homme sur un projet de réglement pour les prostituées*, Londres-La Haya, 1769.

REY, J. L., *Des prostituées et de la prostitution en général*, Le Mans, Julien Lanier et Cie., 1947.

SABATIER, *Histoire de la législation sur les femmes publiques et les lieux de débauche*, París, J. P. Reret, 1828.

SERVAIS, J., y LAUREND, J. P., *Histoire et dossier de la prostitution*, París, Planète, 1967.

VARILLO, Fernando de, *La prostitución y las causas del juego, consideradas bajo el punto de vista político, legal, moral y económico, según el derecho natural de los pueblos y de las ciudades libres. Folleto dirigido a combatir los errores, preocupaciones e hipocresías de la sociedad en general*, Madrid, 1872.

VOLARDELL CRISOL, Nuria, «Marginación femenina. Pícaras, delincuentes, prostitutas y brujas», en *Historia 16*, n.° 145, año XIII, mayo 1988.

ZAVALA, Justo M.ª, *Consideraciones sobre la prostitución y sus reglamentos*, Madrid, 1891.

11. Historia de la mujer y del feminismo

ABENSOUR, León, *Histoire générale du féminisme. Des origines à nos jours*, Villafranque de Rouerque, Impr. Délagrave, 1921.

—, *La femme et le féminisme avant la Révolution*, París, 1923.

ACOSTA DE SEMPER, Soledad, *La mujer en la sociedad moderna*, París, 1895.

ALBA, Víctor, *Historia social de la mujer*, Barcelona, Plaza-Janés, 1974.

ÁLVAREZ, Lilí, *Feminismo y espiritualidad*, Madrid, Taurus, 1964.

—, y BORREGUERO, C., y CAMPO ALANGE, condesa de, *Mujer y aceleración histórica*, Madrid, Edicusa, 1970.

AMAR BORBÓN, Josefina, «Discurso en defensa del talento de las mujeres y de su actitud para el gobierno y otros cargos en que se emplean los hombres», en *Memorial literario, instructivo y curioso de la Corte de Madrid*, Madrid, 1784-85.

ARENAL, Concepción, *La emancipación de las mujeres* [textos seleccionados de... Edición y prólogo de Mauro Armiño], Madrid, Biblioteca Júcar, 1974.

—, *La mujer del porvenir. Obras completas*, t. I., Madrid, Librería Victoriano Suárez, 1895.

ARIAS DE COSSÍO, Ana M.ª, «La imagen de la mujer en el Romanticismo español», en [PEÑA, Carmen] *La imagen de la mujer...*, págs. 113-119.

ARTOUS, Antoine, *Los orígenes de la opresión de la mujer: sistema capitalista y opresión de la mujer*, Barcelona, Fontamara, 1982.

AULARD, A., «Le féminisme pendant la Révolution française», en *Revue Bleue*, 19-III-1898.

BADINTER, Elisabeth, *¿Existe el amor maternal?: Historia del amor maternal, siglos XVII-XX*, Barcelona, Paidós, 1984.

BAELEN, Jean, *Flora Tristán, feminismo y socialismo en el S. XIX*, Madrid, Tecnos, 1974.

BASCO FLANCAS, R, *Apoyo a la defensa de las mujeres que escribió el R. P. Fray Benito G. Feijoo y crisis de la contradefensa crítica, que a favor de los hombres, y contra las mujeres, dio a luz temerariamente D. Laureano Manco de Olivares*, Madrid, 1727.

BEBEL, Augusto, *La mujer ante el socialismo* [traducción y prólogo de Emilia Pardo Bazán], Madrid [s.a.].

BERGAMO, Fr. Jacobo Felipe de, *De claris selectisque mulieribus*, Ferrara, 1866.

BEVEROVICIUS, Joan, *De excellencia sexus faeminei*, Dordrecht, 1639.

BERHEIM, Caty, *Perturbation, ma seur*, París, Seuil.

BIZCARRONDO, Marta, «Los orígenes del feminismo socialista en España», en [FOLGUERA, Pilar] *La mujer en la historia de España*. Madrid, Universidad Autónoma, 1984.

BOFILL, M., y otras, *La mujer en España*, Madrid, 1967.

BONFIGLI, Luigi, *Una vittoria femminista del primo settecento* [s. l.], 1905.
BONILLA GARCÍA, Luis, *La mujer a través de los siglos*, Madrid, Aguilar, 1959.
BOUGLE, G., *Chez les profès saint-simoniens: le féminisme socialiste*, París, 1918.
BOXER, Marilyn J., y QUATAER, Jean H., *Socialist women. European socialist feminism in the nineteenth and early twentieth centuris*, Nueva York, 1978.
BRULLET, Tina (y otras). *La dona, repertori bibliogràfic, 1970-1984*, Bellaterra, Universidad Autónoma, 1986.
BURGOS SEGUÍ, Carmen, *La mujer en España*, Valencia, Ed. Sempere y Cía., 1906.
BUTLER, Josephine, *Woman's work and woman's culture. A series a essays*, Londres, 1869.
BUTTAFUOCO, Annarita, «Eleonora Fonseca Pimentel: una donna nella Revoluzione», en *Donna e Ricerca Storica. Cuaderni di Studi Internazionali sulla Donna*, Roma, abril-junio 1977.
CALDIERI, Dr., *Cuatro palabras sobre la emancipación de la mujer*, Barcelona, 1878.
CAMBRILS, María, *Feminismo socialista*, Madrid, 1925.
CAPEL, Rosa M.ª, *El trabajo y la educación en España (1900-1930)*, Madrid, Ministerio de Cultura, 1982.
—, *Mujer española y sociedad. Bibliografía (1900-1984)*, Madrid, Instituto de la Mujer, 1984.
—, y LÓPEZ CORDÓN, M.ª Victoria, y otras, *Mujer y sociedad en España (1700-1975)*, Madrid, Ministerio de Cultura, 1982.
CAPEZZUOLI, L., *Historia de la emancipación femenina*, Madrid, Castellote, 1973.
CAPMANY, M.ª Aurelia, *El feminisme à Catalunya*, Barcelona, Nova Terra, 1973.
—, *De profesión, mujer*, Barcelona, Plaza-Janés, 1971.
—, *La dona à Catalunya*, Barcelona, Ed. 62, 1975.
—, y ALCALDE, Carmen, *El feminismo ibérico*, Barcelona, Eixos-Tau, 1970.
CASTELAR, Emilio, *Galería histórica de mujeres célebres*, Madrid, 1886-89 (8 vols.).
COLOMA RUIZ, Pilar, *Catàleg de la bibliografia feminista recopilada à las bibliotecas de la ciutat de Valencia*, Valencia, Centre de Documentació, recerca i iniciativa de las dones, 1985.
COMPAIN, L. M., *La femme dans les organitations ouvrières*, París, 1910.
CONDORCET, Jean M.ª, *Sur l'admission des femmes au droit de cité*, París, 1783.
CUBIE, Juan Bautista, *Las mujeres vindicadas de las calumnias de los hombres. Con un catálogo de las españolas que más se han distinguido en ciencias y armas*, Madrid, Impr. de A. Pérez Soto, 1768.
CHARLES ANTHONY, Sr., *The social and political dependence of women* [s. l.], 1868.
CHARRIER, Edmée, *L'évolution intellectuelle féminine* [s. l.], 1921.
CHAUGLI, R. y ROBIN, *La mujer. Mujer esclava-mujer pública*, Valencia, Ediciones Estudios [s.a.].
DEBOUZ, Marianne; SIMONI, Mireille, y otras, *Histoire mondiale de la femme*, París, Nouvelle Librairie de France, 1966 (4 vols.).
Defensa de las damas españolas, atrozmente calumniadas por los E.E. del Courrier francés que se publica en Nueva York, La Habana, Impr. del Gobierno, 1929 [papel suelto].
Defensione delle donne, La [texto del s. XV], publicado a cargo de Francesco Zambrini [s. l.], 1876.
Démographie historique et condition féminine, París, Ed. de l'Ecole des Hautes Etudes en Sciences Sociales, 1981.

DESSENS, A, *Les revendications des droits de la femme au point de vue politique, civil, économique, pendant la Révolution*, Toulouse, 1905.

DÍAZ SÁNCHEZ, Pilar, *Mujeres en la historia de España. S. XVII-XX. Bibliografía comentada*, Madrid, Instituto de la Mujer, 1988.

DIEGO, Estrella de, *La mujer y la pintura del XIX español (cuatrocientas olvidadas y algunas más)*, Madrid, Cátedra, 1987.

DÍEZ, Galo, *La mujer en la lucha social*, Sevilla, Ed. Renovación Proletaria, 1922.

Discorsi accademici di vari autori viventi intorno agli studi delle donne: Se le donne si debbano ammettere allo studio delle scienze e delle arti nobili, Padua, 1723.

DUMAS, Alejandro (hijo), *Las mujeres que matan y las mujeres que votan*, Madrid, 1880 [2.ª ed].

DUMAS, Francine, *La igualdad de la mujer. Historia, teología. Soluciones concretas*, Bilbao, 1972.

DURÁN HERAS, M.ª de los Ángeles, *Investigaciones sobre la mujer en la Universidad española contemporánea*, Madrid, Dirección Gral. de Juventud, 1982.

—, «Mujeres, misóginas y feministas en la literatura española (comentarios a/y un millar de referencias bibliográficas a modo de epílogo)», en *IV Jornadas de investigación...*, págs. 412-488.

ELORZA, Antonio, «Feminismo y socialismo», en *Tiempo de Historia*, n.º 3, 1974.

ESTANY, Anna, «Sufragismo: las españolas brillaron por su ausencia», en *Vindicación feminista*, Barcelona, marzo 1977, págs. 29-39.

Estrado crítico en defensa de las mujeres contra el Teatro Crítico Universal de errores comunes... [1727].

EULATE SANJURJO, Carmela, *La mujer en la historia*, Sevilla, 1915.

FAGOAGA, Concha, *La voz y el voto de las mujeres. El sufragismo en España, 1877-1931*, Barcelona, Icaria, 1985.

FARGE, Arlette, «Pratique et effects de l'histoire des femmes», en *Une histoire des femmes est-elle possible?* [Colloque de Saint-Maximin, junio 1983], Marseille, Rivages, 1984.

FEBO, Giuliana di, «Los orígenes del feminismo en España», en *Sistema*, Madrid, n.º 12, 1976.

FEIJOO, Fr. Benito Gerónimo, *Teatro Crítico Universal. Obras escogidas del...* Biblioteca de Autores Españoles, t. LVI.

FERNÁNDEZ DURO, Cesáreo, «La mujer española en Indias», en *Memorias de la Real Academia de la Historia*, t. 12, II, págs. 157 y ss.

FERNÁNDEZ GUERRA, Luis, *Protesta de una individua que solicitó serlo de la Academia Española y fue desairada (Floresta poética de varios autores)*, Madrid, 1901.

FERNÁNDEZ QUINTANILLA, Paloma, *La mujer ilustrada en la España del siglo XVIII*, Madrid, Ministerio de Cultura, 1981.

FOLGUERA, Pilar, *La mujer en la Historia de España (siglos XVI-XX)* [Actas de las III Jornadas de Investigación Interdisciplinaria], Madrid, 1984.

GARCÍA-DONCEL HERNÁNDEZ, M.ª del Rosario, «Mary Wolstonecraft: pionera del movimiento feminista en Inglaterra», en *Gades*, 1980, n.º 6.

GERBAUX, F., «Les femmes soldats pendant la Révolution», en *La Révolution Française*, tomo 47, 1904.

GIMENO FLAQUER, M.ª Concepción, *La mujer española. Estudios acerca de su educación y sus facultades intelectuales por...*, Madrid, 1877.

—, *La mujer juzgada por otra mujer*, Barcelona, Impr. Luis Tasso y Serra, 1882
—, *La mujer ante el hombre* [s.l.], 1882.
—, *La mujer intelectual* [s.d.].
—, *En el salón y en el tocador. Vida social y cortesía* [s.l.], 1899.
—, *El problema feminista* [conferencia pronunciada en el Ateneo de Madrid], Madrid, 1903.
—, *Evangelios de la mujer* [s.l.], 1905.
GIRARDIN, Emilio, *La mujer igual al hombre. Contestación a las mujeres que matan y las mujeres que votan de A. Dumas* [versión española de P. Sañudo Autran], Madrid, 1880.
GÓMEZ MOLLEDA, Dolores, «La cultura femenina en la época de Isabel II», en *Revista de Archivos, Bibliotecas y Museos*, Madrid, t. 61, n.° 1, 1955.
GONCOURT, E. y J., *La mujer en el siglo XVIII*, Madrid, La España Moderna [s.a.].
GONZÁLEZ, Anabel; LÓPEZ, Amelia, y otras, *Los orígenes del feminismo en España*, Madrid, Zero, 1980.
GONZÁLEZ BLANCO, Edmundo, *El feminismo en las sociedades modernas*, Barcelona, 1904.
GONZÁLEZ ENCINAS, Dr., *La mujer comparada con el hombre: apuntes filosófico-médicos*, Madrid, 1875.
GONZÁLEZ POSADA, A., *Feminismo*, Madrid, 1899.
GOUGES, Olympe, *Déclaration des droits de la femme et la citoyenne*, París, 1791.
GRIMAL, Pierre, *Histoire mondiale de la femme*, París, Nouvelle Librairie, 1965.
GRIMMER, Claude, *La femme et le batârd*, París, Presse de la Renaissance.
HEINEN, Jacqueline, *De la I a la III Internacional: la cuestión de la mujer*, Barcelona, Fontamara, 1978.
Historia y género, las mujeres en la Europa Moderna y Contemporánea [edición a cargo de James S. Amelang y Mary Nash], Valencia, Institució valenciana d'estudis i investigació, 1990.
JORAN, Theodore. *Les féministes avant le féminisme* [s. l.], 1935.
KATE SCHIRMACHER, *Le féminisme aux Etats Unis, en France, dans la Grande-Bretagne, en Suède et en Russie*, París, Colin, 1890.
KERAGLIO, Félicité, *Cahiers des doléances des femmes*, París, 1789.
KLEIN, Viola, *El carácter femenino. Historia de una ideología*, Buenos Aires, Paidós, 1951.
KLEJMAN, Laurence, y ROCHEFORT, Florence, «Eléments d'une histoire du féminisme en France», en *Materiaux pour l'histoire de notre temps*, n.° 1, enero-marzo 1985.
KOLONTAI, Alejandra, *La mujer nueva y la moral sexual*, Madrid, Ayuso, 1976.
LACOUR, L., *Les origines du féminisme contemporain. Trois femmes de la Révolution*, París, 1900.
LAFFITTE, María condesa de Campo Alange, *La mujer en España. Cien años de su historia, 1860-1960*, Madrid, Aguilar, 1964.
LASSERRE, A., *La participation collective des femmes à la Révolution*, París, 1906.
LEFÈVRE, Maurice, *La femme à travers l'histoire* [s. l.], 1902.
LÉGOUVÉ, Ernest, *Histoire moral des femmes* [s. l.], 1849.
—, *Mérite des femmes*, París, 1880.
LÉJARS DE GOURNAY, Marie, *L'égalité des hommes et des femmes*, París, 1622.
LENDINE, J. de, *Bilan du féminisme mondial* [s. l.], 1913.

LIAN, Vittorio, *Feminismo patriottico del Risorgimento*, Roma, 1930.

LLOYD, Trevor, *Las sufragistas. Valoración social de la mujer*, Barcelona, Nauta, 1970.

LÓPEZ CORDÓN, Mª Victoria: «La situación de la mujer a finales del Antiguo Régimen (1760-1860)», en *Mujer y sociedad*, págs. 47-105.

LUNA, Álvaro de, *Libro de las virtuosas e claras mujeres, el qual fizo é compuso el Condestable don...*, Soc. de Bibliófilos, t. XXVIII.

MACCHIOCCHI, M.ª A., «La donna nel Risorgimento italiano», en *Atta dei 6º Congreso dell'Unione donne italiane*, 1959.

MANCO DE OLIVARES, L., *Contradefensa crítica, a favor de los hombres que en justas quexas manifiesta... contra la nueva defensa de las mugeres que escribió Fray Benito Gerónimo Feijoo en su Theatro Crítico* [s.l.], 1720.

MARCO, Concha, *La mujer española del romanticismo*, León, Everest, 1969.

MARTÍNEZ GAMERO, Amalia, *Antología del feminismo*, Madrid, Alianza, 1975.

MARTÍNEZ Y SALAFRANCA, M., *Desagravios de la muger ofendida. Contra las injustas quexas en la Contradefensa Crítica de D. Laureano Manco de Olivares*, Madrid, 1727.

MARX, C., y ENGELS, F., *La emancipación de la mujer*, Méjico, Grijalbo, 1970.

Memoria del Ateneo de Señoras [s. l.], 1869.

MICHELET, J., *Les femmes de la Révolution*, París, Comptoir des Imprimeurs Unis, 1859.

MILL, J. S., *La esclavitud femenina* [prólogo de Emilia Pardo Bazán], Madrid, Imp. de la Cía. de Libreros [s. a.].

—, y TAYLOR, H., *De la libertad, del gobierno representativo. La esclavitud femenina*, Madrid, Tecnos, 1965.

—, *Ensayos sobre la igualdad sexual*. Barcelona, Península, 1973.

—, *La igualdad de los sexos*, Madrid, Guadarrama, 1973.

MONSERDÁ DE MACIÁ, D., *El feminismo à Catalunya*, Barcelona, Llibreria F. Puig, 1907.

MONTORI, Arturo, *El feminismo contemporáneo*, La Habana, 1922.

MOREAU, Thérèse, *Le sang de l'histoire. Michelet, l'histoire et l'idée de la femme au XIXᵉ siècle*, París, Flammarion, 1982.

MORELLI, Salvatore, *La donna e la scienzia*, Roma, 1892.

MOZZONI, Ana María, *La liberazione della donna* [Introducción y selección de textos a cargo de Franca Pieroni Bortolotti], Milán, Gabriele Mazzotta, 1975.

—, *La donna in faccia al progetto del nuovo Codice Civile Italiano*, Milán, Tip. Sociale, 1865.

—, *Un passo avanti nella cultura femminile. Tesi e progetto*, Milán, Tip. Sociale, 1866.

—, *Risposta di A. M. Mozzoni all'opuscolo della Signora Elvira Ostacchini*, Milán, Tip. Grazioli, 1867.

—, *La servitú della donna*, Milán, Legroy, 1870.

—, *I socialisti e l'emancipazione della donna*, Alejandría, Tip. Sociale Panizza, 1892.

Mujer, flor pendiente del mundo y de la fortuna, La, Madrid, 1876.

OCAÑA, Antonio, *La libertad de la mujer a través de los tiempos*, La Torrasa (Barcelona), Ed. Luz, 1934.

OÑATE, Pilar, *El feminismo en la literatura española*, Madrid, Espasa-Calpe, 1938.

OSSORIO Y GALLARDO, Ángel, *Cartas a una señora sobre temas de derecho civil* y *Cartas a una señorita sobre temas de derecho civil*, Madrid, Pueyo, 1932.

ORTIZ DE LA PUEBLA, Vicente, *Historia universal de la mujer*, Barcelona, 1880.

—, [Francisco Nacente, seud.], *El bello sexo vindicado*, Barcelona, 1890.

PALACIO VALDÉS, Armando, *El gobierno de las mujeres. Ensayo histórico de política femenina*, Madrid, Victoriano Suárez, 1931.

PALAU Y FLORES, *La mujer sensible o defensa de su sexo* [s. l.], 1825.

PARDO BAZÁN, Emilia, condesa de, *La mujer española y otros artículos feministas*, Madrid, 1976.

PÉREZ VALLE, Teresa, *La mujer en la historia*, Santander, Impr. Cervantina, 1970.

PIERON, H., «De l'influence sociale des principes cartésiens. Un précurseur inconnu du féminisme et de la Révolution: Poulain de la Barre», en *Revue de Synthèse*, 1902, t. V, págs. 152-282.

PIERONI BORTOLOTTI, Franca, *Alle origine del movimiento femminile in Italia (1848-1892)*, Turín, Giulio Einaudi, 1963.

—, *Socialismo e questione femminile in Italia (1892-1922)*, Milán, Gabriele Mazzotta, 1977.

PISAN, Annie, y TRISTAN, Anne, *Historia del movimiento de liberación de la mujer*, Madrid, Debate, 1978.

PITTALUGA, Gustavo, *Grandeza y servidumbre de la mujer. La posición de la mujer en la historia*, Buenos Aires, Ed. Sudamericana, 1946.

POUIN DE LA BARRE, *L'égalité des sexes*, París, 1763.

RANDALL, Margaret, *Las mujeres en las revoluciones*, Madrid, Siglo XXI, 1970.

RENARD, M., *Appel aux femmes*, París, 1895.

RICHIER, Léon, *La femme libre*, París, 1877.

RIENCOURT, A., *La mujer y el poder en la historia*, Caracas, 1977.

ROVER, Constance, *Women's Suffrage and Party Politics 1866-1914*, Londres, Routledge & Kegan Paul, 1967.

SAINTE CROIX, Avril, *Le féminisme*, París, 1908.

SALES Y FERRÉ, Manuel, *Del hetairismo al patriarcado*, t. II de *Tratado de Sociología*, Madrid, 1909.

SARDE, Michèle, *Regards sur les françaises, Xe siècle - XXe siècle*, París, Stock, 1983.

SCANLON, Geraldine, *La polémica feminista en la España contemporánea (1868-1974)*, Madrid, S. XXI, 1976.

SCHIRMACHER, Kaethe, *Le féminisme aux Etats Unis, en France, dans la Grand Bretagne, en Suède et en Russie*, París, 1898.

SCULTETUS, David, *De faeminis primacietate, eruditione ac scriptis illustribus*, Wittemberg, 1702.

SERGI, José, *La mujer desde el pasado al porvenir*, Barcelona, Ed. Salud y Fuerza [s.a.].

SIMÓN PALMER, M.ª del Carmen, *La mujer madrileña del siglo XIX*, en Aula de Cultura [Ciclo de conferencias sobre Madrid en el siglo XIX], Madrid, Instituto de Estudios Madrileños, 1982.

STANTON, Elizabeth Cady, y otras, *History of Woman Suffrage*, Nueva York, Rochester, 1881.

THIBERT, Marguerite, *Le féminisme dans le socialisme français (1830-50)*, París, Giard, 1926.

THOMAS, *Essai sur la femme*, París, 1750.

THOMAS, Edith, *P. Roland. Socialisme et féminisme au XIXe siècle.* París, Rivière, 1958.

THOMPSON, William, *Appeal of One Half of de Human Race Agaisnt the Pretensions of the Other Half*, Londres, 1825.

TREVOR, Lloyd, *Las sufragistas*, Barcelona, Nauta, 1970.

TRISTAN, Flora, *L'Union ouvrière*, París, Prévot, 1843.

—, *L'émancipation de la femme ou le Testament d'une paria*, París, 1846.

TRUC, Gonzague, *Historia ilustrada de la mujer* [con un índice para cada época sobre la mujer española, por Luis G. de Linares], Madrid, Idea, 1946.

«Una opinión sobre las mujeres» (Discurso del marqués del Busto en la Real Academia de Medicina), en *Nuevo Teatro Crítico*, año II, n.º 15, III-1892, páginas 71-84.

VV.AA., *L'histoire sans qualité*, París, Galilée, 1979.

VV.AA., *El mundo de la mujer* (t. I, *La mujer en la historia*; t II, *La mujer en la sociedad*), Méjico, Tláloc, 1968.

VILLIERS, M., *Histoire des Clubs de Femmes et des Légions d'Amazones (1793-1848-1871)*, París, 1910.

VOLTES, M.ª José y Pedro, *La mujer en la historia de España*, Barcelona, Planeta, 1986.

WOLLSTONECRAFT, Mary, *A Vindication of de Rights of Women* [s. l.], 1792 [versión española en Debate, Madrid, 1977].

WORMSER, Olga, *Les femmes dans l'histoire*, París, 1952.

ZENON DAVIS, Natalie, «La storia delle donne in transizione: il caso europeo», en *Nuova donnawomanfemme*, n.º 3, abril-junio 1977, págs. 7-33.

ZETKIN, Clara, *Historia del movimiento feminista proletario*, Moscú, 1958.

ZULUETA, Carmen de, *Misioneras, feministas, educadoras. Historia del Instituto Internacional*, Madrid, Castalia, 1984.

12. Obras generales

ALCALÁ GALIANO, Antonio, *Literatura española del siglo XIX. De Moratín a Rivas* Madrid, Alianza, 1969.

ARANGUREN, José Luis, *Moral y sociedad*, Madrid, Cuadernos para el Diálogo (Edicusa), 1965.

ARTOLA, Miguel, *La burguesía revolucionaria (1808-1869)*, Madrid, Alianza Universidad-Alfaguara, 1973.

BABEV, G., SAINT-SIMON, y otros, *El socialismo anterior a Marx*, Barcelona, Grijalbo, 1975.

BEAUVOIR, Simon de, *Le deuxième sexe*, París, Gallimard, 1949.

BENOT, Eduardo, *La España del siglo XIX*, Madrid, Ateneo, 1986.

BLANCO AGUINAGA, Carlos, *Historia social de la literatura española (en lengua castellana)*, Madrid, Castalia, 1981.

BLANCO GARCÍA, P., *La literatura española en el siglo XIX*, Madrid, 1903.

CAMPOS, Jorge, *Teatro y sociedad en España, 1780-1820*, Madrid, Moneda y Crédito, 1969.

CARNERO, Guillermo, *Los orígenes del romanticismo reaccionario español: el matrimonio Böhl de Faber*, Valencia, Universidad de Valencia, 1978.

COLE, G. D. H., *Historia del pensamiento socialista*, Méjico, Fondo de Cultura Económica, 1965.

CONDE, Carmen, *Poesía femenina española*. [Antología de...], Barcelona, Bruguera, 1967.

Bibliografía   211

DESANTI, A., *Los socialistas utópicos*, Barcelona, Anagrama, 1973.
DESCOLA, Jean, *La vida cotidiana en la España romántica: 1833-1868*, Barcelona, Argos, 1984.
DUBY, Georges, *Historia social e ideologías de las sociedades*, Barcelona, Anagrama, 1976.
DURÁN, M.ª Angeles, *Literatura y vida cotidiana*. [IV Jornadas de investigación interdisciplinaria sobre la mujer] Madrid, Seminario de Estudios de la Mujer de la Universidad Autónoma, 1987.
ELORZA, Antonio, *El socialismo utópico español*, Madrid, Alianza, 1970.
—, *El fourierismo en España*, Madrid, Revista del Trabajo, 1975.
—, y TRIAS, Juan J., *Federalismo y reforma social en España (1840-1870)*, Madrid, 1975.
ENGELS, F., *El origen de la familia, la propiedad privada y el Estado* [en *Obras escogidas* de C. Marx y F. Engels], Moscú, Progreso, 1976.
FERRERAS, J. I., *La novela por entregas 1840-1900*, Madrid, Taurus, 1972.
—, *El triunfo del liberalismo y de la novela histórica (1830-1870)*, Madrid, 1976.
FIGUEROA, Marqués de, *La España del siglo XIX* [colección de conferencias históricas, Ateneo, curso 1885-86], Madrid, 1886.
FLORES, Antonio, *La sociedad española de 1850* [s. d.].
FOURIER, Charles, *Théorie des quatre mouvements et des destinées générales*. París, 1846, 3.ª edición [ed. española, *Teoría de los cuatro movimientos y destinos generales*, Barcelona, Barral, 1974].
—, *Le nouveau monde amoureux* [en *Œuvres complètes*], París, 1967 [ed. española, *Nuevo mundo amoroso*, Madrid, Ed. Espiral, 1975].
FUENTE, Vicente de la, *Historia de la instrucción pública en España y Portugal*, Madrid, Imp. Ribadeneira, 1873.
JOVER ZAMORA, José M.ª, *Política, diplomacia y humanismo popular en la España del siglo XIX*, Madrid, Turner, 1976.
JUTGLAR, Antoni, *Ideología y clases sociales en la España contemporánea*. Madrid, Cuadernos para el Diálogo, 1972 (2 vols.).
LLORENS, Vicente, *El romanticismo español: ideas literarias. Literatura e historia*, Madrid, Castalia, 1979.
MALUQUER DE MOTES, Jordi, *El socialismo en España, 1833-1868*, Barcelona, Grijalbo, 1977.
MARCO, Joaquín, «Sobre los orígenes de la novela folletinesca en España (Wenceslao Aiguals de Izco)», en *Homenaje a Jaime Vicens Vives*, Barcelona, 1967.
—, *Literatura popular en España en los siglos XVIII y XIX*, Madrid, Taurus, 1977.
MARRAST, Robert, *José de Espronceda et son temps. Littérature, societé et politique au temps du Romanticisme*, Fontenay-Le Comté, 1974.
MARX, C., y ENGELS, F., *La sagrada familia*, Madrid, Akal, 1977.
—, *La ideología alemana*, Barcelona, Grijalbo, 1974.
MESONERO ROMANOS, *Memorias de un sesentón natural y vecino de Madrid, 1824-1850*, Madrid, 1881.
NASH, Mary, *Mujer, familia y trabajo en España, 1875-1936*, Barcelona, 1983.
OLLÉ I ROMEU, José M.ª, *Introdució del socialisme utòpic a Catalunya. 1835-37*, Barcelona, Antología catalana, vol. 53, 1969.
PEERS, Allison, *Historia del movimiento romántico español*, Madrid, Gredos, 1967 (2 vols.).

PI I MARGALL, F., *Historia de España del s. XIX*, Barcelona, Miguel Seguí, 1902, 6 vols.
PORTERO, J. A., *Púlpito e ideología en la España del s. XIX*, Zaragoza, 1978.
Romanticismo español, El, Documentos [ed. de Ricardo Navas-Ruiz], Salamanca, Anaya, 1971.
ROMERO TOBAR, Leandro, *La novela popular española del siglo XIX*, Madrid, Ariel, 1976.
TERRÓN, Eloy, *Sociedad e ideología en los orígenes de la España contemporánea*, Barcelona, 1969.
TOUSSENEL, Alphonse, *El genio de las bestias*, Madrid, 1859.
TUÑÓN DE LARA, Manuel, *La España del siglo XIX*, París, 1961.
—, *Estudios sobre el siglo XIX español*, Madrid, Siglo XXI, 1971.
—, y otros, *Sociedad, política y cultura en la España de los siglos XIX y XX* [III Coloquio de Pau], Madrid, 1973.
VILAR, Pierre, «Le socialisme espagnol des origines à 1917», en *Histoire général du socialisme*, París, 1974.
VV.AA., *Nuevas perspectivas sobre la mujer* [Actas I Jornadas de Investigación Interdisciplinaria sobre la Mujer], Madrid, Seminario de Estudios de la Mujer de la Universidad Autónoma, 1982.
VV.AA., *El concepto del honor en la sociedad mediterránea*, Barcelona, 1968.
VV.AA., *Revolución burguesa, oligarquía y constitucionalismo (1834-1923)* [vol. VIII de la *Historia de España*, dirigida por M. Tuñón de Lara], Barcelona, Labor, 1981.
VV.AA., *Teoría y sociedad* [Homenaje a J. L. Aranguren], Barcelona, 1970.
VILLACORTA BAÑOS, Francisco, *Burguesía y cultura. Los intelectuales españoles en la sociedad liberal. 1808-1931*, Madrid. Siglo XXI, 1980.
ZAVALA, Iris M.ª, *Ideología y política en la novela española del siglo XIX*, Salamanca, Anaya, 1971.
—, *Románticos y socialistas. Prensa española del siglo XIX*, Madrid, 1972.
—, «Socialismo y literatura, Ayguals de Izco y la novela española», en *Revista de Occidente*, n.º 80, 1969, págs. 167-188.
—, y LIDIA, Clara, *La revolución de 1868. Historia, pensamiento y literatura*, Nueva York, 1970.

NUESTRO MUNDO

Para comprender el mundo que nos ha tocado vivir

1. Carlos Ruiz Silva, *Arte, amor y otras soledades en Luis Cernuda.* Prólogo de Juan Gil-Albert, dibujos de Gregorio Prieto.
2. Mariano Aguirre y Ana Montes. *De Bolívar al Frente Sandinista.* Antología del pensamiento antiimperialista latinoamericano.
3. André Gide. *Defensa de la Cultura.* Facsímil de la edición de José Bergamín de 1936, con introducción de Francisco Caudet.
4. Josefina Manresa. *Recuerdos de la viuda de Miguel Hernández.* 2.ª edición, corregida y aumentada.
5. Blas Matamoro. *Saber y Literatura.* Por una epistemología de la crítica literaria.
6. Juan Gil-Albert. *Gabriel Miró: Remembranza.*
7. Úrsula Coburn-Staege. *Juego y aprendizaje.* Teoría y praxis para Enseñanza Básica y Preescolar.
8. Víctor Fuentes. *La marcha al pueblo de las letras españolas.* Prólogo de Manuel Tuñón de Lara.
9. Lothar Bisky. *Crítica de la teoría burguesa de la comunicación de masas.* Traducción y estudio preliminar de Vicente Romano.
10. Pedro Ribas. *La introducción del marxismo en España (1869-1939).* Ensayo bibliográfico.
11. Antonio Regales. *Literatura de agitación y propaganda.* Fundamentos teóricos y textos de la agitprop alemana.
12. Gabriel Miró. *Sigüenza y el Mirador Azul y otras prosas de* El Ibero. Introducción biográfica, transcripciones y enmiendas de Edmund L. King.
13. Francisco Caudet. *Crónica de una marginación.* Conversaciones con Alfonso Sastre.
14. Varios autores. *Ideología y texto en* El cuento semanal (1907-1912). Edición de B. Maguíen. Prólogo de J. C. Mainer.
15. Nicolás Guillén. *En la guerra de España: crónicas y enunciados.* Edición preparada por Antonio Merino.
16. Varios autores. *César Vallejo. La escritura y lo real.* Edición preparada por Nadine Ly.
17. Rodolfo Gil Grimau y Mohammed Ibn Azzuz. *Que por la rosa roja corrió mi sangre.* (Estudio y antología de la literatura oral en Marruecos.)